# 赚取
## 人生财富
### 的12大黄金法则

罗鲜英◎编著

当代世界出版社

图书在版编目（CIP）数据

赚取人生财富的12大黄金法则 / 罗鲜英编著. —北京：当代世界出版社，2011.9

ISBN 978 - 7 - 5090 - 0729 - 7

Ⅰ. ①赚… Ⅱ. ①罗… Ⅲ. ①私人投资—通俗读物 Ⅳ. ①F830.59 - 49

中国版本图书馆 CIP 数据核字（2011）第 067494 号

| | |
|---|---|
| 书　　名： | 赚取人生财富的12大黄金法则 |
| 出版发行： | 当代世界出版社 |
| 地　　址： | 北京市复兴路4号（100860） |
| 网　　址： | http：//www.worldpress.com.cn |
| 编务电话： | （010）83908400 |
| 发行电话： | （010）83908410（传真） |
| | （010）83908408 |
| | （010）83908409 |
| 经　　销： | 新华书店 |
| 印　　刷： | 北京玥实印刷有限公司印刷 |
| 开　　本： | 787 毫米 ×1092 毫米　1/16 |
| 印　　张： | 23.5 |
| 字　　数： | 390 千字 |
| 版　　次： | 2011 年 09 月第 1 版 |
| 印　　次： | 2011 年 09 月第 1 次 |
| 印　　数： | 1～6000 册 |
| 书　　号： | ISBN 978 - 7 - 5090 - 0729 - 7 |
| 定　　价： | 42.00 元 |

如发现印装质量问题，请与承印厂联系调换。
版权所有，翻印必究；未经许可，不得转载！

# 前 言

当今社会，物质财富是成功人生的基础，也是判定一个人是否成功的标准之一。金钱是每个人的生活必须，我们既不要视金钱为万恶之源，也不要认为金钱能买到一切。

随着物价上涨，房价飙升，成为富翁是大多数人的梦想。生活中，我们常说，虽然金钱不是万能的，但没有钱是万万不能的。这也促使很多人想要通过某种手段赚取属于自己的人生财富，从而改变自己的命运。而经商成为他们的首选，因为他们知道只有经商才能赚取很多的利润，才能彻底改变自己贫穷的命运。但赚钱需要有敏捷的思维，需要有经商的头脑。想要成为一个富人，不但要有能够巧妙赚钱的智慧，更要有与之相应的行动。只有这样，才能跻身富人的行列。

世间经商的人成千上万，有的人实现了自己的财富梦想，但有的人却为了财富不是赔得血本无归，就是因诈骗而犯罪入狱。商海中能屹立不倒的毕竟是凤毛麟角，屈指可数。虽然做生意没那么容易，但任何事情都是有章可循的，生意场上自然也有其赚钱之道。

首先，要想赚取人生财富，必须要有切实可行的目标，有正确的发展方向，有周密的计划。这就要求经商者要把握形势，审时度势，敢于冒险，敢于承担责任，敢选择最有"钱"力的行业作为自己的奋斗目标。

其次，创业者本身要有自我创造能力，有很好的道德品质，因为好的人品可以吸引财富的光临。这就要求经商者做生意要讲诚信，讲信誉，要有一颗忍耐的心，能处处为别人考虑。但也不能一味地"挺"，商场如战场，必要时要有点计谋，才能保证自己财源广进。

再次，创业者要有良好的人际关系，不要处处与人作对，要懂得让步，懂得合作，懂得共赢。世界上没有永远的敌人，只有真诚待人，真心合作，学会分享，才能遇到贵人帮助，才能借助外力而实现梦想，才能赢得别人的尊重，才能有更多的机会去成功，才能赚取自己的人生财富。

最后，创业者要适时把握好自己的机会，乐观面对财富路上的挫折和失败。在赚到钱的时候更要树立正确的财富观，学会理财。要知道赚取财富是一种能力，管理财富也是一种能力，只有会理财，才能让你的财富源远流长。

当这一切都做好了，都准备充分了，也就达到天时地利人和的境界了。这样做生意，哪能不赚钱？

本书结合诸多商场成功商人的事例，对他们的经商之道进行分析，力求在分析他们成功原因的同时，给您以启迪，从而帮助您尽快实现自己的财富愿望。希望他们的智慧能给您带来一些思考，能照亮您前进的方向。但愿您能够找到自己的财富点，把书中的知识运用到实践中，为自己财富人生的成功做铺垫。

# 目　录

## 第一章　拥有财富目标，让美梦成真

同样的忙碌，有的人家财万贯，有的人却依旧为生计而奔波，其实两者最大的差别就在于有没有目标。想要赚取人生财富，就先要有财富目标。选择有潜力的行业，跟上社会的发展，再加上自身的努力，你就一定能实现自己的梦想。而没有目标，一切都是瞎扯。

1. 认清自我价值，制定财富目标　/3
2. 找准最有"钱"力的行业　/5
3. "钱"力多深，心知肚明　/8
4. 选择行业目标，不可草率　/11
5. 财富绿洲，突破之后的获得　/13
6. 选择财富目标应避"雷区"　/15
7. 有可行性计划才有好结果　/17
8. 从新兴产业看到财富目标　/19
9. 不断调整自己的财富目标　/22
10. 目标有多大，舞台就有多大　/24
11. 财富目标——勿以本小而不为　/27

## 第二章 人格魅力，赚取人生财富的基石

想要赚取人生财富，首先就要在人格魅力上下功夫，拥有优秀的品质才是做人成事的根本。不管是经商也好，创业也罢，做人都要诚实。商人做生意更要以诚为本。虽然人人都说"无商不奸"，但是又有几个奸商能把生意经营得红红火火、维持得天长地久呢？做生意要精明但不等于欺骗。把欺骗作为挣得财富策略的人，其人格也随之降低了，而梦寐以求的人生财富也将离他更远。

1. 诚信是人格魅力的法宝 /31
2. 品质吸引财富 /33
3. 成功的秘诀——信用和执着 /35
4. 人格魅力决定成败 /38
5. "赔"也要讲信誉 /40
6. 君子爱财，取之有道 /42
7. 骗人之心不可有，防骗之心不可无 /44
8. 别"一锤子"砸了自己的财路 /46
9. 别把人都当"傻子" /49
10. 忍耐带来财运 /51
11. 勤恳务实，财路大开 /54
12. 吃得苦中苦，方为人上人 /56
13. 谦虚带来财富 /58

## 第三章 前有"计"可施，后有钱可赚

没有失败的事业，只有失败的人。很多人在事业中遭遇失败，多半是因为自己没有用点"心计"。赚取人生财富靠的不仅是很好的计划、超人的胆识，更需要对所做的事多用点心。只有考虑全面才会多一点成功的机会，只有

运用智慧才能化解危机，只有未雨绸缪才不会让失败有机可乘，才能在竞争中立于不败之地。

1. 没有点"心计"，将无从选择 /63
2. 做好承担风险的准备 /65
3. 胆大还需心细 /67
4. 先人一步计划，赢得先机 /70
5. 知己知彼，百赚不败 /72
6. 用点小心计，在乱中取利 /74
7. 机动灵活，奇正互变 /77
8. 巧施心计，诱敌上钩 /79
9. 善用计谋，从利益整合中赚取利润 /81
10. 深藏不露，蒙蔽对手 /84
11. 离间计让对手自行溃散 /86
12. 冒险前先计划 /88
13. 商场如战场，要兵不厌诈 /90

## 第四章 财富，在自我创造和提升中闪光

人的一生是不断创造的一生，不管是哪个层面的人，他们都在进行着创造性的活动，唯有自我创造才能得到机会。不创造只能原地踏步，没有一点进步。创造财富也是一样，它也是一个不断创造的过程，过分地依靠别人永远实现不了财富梦想。只有用自己的双手去创造，不断地用知识来充实自己，使自己能力得到提升，才会有完美的结果。

1. 利用智慧挣大钱 /97
2. 目光永远向"钱"看 /100

3. 不断完善自己，才有新的生命春天　/102
4. 让胆量和谋略为你开路　/105
5. 锲而不舍，自己给自己创造机会　/107
6. 帮人就是帮己　/109
7. 充满危机感，迸发创造力　/111
8. 勤能补拙是真理　/113
9. 敢冒险，才能挣大钱　/116
10. 没有资金要会"套"　/119

## 第五章　把握机遇，收获成功

　　机遇造就成功，但机遇永远留给有准备的人。相信这话没有人会否认。的确，无论你想在哪个行业取得成绩，收获成功，自身的努力是必须的，但机遇也是一个重要因素。不善于把握机遇的人既不懂得努力又不会把握身边的机会，往往一生碌碌无为。而善于把握机遇的人，凭着自己的勤奋刻苦，再加上命运的垂青，总能创造出辉煌人生。

1. 一切尽在"现在时"　/125
2. 把握契机就是把握成功　/127
3. 机会总是和有头脑的人相遇　/129
4. 挖掘商机，抓住机遇　/131
5. 赚钱要长"三只眼"　/134
6. 在市场的空缺中找商机　/136
7. 赚钱就要"眼疾手快"　/138
8. 你有一双识机遇的慧眼吗　/141
9. 看清机遇的七张面孔　/143
10. 在机会面前，别做"缩头乌龟"　/146

11. 机会无处不在 /148
12. 失败也是一种机遇 /151

## 第六章 良好的人脉带来滚滚财源

斯坦福研究中心曾经发表过一份调查报告，结论中指出：一个人赚的钱，12.5%来自知识，87.5%来自关系。这说明了人脉在一个人的事业中起到的作用是巨大的，甚至可以改变和左右一个人的命运！而每个人都有自己的人际交往圈，人际关系广的人，遇事游刃有余，即便陷入困境也能很快摆脱出来。所以，只有拥有良好的人脉，才能财源滚滚来。

1. 多个朋友，多条财路 /155
2. "人情投资"不能少 /157
3. 天下财富，善"钓"者取 /159
4. 结交有志之士，拓宽人际圈 /162
5. 善待你的对手 /164
6. 善于变通，见机行事 /166
7. 在什么山上唱什么歌 168
8. 小礼物大人情 /171
9. 为他人着想，为自己铺路 /173

## 第七章 细节决定盈亏

"关照小事，成就大事"是周恩来做事奉行的准则。只要不放弃任何一个微小的努力，长时间的坚持就能将你的选择画上完美的句号。生活中的很多事都是看似平凡又微不足道的，但成功就是平凡的积累，一个人的实力往往也体现在每一件小事中。那些想成就财富梦想的人，只要善于把握小细节，处处从小事做起，长期下来就能收获不一样的辉煌。

1. 多一点细心，多一次商机 /177
2. 做好小事，成就大事 /180
3. 在平凡中成就伟大 /182
4. 从细节找财源 /184
5. 有积累才有厚积薄发 /186
6. 小细节成就大梦想 /188
7. 先做小事，先赚小钱 /190
8. 把握细微之处，带来无尽财富 /192
9. 不要小看微笑的价值 /194
10. 做生意必懂得的七大细节 /196
11. 别人忽视的地方也能赚钱 /199
12. 与人方便，自己赚钱 /201

## 第八章 赚取人生财富：要新、要快、要准

现在的时代是信息时代，人们的创意也层出不穷。没有创意就没有生存是当下的赚钱真理，而创意本身就有一种神秘的色彩。许多人会去崇拜那些伟大的创意大师，觉得他们总有着千变万化的创意，而自己却一个也想不出来，其实原因就在于你是否掌握了创意的方法。宇宙本身是客观存在的，创意的方法也是客观存在的。谁真正地掌握了创意的方法和技巧，谁就掌握了挣钱之道，谁就能源源不断地想出创意来。

1. 创新，财富的源动力 /207
2. 做一个用脑赢别人的人 /209

3. 迸发你的想像，捕捉你的灵感 /212

4. 相信自己，突破常规创利润 /215

5. 用创新创造财富奇迹 /217

6. 创意是通向富有的捷径 /219

7. 做一个不向现实妥协的"叛逆者" /221

8. 经商有技巧，出奇方能取胜 /224

9. 巧用心思，白手起家不是神话 /227

10. 给你的产品下一个"新"定义 /230

11. 一念之差造就天壤之别 /233

12. 变则通，通则赢 /235

## 第九章　困难失败再多，一样扭转"钱"坤

　　生活告诉我们这样的哲理："在人类历史上成就伟大事业的人往往不是那些幸福之神的宠儿，反而是那些遭遇诸多不幸却能奋发图强的苦孩子。"其实人生的每一次失败和挫折都是一次考验，你经受住了考验，那成功和财富离你就不远了。如果半途而废，则永远到达不了成功的彼岸。想拥有财富人生，首先就要经受住磨难！

1. 只不过是从头再来 /241

2. 财富路上，越挫越勇 /243

3. 奋力一搏还是弃械投降 /245

4. 用理性的乐观面对困境 /248

5. 善胜不败，善败不亡 /250

6. 没有人永远失败 /252

7. 冲破樊篱，在艰难的环境下崛起 /254

8. 给你的车轮打打气 /256

9. 即使失败也要试试看 /259
10. 跌倒的地方也有美丽风景 /261
11. 财富需要不断地雕琢 /263
12. 让希望做你的精神脊梁 /266

## 第十章 和气生财，"心富"方能财富

做生意赚大钱应该是每一个想赚取人生财富的人的愿望，但做生意是门大学问，生意场上既有一进一出的赚与赔，也讲究一进一退的人情世故。只一味地考虑赚钱，很容易得罪别人又给自己带来麻烦。其实做生意就是做人，"和气生财"永远是赚取人生财富的法则，历数那些世界首富，无一不是心胸开阔的人，所以想赚大钱就要有大气度，唯有"心富"才能财富。

1. 大事化小，财富路上尽量避免诉讼 /271
2. 利益均沾，切忌"窝里斗" /273
3. 退一步海阔天空 /275
4. 良性竞争，和谐共处 /278
5. 以柔克刚，化解顾客的怨气 /280
6. 化敌为友，和气才能生财 /283
7. 万事以和为贵，不要轻易得罪人 /286
8. 笑脸迎人，巧妙地"推销自己" /288
9. 赚钱要懂得"吃亏" /290
10. "热爱"和财富成正比 /293
11. 鱼与熊掌可以兼得 /295

## 第十一章　依靠形势和贵人，赢得自己的财富

　　一个人的力量是有限的，如果一个人能在事业的发展中遇到"贵人"，那是值得庆贺的，因为"贵人"就像"万事俱备，只欠东风"里的"东风"，对个人的成功起到关键性的作用。除了借助外力之外，能把握好当下的社会形势并乘势而行，能与人共同协作，也能帮助一个人成就一番事业。所以，想赚取人生财富，除了自身努力，最好能借助外力，多与人合作，借助贵人成就财富梦想。

1. 经商最好不要单打独斗　/299
2. 借助同仁之力，成就财富梦想　/302
3. 乘势而行，借势得利　/305
4. 会借更要会用，以优势互补取胜　/308
5. 借大老板赚大钱　/311
6. 合作经商，实现双赢　/313
7. 借助靠山改变命运　/315
8. 用"慧眼"去找贵人　/318
9. 知人善用，人才变"财"　/321
10. 用诚意赢得贵人　/324
11. 巧把明星当贵人　/327
12. 依靠贵人要防"小人"　/330

## 第十二章　会赚钱会理财，可保一本万利

　　做生意是赚钱还是赔钱，说到底要看一个人的理财能力。如果一个人赚钱会算计，可以财源滚滚；如果赚钱会理财，可以一本万利。反之，只有赔钱买卖等着你。成功的生意人都是精明的理财专家，他们懂得只有用好手上的每一分钱，用最少的钱去办成最大的事，才能将生意做大，才能拥有更长远的财

富人生。相反，大手大脚地花钱，不懂得合理用钱，早晚要坐吃山空。

1. 赚钱要学会精打细算 /335
2. 积少成多，节俭乃生财之道 /338
3. 不要追求享受 /340
4. 该花则花，会花钱也是赚钱 /342
5. 把钱当雪球滚 /345
6. 把每一分钱都花在刀刃上 /348
7. 借贷好处多，但要慎为之 /351
8. 省下的就是赚下的 /353
9. 把好投资关，让钱生钱 /356
10. 树立正确的金钱观 /359
11. 理财要紧跟时代步伐 /361

# 第一章　拥有财富目标，让美梦成真

同样的忙碌，有的人家财万贯，有的人却依旧为生计而奔波，其实两者最大的差别就在于有没有目标。想要赚取人生财富，就先要有财富目标。选择有潜力的行业，跟上社会的发展，再加上自身的努力，你就一定能实现自己的梦想。而没有目标，一切都是瞎扯。

# 1. 认清自我价值，制定财富目标

*一般来说，天道酬勤，无论做什么事，只要你努力都会有积极的结果。但努力一定要在方向正确的前提下才会有积极的成果，否则越努力就会离目标越远，取得相反的结果。*

现在是经济社会，拥有金钱财富，就拥有对社会资源的支配权。拥有金钱财富的多少与拥有社会资源的多少是成正比的，因此拥有越多的金钱财富就等于拥有越多的社会资源的支配权。于是，经商赚大钱成为了很多人的人生目标。那么经商时怎样才能赚到大钱呢？

首先要选择最赚钱的行业。有些人认为：无论做什么生意，选择什么行业，只要你肯努力、肯付出，就一定能赚到钱。

不错，一般来说，天道酬勤，无论做什么事，只要你努力都会有积极的结果。但努力一定要在方向正确的前提下才会有积极的成果，否则越努力就会离目标越远，取得相反的结果。所以，在选择行业时应该慎之又慎。那么到底哪些行业最能挣钱呢？在选择行业时如何才能找出这些挣钱的行业呢？

首先，要跟上形势的发展，一定要弄清楚整个宏观经济和产业结构大调整的运行趋势。

从我国目前经济运行的趋势来看，在近十几年以来，第二产业竞争最为激烈。激烈竞争的直接结果就是第二产业的利润越来越薄。相反，以前未被人们注意的第三产业和第一产业却非常具有潜力，利润也相当可观。因此，就目前而言，选择第三产业或第一产业从业成功的几率较大，赚钱的可能性也较大。而第二产业即工业产业已进入了买方经济时代，其中的很多行业都已经供大于求。在整个行业都供大于求的情况之下，每个企业的发展空间便极为有限。要发展，就要在行业内部进行你死我活的竞争。在这种争夺中，新入行者由于自身各方面都处于劣势地位，因此很容易被淘汰出局。第三产业和第一产业领域却有很多肥沃的处女地等待人们去开垦，其发展空间相当广阔，为新的创业者提供了实现自己人生梦想的舞台。

其次，在选择行业时一定要注重行业生命周期对行业的影响。

任何生命都要经历一个由成长到衰退的演变过程，对于人们从事的行业也一样。行业的生命周期可划分为初创、成长、成熟和衰退四个阶段。一般来说，选择那些成长阶段的行业挣钱的机会相对大一些。但也有一些创业者喜欢冒险，在风险中搏取高额利润，这些创业者则不妨从事一些刚刚处于初创阶段的行业，高风险或许可以带来高利润。

再次，寻找赚钱行业时要注意国家产业政策对行业前景的影响。

国家产业政策往往通过税收优惠、财政补贴、信贷优惠等方面的措施来实施，并通过这些政策对相应的产业以扶持，使其能够获得较高的利润。经商者在选择行业时可以很好地利用国家的产业政策而使自己赚到大钱。

结合我国中期产业政策和近期经济政策，以下行业发展潜力较大，有可能为经商者带来较大的利润。

1. 电子信息产业

它是当今全世界发展最快的产业，而我国在此领域起步较晚，市场容量巨大，行业发展速度惊人。我国已确定电子信息产业为国民经济新的利润增长点，从事该行业将为经商者带来可观的利润。

2. 生物制药业

医药行业由于与人的健康息息相关，因而被称为"永远的朝阳行业"。近几年，生物制药业飞速发展，我国在基因工程等方面已有多项重大突破。因此，生物制药业已成为我国最有潜力的行业之一，这一行业同样也有着巨大的利润空间。

3. 环保业

随着全球环境的日益恶化，世界各国都加大了对环保的投入，我国在此方面也制定了一系列相应的法规措施，这些都将直接带动环保产业的腾飞。因此，环保产业也有非常大的利润前景，并将成为又一个"永远的朝阳行业"。

除此之外，诸如基础设施建设及建材行业、房地产业、中介服务业、文化传媒业、旅游业、体育产业都受到国家相关政策的扶持，相信选择这些行业都将会为经商者带来较为丰厚的回报。赶快制定计划去实现自己的财富梦想吧。

## 2. 找准最有"钱"力的行业

>　　对于经商者而言，人人都希望生意能够长久持续下去，这需要我们一开始就做到"优生优育"，找到最有发展潜力的赚钱行业。

相信任何经商者都想使自己的事业长久，想使自己的企业或公司"流芳百世"，但事实是残酷的，没有永存的公司。虽然我们无法使公司永存，但可以通过人为的努力，尽量使公司长寿，正如同我们不可能使个体生命长生不老，但通过努力却可以大大延长个体的寿命。

应该在什么时候来做这种延长公司寿命的工作呢？答案是从开始经商的时候。只有从开始的时候才能保证我们所创办的公司能健康地发展下去，一开始就要选择最有发展潜力的行业，然后在事业的发展中做好各个阶段的工作。

那么，哪些行业最有发展潜力呢？

具有发展潜力的行业并不是一个具体的概念，它的概念模糊宽泛，具有较强的包容性，即使是精通经济和语言的专家恐怕也难以给出一个确切的定义，但这不等于具有发展潜力的行业无迹可寻，事实上，我们还是能发现这些行业的一些具体特征。

一般来说，有发展潜力的行业具有以下基本特征。

（1）具有发展潜力的行业一般都是新兴的朝阳行业，当这个行业刚刚兴起的时候，几乎很少有人涉足或者大多数人都还没有看到该行业所潜在的巨大商机。

1974年，英特尔公司推出8080微处理器的时候，微型计算机行业就是一个新兴的朝阳行业。当时涉足此行业的人可以说寥若晨星，然而比尔·盖茨却从中看到了该行业潜在的巨大商机，果断地进入了该领域。1975年，他们在人们还不知微型计算机为何物的时候，就成立了微软公司，并且把公司定位于微型计算机软件的开发。后来，微软相继开发了MS-DOS系统和如今风靡全世界的Windows软件。事实证明，这一新兴的朝阳行业具有极大的潜力。正因为如此，30多年来，比尔·盖茨和他的微软帝国越走越快，越发展越兴旺，到如今，微软公司依然是全世界软件业的巨无霸。

（2）具有发展潜力的行业一般都是能顺应市场经济的发展潮流，符合市场的要求，可以满足市场需求的行业。

格兰仕的发展就是瞄准了市场经济的发展潮流，生产出了符合市场要求的微波炉。格兰仕起初只是一个生产羽绒被的乡镇企业。为了企业的再发展，1991年总经理梁庆德率领一班人进行了历时一年的市场调研。在调研中他们发现，随着经济的发展和居民居住条件的改善，人们的生活节奏空前加快，人们的生活品位在不断提高，人们的厨房消费需要一次大的革命，在厨房消费革命中，市场很需要一种无火无烟、烹调速度快、省时省事、清洁卫生的厨具——微波炉。而当时的中国市场，生产微波炉的企业还不足十家，城市微波炉普及率还不到1%，中国有数亿个家庭，市场潜力巨大，有着极为诱人的市场前景。于是梁庆德等人果断地作出决定，进军微波炉生产领域。这一举措为格兰仕的腾飞打下了坚实的基础，从而使格兰仕成了家电行业的"新贵"。

（3）最有发展潜力的行业一般都是高风险、高收入的行业。之所以这样是因为这些行业均是一些超前的行业，只有具有超前意识的人才能预测到这些行业巨大的发展前景。但同时由于行业的过于超前，有时则难以取得社会的认同。假设格兰仕在20世纪70年代就从事微波炉的生产并把产品投放到市场，则肯定要冒极大的风险。道理很简单，市场没有这样的购买能力，这就如同你要在一个穷得连衣服都穿不起的市场去推销皮尔·卡丹、金利来等名牌服饰一样，肯定会亏本。

当然，高风险总是与高收入相对应的，一旦投资成功，便会带来可观的回报。

（4）最有发展潜力的行业一般都是政府倡导和支持的，并且不危害社会的行业。以我国目前大规模的产业调整来说，政府就明确地制定了倡导支持的行业目录，同时也出台了一些相关的法律法规，那些对社会有危害的生产企业也将逐步被关闭。在这个时候，你如果不了解政府支持什么、反对什么而盲目创办企业，其结果只能是自寻烦恼。因此，看行业有无发展潜力还应该看政府的政策。

　　上面所说的只是具有发展潜力的行业的基本特征，并不能囊括其所有属性。但如果你能从这几个方面去研究，并综合各种现实因素去慎重考虑的话，就能做出正确择业决策，并把选择的失误降到最低限度。只有这样，你才能延长公司寿命，赚取更多的人生财富。

# 第一章　拥有财富目标，让美梦成真

## 3. "钱"力多深，心知肚明

> 经商赚钱需要我们发挥自己的优点，扬己之长避己之短。选择赚钱的行业时，一定要考虑自身的情况，千万不可冒冒失失，一头扎进自己不熟悉的领域而不能自拔。

赚取人生财富是很多人一生都在追求的目标，但有些人成功了，有些人却失败了，究其原因就是在选择财富目标时不要盲目，一定要选择自己非常熟悉的行业。

从社会发展的大趋势和成功商人的经验来看，一个人要想成就财富梦想，只有立足于自身的优势，并让其不断生长，才能获得最后的胜利。之所以说"优势"要不断地生长，是因为目前的数字信息化社会变化太快了，如果"优势"不能生长、进步，就有可能成为劣势。

当然，如你对某个行业不熟悉，但经过你的潜心研究学习，很快地掌握、熟悉了这个行业，并且通过市场调查与分析，确信自己不会犯主观主义的错误，那么你要涉足也未尝不可。另外，虽然你不懂得这个行业，但你的合作伙伴却是这个行业的行家里手，那你要涉足也未尝不可。另外，你熟悉了这个行业，这并不意味着你肯定能赚大钱，这一点也需引起经商者的注意。

有一个人，大学毕业后在广东一家公司打工，是公司的业务骨干，对公司的业务非常熟悉，可以说闭着眼睛都可以将业务掌控于股掌之间。他觉得自己的翅膀硬了，可以单飞了，就辞职另立门户，当起了老板。可真正到他自己做了老板以后，才发现生意并不像想像的那样红火，客户盈门的情况并没有出现，而是门可罗雀，生意清淡。没过多长时间，他的公司只好倒闭。

做老板与给老板打工是两码事。自己做老板，公司里外的所有事情都要在自己的掌控之下，既要做好公司内部的管理，又要对外拓展维护客户，而有些东西是我们根本就不熟悉的。

台湾的经商高手邱永汉对于经商创业有一番独到的见解。他说："一个学生刚毕业时，有必要先在某处工作，然后抓住选择新事业的契机，从而开始自己的事业。"

邱永汉相当重视契机，认为遇到经商契机时，就应该好好把握，尽早开始创业。同时他还说过，如果一个人在工作岗位上，掌握到与本行业有关或邻近的行业，将之确定为今后要开创的事业，这样选定的行业，成功的可能性会更大。

经商者在考虑选择干哪行生意最好的时候，首先要反复自问："我懂得什么？""自己干什么最有把握？"在一般的情况下，要想赚到大钱，最好是懂哪行就干哪行，你觉得对哪行有把握就干哪行，直至成功为止。

在现实生活中，经商者入错行的情况也时有发生，万一你不幸入错行了，又该怎么办呢？这时，你既要头脑冷静，又要思维敏捷，表现出灵活的应变能力，方能从败局中使自己的事业得到复生和发展。遇到这种情况，邱永汉强调，惟一的办法是"中途下车"。他认为："人生只有一次，根本用不着被不适合的工作或自己无法感受到乐趣的工作束缚住手脚，度过闷闷不乐的一生。我本人就是那样主张的，因此我劝人中途下车，然后改行再创业。"

为此，他曾写下《中途下车也能生存》这本书，虽然在日本卖出了五六万册，但与他的其他著作《野心家的时间表》、《变化的世界，不变的规律》相比，情况却差得多。

邱永汉对此感到纳闷，接着他就发觉了这样的事实，虽说当时日本"中途下车者"持续增加，但毕竟日本的主流还是体制化社会，大多数人都被送上社会固定的传送带，从大学毕业开始，目标都盯着一流的公司，设法要进到里头工作。因为，泡沫经济瓦解之前的日本，一旦进入大公司任职，只要不犯太大的过失，一生就会在这一家公司度过，直到退休为止。

对于这种现象，邱永汉感到相当惋惜。他觉得在日本那样的体制化社会里，真正考虑下海经商的，只是极少数的一部分人。但他仍然主张：不适合终归是不适合，应该勇敢选择自己的心愿去生活；只要做好心理准备，就可以大胆中途下车，开创自己的事业。

邱永汉还对照自己的经验，规劝有心下海经商的人说，没人会选择自己根本干不了的事业，虽然在人们想象的事业中，有不少美丽的梦想，但最终得以实现的还是自己力所能及的事业。

总之，想要赚取人生财富，就必须选择自己能胜任的那一行。只有这样你才能做好自己的专长行业，更快地获得累累硕果。

## 4. 选择行业目标，不可草率

  选择行业目标绝不可盲从草率，一定要慎之又慎，有人形象地比喻说：选择一种行业要像选对象一样十分慎重，一旦选上了就要当成终身伴侣，不能轻易"离婚"，因为"离婚"会劳民伤财、影响感情。

  选择财富目标最忌讳的是自己没有主见，特别是那些初出茅庐的年轻人，他们往往在选择行业时表现得很盲目、很草率，缺乏认真的思考和周密的调查，只一味地赶潮流、凑热闹。

  还有一些人只选择投资少、经营难度小的行业。这种选择方法有它的合理性，但并非适合所有人。因为投资小、好经营的行业，挤进去的人自然要比其他行业的人多。如餐饮业和美容美发业，走到大街上，你会发现饭店、小饭馆、美容店、发廊遍街都是，可以说是"三步一岗、五步一哨"，可见这些行业的竞争之激烈。虽然这些行业投资小、好经营，但市场只有那么大，饭店再多，吃饭的人数是基本固定的，而美容美发消费群体的变化很小，一旦挤进去的人多了，竞争就自然激烈，淘汰率自然就高了。

  所以在这些行业里，你就看到了这样一种现象，即天天都有新的店铺剪彩，热热闹闹地开张，但同时天天都有一些店铺悄悄地关门转让。可以说，开张和关门成正比，有多少新开张的就有多少关门歇业的，真是有人欢笑有人愁。

  由此看来，选择行业绝不可盲从草率，一定要慎之又慎，有人形象地比喻说：选择一种行业时要像选对象一样，十分慎重，一旦选上了就要当成终身伴侣，不能轻易"离婚"，因为"离婚"会劳民伤财、影响感情。

所以，选择好的行业才能尽快赚到钱。在选择一个行业后就要专注于此行业，并在此行业里一展身手，切不可东试试西试试，自己把自己当成了一个终生的"试验田"。这样，我们的人生也许就永远耗费在永无止境的东试西试之中，永远赚不到财富。

如果一个人掌握多种专业知识、拥有多种技能、熟悉多个经商领域时，该如何选择行业呢？这就要把握住理想和价值原则，看哪个行业最易实现自己的人生理想，体现自己的人生价值。

在物理学界流传着这样一个故事。世界著名的诺贝尔物理学奖获得者肖克莱是半导体理论的创始人，在半导体生产逐步步入正轨之后，许多精明的人包括许多科学家都觉得这是一个可以赚取高额利润的良机，肖克莱自己也觉得这个机会千载难逢，于是他做出了一个重大决定，追逐社会潮流，像其他科学家一样去开办企业。肖克莱认为他是半导体方面的专家，对半导体的生产了如指掌，他一定能将企业办成功，所以就辞去了诺贝尔研究所的职务，来到美国加利福尼亚州创办了肖克莱半导体研究所。

肖克莱半导体研究所在刚刚创办的时候，确实红火了一阵，有八位年轻有为的科学家因为对肖克莱的崇敬而追随他。但好景不长，研究所很快就陷入了困境，当初追随他的几位年轻科学家纷纷起来反对他，说他根本不会做生意，把企业办得像大学里的实验室，这样的企业很难在市场竞争中存活下来。果然没过几年，肖克莱的公司就关门大吉了。

肖克莱经商的失败，就在于他不懂得选择最能发挥自身才能的行业这一原则在择业时的重要意义。他自恃在半导体领域里的能力，而并没有考虑到在经营方面能不能最大限度地发挥自己的个人才能。

如果从个人能力方面和从人生价值的实现方面来考虑，肖克莱在科学研究方面无疑具有超人的创造能力，他可以在科学发明中充分施展自己的才华。但相反，他经营企业的能力实在不敢让人恭维。如果他继续从事物理研究，那他的人生价值将会得到充分的实现。而他从事生产管理，虽然不能说他的人生价值就实现不了，但至少可以说不能最大化地实现。

选择财富目标最怕的是人错行，一旦方向错误，再有才华再有能力，也无济于事，所以在选择赚钱的行业时，一定要把眼睛擦亮，不可草率行事。

## 5. 财富绿洲，突破之后的获得

> 如果你有过硬的自身素质和赚钱能力，再加上选定的目标，并且朝着自己的目标坚定前进，那么赚取人生财富是迟早的事。

如果你有过硬的自身素质和赚钱能力，再加上选定的目标，并且朝着自己的目标坚定前进，那么赚取人生财富是迟早的事。因为你的财富目标决定了你的潜力，会给你带来无穷无尽的赚钱机会。希望集团的创始人刘永好今天的成功已经证明了这一点。

在良种场为刘永好赚进了第一桶金之后，他决定做饲料业。他这个目标的确立，来源于一个广告带来的刺激。

一次很偶然的机会，刘永好及其兄弟看到了一个广告片。广告的主题是宣扬一家外国厂的饲料是如何好，如何高效，这本无可厚非，但是它的情节却大大激怒了刘永好。在一个极其荒凉的地方，一个脏兮兮的小男孩在追赶着骨瘦如柴的小猪崽，背景是低矮的茅草房和满地的泥巴。这时闪出一家饲料工厂，宽敞明亮，着装整洁的工人们正在流水线上忙碌着，脸上挂着笑容。随后，荒凉的地方富裕了，猪养得肥头大耳，各种家畜欢快地吃着饲料，专业户喜上眉梢。

刘永好完全看出了这家饲料厂的言外之意——多亏他们才让中国农民过上崭新的日子，也只有他们能为农民带来富裕的新生活。这太令刘永好和所有中国农民气愤了，但是他们也无话可说，因为当时的情况的确是这样。

大约从20世纪80年代末到90年代初，外国饲料商打入中国市场后，就开始在中国城乡大量倾销一种具有现代概念的全价饲料。他们很快就冲垮中国传统的饲料工业，迅速向中国农村渗透，从根本上动摇了我国延续了几千年的饲养方式和饲料结构。这固然是对我国饲料业、养殖业的一种促进，但也是对我国民族饲料工业的严重威胁和挑战。在一片热闹非凡的争购全价饲料的背后，是一家家国有或集体的饲料工厂减产、亏损、转产甚至倒闭。

刘永好兄弟看到了外国饲料侵入中国市场的一面，同时又意识到中国广大农村的饲料市场是广袤的，这里潜伏着巨大的机遇和成功的机会！所以，他们决定做一次突破，要在饲料上大做文章，大干一场！

刘永好看到家乡养猪喂的是青草、大麦，糖分充足，蛋白质的补充却严重不足，各种其他营养成分更没人在意。在1982年到1984年间，刚刚开始办良种鸡场时，他们就曾经默默地进行了饲料的研制工作。那时他们专门喂养了100多头猪用于试验，邀请了省内及国内的著名专家学者共同研究饲料的配方，积累了许多有效的经验。

经过初步试制，刘永好看到，要降低饲料的成本，提高品质，关键是增加配方及生产工艺中的科技含量。

经过一次次的试验，经过一次次的成功与失败，刘家兄弟试制出来的希望牌新饲料，经过几个试验点的试验，证明它有多种优点。第一，省时间。猪仔从断奶到长大膘肥只需3～4个月，比传统的饲料周期缩短5～8个月。第二，省力。用这种饲料喂猪很省劲，一边放饲料，一边放清水，比传统的打猪草、切料、煮料省了将近90%的劳力。第三，新饲料不用煮食。第四，按料内比折算，用1斤希望牌饲料喂猪，可比传统饲料节约1斤粮食。如果按亩产粮食千斤折算，那么10万斤饲料节约的粮食，就相当于20万亩良田的产量！

不久，刘永好的希望牌新饲料"1号"面市，并且很快就在四川农村引起轰动。它的质量与洋饲料相同，价格却比洋饲料低。米易县一个养猪户在给刘永好的信中写了一段顺口溜："吃一斤，长一斤，希望牌乳猪饲料就是精。"刘永好连读两遍，高兴地一拍手说："写得好，就用这句话做广告词吧！"从此，"1号"、"2号"等30种希望饲料深入到千千万万养猪户家中，"吃一斤，长一斤"的顺口溜也传遍巴山蜀水。

从良种场到饲料业，是刘永好的一次大胆搏击，他的突破给他带来事业上的重要转折点。通过这次转折，刘永好走上了一条大规模产业化之路，决定了他在日后将要取得的巨大成功。

诗中说"欲穷千里目，更上一层楼"，养殖场使得刘永好及其兄弟拼凑的1000元变成了1000万，而"希望饲料"的问世使得这1000万变成了1亿，从此刘氏兄弟财源滚滚。可见，确立财富目标一定要敢于突破，只有这样才能实现自己的目标。

## 6. 选择财富目标应避"雷区"

选择行业可能关系到你的一生，你人生的方向就在你这一抉择之中，因此选择目标时一定要仔细深入地进行调查研究，在调查研究的基础上再进行科学的分析判断，从而做出郑重选择，避免进入经商雷区。

选择财富目标要慎之又慎，按原则做固然不错，但还要看你是如何应用原则的，在应用择业原则时还要灵活运用，不可生搬硬套。

举例来说，你的目标很明确，就是要赚钱，通过赚取钱财来提升你的生活质量。那么此时你首先就要找出那些最能赚钱的行业。当然，你肯定希望能够长久地赚钱，那么你则可以在找出的那些最能赚钱的行业中再找出有发展潜力的行业。找出了最能赚钱且最具发展潜力的行业后，下一个该考虑的就是在你找出的行业中再仔细推敲，哪些行业你最熟悉同时又能使你的个人才能得到较大的发挥。这样，你的择业就相当保险了。如果你不这样认真仔细地筛选就定下自己的财富目标，便有可能步入择业的雷区。

其次，选择目标应避免这些"雷区"。

（1）只要有利可图

这种择业理念往往是只顾眼前有利可图，就贸然将资本投下去。这种择业如同赌博一样，有可能使你狠狠地捞上一把，但也有可能使你血本无归。因为眼前有利可图，并不意味着将来照样有利可图，我们的投资至少也要收回成本，如果事业不长久，就很有可能使投资短期有利，长期则由于行业没有潜力，致使投资难以全部收回。

（2）别人能赚钱，我当然也能赚钱

这种择业理念之所以会产生，往往是有些创业者在择业时看到有很多人在某一个行业里都赚了钱，因眼红别人而产生心理反应的结果，在这种理念的指导下择业同样也没有任何的把握。因为别人赚钱很可能是别人早已占了先机，等你再入行时，此行业可能已呈下降趋势，这样你还能再赚到钱吗？

(3) 热门行业最赚钱

热门行业之所以热，其原因就是因为这些行业利润大，巨大的利润使很多人都进入了这些热门行业。这样，热门行业的竞争就会空前激烈。要在激烈的竞争环境中占有一席之地，你就必须具备很强的实力。但刚开始经商的人往往都缺乏实力，因而选择热门行业并不一定就能够成功。

(4) 一口吃个大胖子

每一个经商者，在事业的初始阶段都可以说雄心勃勃，择业时往往受这种所谓"雄心"的驱使，一心想选择那些一下子就能赚到成千上万元甚至上亿元的生意。可是，经商并非想像中那么容易，任何一个成功的商人都不可能一夜暴富，每一个成功的故事背后都留有一串串辛勤的汗水和足迹。财富的积聚也绝对不是一蹴而就的事情，因此大生意并不意味着就能赚大钱，小生意也不一定就意味着只能赚小钱。总之，干事业不可能一蹴而就，择业也不能贪大贪快。

(5) 朝阳行业一定能赚大钱

从理论上来说，由于朝阳行业的发展前景远远超过了其他行业，行业巨大的潜力其实就是无穷无尽的商机，商机几乎就等于利润，但并不是所有的人在朝阳行业里都能赚到钱，因为朝阳行业的从业者需要更为过硬的素质，如开发市场的能力、捕捉机会的能力等。如果没有过硬的素质，即使进入了朝阳行业也不一定能够赚到钱。

总而言之，选择行业可能关系到你的一生，你人生的方向就在你这一抉择之中，因此选择行业时一定要仔细深入地进行调查研究，在调查研究的基础上再进行科学的分析判断，从而做出郑重选择，避免进入经商雷区。

## 7. 有可行性计划才有好结果

> 俗话说得好,"隔行如隔山"。尽管社会生活中的各行各业是紧密地联系在一起的,但每个行业都存在着许多你看得见与看不见的区别,只有针对所选行业制定相关计划才会有好结果。

想赚取人生财富,有财富目标固然重要,但更重要的是你要有可行性计划,计划得好就会少走许多弯路。

有这样两个年轻人,一个叫王刚,一个叫张力,两人合伙在北京开了一家汽车修配厂,起初生意经营得相当成功,但随着时间的推移,两人对干这一行逐渐感到腻烦。两人商量后,将汽车修配厂卖了,来到上海。他们发现这里的地产建筑业正蓬勃发展,觉得经营"预拌混凝土"这门生意颇有远景,便立即将一家建筑材料工厂的股权买了下来。

但有一点他们事先都没有想到,两人都是建筑行业的门外汉,既不懂得施工,对建筑器材也不熟悉,最后只好背负严重的经济损失,将该厂出让,又回过头来,重新开办一家汽车修配厂。

事实上,制定好可行性计划才能让钱更好赚。俗话说得好,"隔行如隔山"。尽管社会生活中的各行各业是紧密地联系在一起的,但每个行业都存在着许多你看得见与看不见的区别,只有针对所选行业制定相关计划才会有好结果。

所以,制定财富计划时一定要正确地认识自己,审慎而恰当地确立自己的经营项目和范围,找准定位点。所谓的"量体裁衣"说的就是这个道理。

时代在不断发展,科技在不断进步,在21世纪里,各行各业都面临着全新的变化与挑战。因此,一个创业者要想找准定位点,首先要对行业的分类有更详细的了解与更准确的认识。

当今社会的行业，基本上可分为三大类。

(1) 研制产品的行业

这是泛指那些将购进的原材料进行加工，转变成另一种形式的物品，然后再出售的行业。如制造业、矿业、农业、畜牧业、捕鱼业、养殖业、食品加工业等，部分研制物化产品的娱乐业也在此类范围内。

(2) 销售产品的行业

这里指的是商品流通领域，如零售业、批发业等。做这一行的人不需要考虑有关产品设计方面的问题，而是要精确地考虑如何组织产品的销售渠道。

(3) 提供服务的行业

这里是泛指一切带有服务性质的行业，如洗衣业、咨询业、殡葬业、旅游业、运输业、酒店业等。

随着社会的发展，服务性行业在世界许多国家中起到了前所未有的重要作用。由于科技的进步，相对地增加了消费者对于相关技术服务项目的需求。现在已大量出现如汽车、航空、电子、电信、家用电器等各种各样的服务性行业。

上述三大类行业，是对当今社会成千上万种职业和工作所做的一个大致划分，对于某些界限较为模糊的行业或企业，要划归哪一类行业并不是很容易。如餐饮业，它需要购进各种大批现成食品原料，用来烹制成各种佳肴供食客们享用，应属于研制产品的行业，而事实上也可以算是一种服务性的行业。

那么，作为一个经商者，究竟要怎样制定可行计划才能赚钱呢？这绝不能凭你的主观愿望与兴趣来决定，也不是想干什么就一定能干得好的。必须要充分考虑到本身的学历、知识、财力以及社会需求等各方面的客观条件，给自己定好位。

## 8. 从新兴产业看到财富目标

> 新兴产业孕育着巨大的财富，只有那些眼光明亮的人才能在第一时间看透其背后的巨大潜力。当别人正在怀疑等待时，他们早已捷足先登了。

现在是信息时代，网络发展日益成熟，而网络游戏就是随着互联网的飞速发展而形成的新兴产业。它作为一种在线娱乐手段，向人们展示了其独特的魅力，吸引了众多网络爱好者。据市场调查显示，近几年，付费网络游戏用户一直处于大幅度增长趋势。这种巨大的市场需求为网络游戏的发展奠定了良好的市场基础。

2003年10月份公布的《胡润制造：中国内地百富榜》里，以网络游戏为主营业务的上海盛大网络发展有限公司董事长兼总裁陈天桥位列第十名，个人财富高达40亿元，在2004年的榜上他依然位居前列。人们从此对网络游戏产业不敢小看，并认为这将是一个新的赚钱领域。

1993年陈天桥从复旦大学提前毕业，同年他成为整个上海市唯一的"市优秀学生干部标兵"，不但学习优秀，而且社会工作出色。这种提前毕业的机会意味着仅上了三年大学的他同时具备了直升硕士、出国留学、去外企工作等多种好机会。

但他最终把这些好机会统统放弃了，而选择留在了上海浦东新区的陆家嘴集团公司。在陆家嘴集团公司的四年中，陈天桥由于业绩出色，直接晋升为集团董事长兼总裁的秘书，同时也比一般人更早地接触到了互联网并迷上了电脑游戏。

在1999年11月，26岁的陈天桥和他的几个朋友一起开了家名为"上海盛大网络发展有限公司"的私营公司。陈天桥和他的朋友们选择了"互动娱乐"这样一个没有物流的产业方向，并用东拼西凑来的50万元，开始了他们的事业。公司以动画、卡通为主，还开出了"天堂归谷"的虚拟社区。

当时网络虚拟社区被人们认为是旁门左道，许多人对此并不看好，给人提供一个游戏的场所，这么边缘化的产业，怎么赚钱？

最初的几个月，陈天桥和他的团队经历着平淡无味的寂寞，公司就在这种寂寞得让人窒息的环境中慢慢发展着，到了有一定规模的时候，陈天桥把公司员工数扩大到50人，分成四个事业部，使产品开发、宣传等方面齐头并进。

事实证明，他们的选择是有市场眼光的。这家最早从事专业网络卡通的商业企业，在短短几个月中竟拥有了100万左右的注册用户。正是这些注册用户和他们的独特眼光，使"盛大"在2000年1月获得了中华网的巨额风险投资。

2000年下半年，中国网络产业出现了前所未有的萧条，许多网站的经营开始走下坡路。"盛大"却在此期间购买了《黑猫警长》的版权，还办起了卡通杂志，和中央电视台联合举办全国性的卡通比赛，后来又陆续拿到了为奥迪、飘柔等大牌厂商做网上动画广告的单子。尽管如此，投资方中华网对"盛大"的前途看不到多大的希望，多方权衡之后提出撤资。

这对于一个正在成长中的团队而言，无疑是当头一棒，陈天桥的心情一下子变得无比沉重。深思熟虑之后，他决定放弃投入期长、回报期也长的网络动画，改为主要经营网络游戏。说来也巧，那时刚好有一个韩国公司来到上海，寻找网络游戏《传奇》的运营商，经上海动画协会推荐，双方于2001年6月29日签订授权协议，"盛大"用30万美元的入门费和27%的分成获得运营权。

陈天桥开始正式运营《传奇》。但这时候的"盛大"却陷入了创业以来的低谷，许多员工借机提出辞职，而公司所持现金只够支撑两个月。但最初和陈天桥一起创业的朋友一个都没走，他们对陈天桥的信任一如往常，他们常常加班到深夜，每个人都像上满了发条的机器。

2001年11月底，《传奇》游戏开始收费。一个月之后，有人开玩笑说，陈天桥出门应该雇人保护了。因为，在这一个月内，《传奇》的投资全部收回，从这时起，陈天桥的个人财富，呈几何级数一样发展起来。此后的短短三年间，他积累起高达40亿元的财富。有人开玩笑似的说："捡钱也不如这个速度快！"

可见，新兴产业是潜力巨大的产业，如果经营有方，赚取财富是很有可能的。如果把新兴产业规划到自己的财富目标中，说不定你就能更快取得成功。

# 第一章 拥有财富目标，让美梦成真

## 9. 不断调整自己的财富目标

> 原有的目标实现了，这时候就需要制订新的目标，然后继续奋斗、努力、前进。也只有这样，人生才能不断前进，从成功走向新的成功。

人的发展是无穷无尽的。尽管在书籍中，我们经常能看到使用"终极"、"最终"这样的字眼，但人生永远也不会有一个终极的发展目标。原有的目标实现了，就需要制订新的目标，然后继续奋斗、努力、前进。也只有这样，人生才能不断前进，从成功走向新的成功。人生就是这样一个不断奋斗、不断努力的发展过程。

索尼公司的创始人盛田是一家酿酒厂老板的儿子。中学毕业之后，他不顾父亲要他继承祖业的愿望，在上大学的时候选择了物理学专业。第二次世界大战中，他在海军服役，认识了专攻电器专业的井深大。从此，两个年轻人成为患难之交。盛田和井深大有一个共同的愿望，就是等打完仗后要把电子学和工程学结合起来用于消费品领域的生产。战争结束后，他们便迫不及待地办起了一家小小的电子公司。

公司的条件十分简陋，每逢刮风下雨，人们要打起雨伞才能投入工作。由于资金十分缺乏，他们的电子公司最初只能靠修理收音机来维持公司业务的运转。但由于盛田和井深大一开始就注意把好质量关，因此他们的公司赢得了用户的信任。不过，钱虽然是赚了一点，但离真正地打开局面还差得很远。

1949年的某一天，井深大前往日本广播公司办事，在那里他偶尔看到了一架美国制造的磁带录音机。井深大不禁怦然心动，他马上意识到这种商品中所蕴藏着的巨大潜力。回去之后，井深大和盛田一商量，就决定调整公司的业务方向，买下它的生产专利。

以当时索尼公司的条件和技术力量，制造录音机并不是很难，但是生产磁带是个大问题，因为当时在日本国内的市场是无法找到磁带的。他们经过一年的奋斗，终于生产出自己的磁带和录音机。然而可惜的是，这种录音机的价格高得惊人，每台竟达到了7万美元。于是，盛田和井深大招集公司全体成员，连续进行十多天的智囊大会战，终于找到了降低成本的办法。

录音机的生产取得了成功，但盛田和井深大这时又调整了自己的发展目标，已经在盘算着经营另外一种新的产品。

1952年，井深大听说美国人发明了晶体管，他十分感兴趣，就立刻与盛田飞赴美国考察。到美国之后，恰好西电公司以25000美元的价格出售该项产品的生产专利权，他们当机立断，立刻决定将其买下。经过几个月的奋战，世界上第一台袖珍晶体管收音机在盛田和井深大的公司里诞生了。由于晶体管的体积很小，以此生产制造的收音机可以装进口袋，所以，他们公司首批生产的200万台收音机一下子被抢购一空，销售额正好是盛田和井深大当初在美国购买专利所花费的100倍。

为了给这种袖珍收音机起个好名字，盛田和井深大几经讨论，最后决定取拉丁文的"音"（SONYS）和英语中"可爱的孩子"（SONNY）之义，取名为SONY（索尼）。这个名字不但十分好记，而且还正如盛田所说的可以纪念他和井深大这"一对小顽童"兄弟般的友谊。从此以后，"SONY"的名称响遍了全世界。

盛田和井深大刚创公司的时候，不过是想办个将电子学和工程学结合起来的用于消费品生产的小企业，而且一开始他们公司的主要业务就是修理收音机。但等到他们看到了进口的新产品即磁带录音机之后，就调整改变了他们的发展目标，等到取得成功之后他们又一次一次地调整自己的发展目标，后来的电视机等新的产品就是这样在调整发展目标中不断地被开发研制出来了。

可以说，盛田和井深大创办的索尼公司，之所以能够在竞争异常激烈的电子市场上占据非常重要的地位，跟他们这种不断进取、不断调整自己发展目标的做法有着极大的关系。你的一次成功不过只是完成了一个小目标，你不能有半点的自满和骄傲，而应该立即对自己的发展目标进行调整，下一站，你该背上黄金回家！

## 10. 目标有多大，舞台就有多大

*拿破仑说过，不想当将军的士兵不是好士兵。这就说明，不管做什么事情，总是要给自己设定奋斗的方向。*

你想成为什么样的人，你就会成为什么样的人。有强烈的创业欲望与没有创业欲望，会在类似的人生当中划出一条泾渭分明的巨大的鸿沟来。拿破仑说过，不想当将军的士兵不是好士兵。这就说明，不管做什么事情，一定要给自己设定奋斗的方向。

许多人会把理想与好高骛远联系在一起。实际上，理想与行动是一对孪生兄弟。既有理想，又有行动，成功才会有保证；而光有理想，没有行动，那就是好高骛远的表现，这种人是很少能够成功的。

世界上的事情，不是因为难而不敢做，而是因为不敢做才变得很难。很多时候，你的目标就决定了你的成就。

王新儿时的梦想很现实，他曾笑着说："我一直特别清晰地记得儿时的梦想，我想有个房子，类似于农家的小别墅，前面有个小菜园，最好有两棵树，还有个温馨的家。"

就是这个现实的梦想，使十几岁的王新走上了自力更生的道路。他捡过煤渣，捡过树皮。16岁时，他第一次跟父亲到外地跑供销。而这次外出，不仅使王新跑遍了大江南北，而且使经商的种子深深地种在了他的心中。

"我一定要做生意才能生龙活虎地活下去。我是停不下来的，一停下来就会觉得不自在，总觉得还有很多事情等着我去做。"王新说。

1981年，20出头的王新在温州开了家五金机电的零售店，主营电缆、电线、灯泡等产品。当年，王新就成为温州首届28位优秀经理之一。

1985年，王新到上海去发展。"在上海，我还是经营机电工具、电缆、轴承等产品，并在上海的北京路、福建路、浙江路上，开出29家店，对轴承的价格几乎可以说了算，我们在福建东路的仓库存有当时最多最好的产品。"王新也因此被同行称为"王百万"、"轴承大王"。

"当时我就开始向往做大做强，我希望自己所从事的行业，能有'说了算'的权力。"王新真是心比天高。

1989年，王新"漂流"国外，先后在西班牙、法国、意大利逗留。这段短暂的海外生活不仅使王新体验到了生活的艰辛，更让他找到了更好的商机，那就是经营服装。因为，王新在意大利发现，在国内非常廉价的服装，在意大利却可以卖到"天价"！

回国后，王新毅然投资200多万元成立了服装绣品有限公司，从日本引进五台24个头的电脑绣花机，请来100多个工人，开始做起了服装制造。结果，由于缺乏经验，第一年就损失了60万元。

1992年，王新决定转做西服。"刚开始，由于不懂设计，就跑到国外看版式。看中一件6000多法郎的CD品牌西服，买过来以为自己可以模仿做起来，结果却不行。"这让王新更加注重西服的工艺。结果销量也上去了。

之后的几年，服装一路走好，最好的时候工厂的工人达到900多人。但2003年开始，西服逐渐走下坡路。早有先见之明的王新在2001年就开始让工厂小部分生产休闲服，在2003年的时候，王新的西服和休闲服的生产量各占一半。

王新的愿望是，做自己的品牌，做行业的强者。他认为："做任何事都要用心去做，用心去分析，先计划后做事。要考虑到事情最坏的后果以及可能出现的种种问题，考虑周全才能去做，不能盲目。"

尽管王新之前也做贴牌生产，但那是因为条件不够成熟，实力强大后，他的梦想就更大了。"一定要将事业做大，这样才能体现人生价值。"王新坚定地说。

不管做什么事，一定要有目标。目标是成功的向导，只有树立远大的目标，一个人才会有意识地根据自己的目标不断努力，最终获得成功。

高尔基曾经说过，一个人追求的目标越高，他的才力发展得就越快，他对社会就越有益。然而理想的实现是建立在奋斗的基础上的。一位诗人说过："梦里走过许多路，醒来还是在床上。"他形象地告诉我们，只呐喊不冲锋的士兵不是好士兵，只瞄准不射击的猎人不是好猎人，老躺在摇篮里的婴儿永远

第一章 拥有财富目标，让美梦成真

• 25 •

站不起来。空谈是扼杀理想的屠刀,实干是孕育理想之花的雨露。理想难得,奋斗更加可贵。

"你有多大的欲望,你就有多大的成就。"此话虽不能说是真理,却也是许多成功人士的感慨。想拥有财富人生,就要有财富欲望,更要有财富目标。你有多强烈的欲望,就有多大的动力。动力往往能给你带来想要的结果。

## 11. 财富目标——勿以本小而不为

> 很多人选择财富目标时往往认为越大越好，其实大有大的难处，小有小的妙处。假如人人都一股脑儿奔向大市场，你却独辟蹊径，从小处着眼，反而会闯出一片新天地，赢来无限商机。

我们都知道，财富是可以从小本钱投资经营而累积起来的。拥有小本钱的创业者，往往可以在未来的某一天成为坐拥百万财富的大赢家，只要具有稳定的气质和拼搏的精神。

很多人选择财富目标时往往认为越大越好，其实大有大的难处，小有小的妙处。假如人人都一股脑儿奔向大市场，你却独辟蹊径，从小处着眼，反而会闯出一片新天地，赢来无限商机。

河南郑州有个被称为"花生米大王"的农民，他销售的花生米价廉物美，在当地很有影响。这个只有20多岁的个体户农民，是从身背一袋花生米去武汉做生意，而后逐渐发展起来的。他将这袋花生米卖掉后，发现花生米在武汉十分热销，但是卖花生米的人却不多。经过一番思索，他便购置了上千斤花生米。运到武汉后，他发现如果同别人一样的价格经营，自己根本不行，因为一无资本，二无店铺。于是，他就将这上千斤花生米低价出售了。他虽然赚得不多，但周转快，总会有些赚头。于是，他大胆购进了10万斤花生米运到武汉，然后将零售价降低。消息一经传出，人们纷纷来购买，一些大店铺也纷纷到他那里进货。从此，武汉的花生米价格也稳定了下来。后来，他的花生米生意不断扩大，最终形成了一定的规模。

在热如火炉的广州火车站，奔波的旅客都能买到一碗冰凉可口的大碗茶喝。这种大碗茶仅仅卖3角钱，不仅喝得舒服，而且价钱便宜。

大碗茶，就是用碗盛茶水，卖给过往的行人，这种生意只需很少的本钱就可以做，购买设备需要几百元钱，再配上几张桌椅便可开张了。由于旅游观光的人不断增多，火车站、公园内、街道旁、商店里人来人往，络绎不绝。虽说矿泉水、汽水好喝，但毕竟花钱又多，也不解渴。因此，口渴了喝大碗茶的人实在不少。只要位置选得好，每天赚几十块钱就不会太难，遇到节假日还会赚得更多。

无独有偶，香港铜锣湾街头有一家规模很小的"阿二靓汤"店。这种汤，实际是用香妃鸡、香油鸭等清炖出来的汤汁，每碗汤的定价不过12块港币，纯属小本生意。别看这种汤本小，对铜锣湾的人来说，却是每日必不可少的。由于汤汁非常讲究、制作精细，汤汁风味也是独具风格、清爽可口，非常符合市民的口味。因此，店铺刚开张顾客就络绎不绝，财源接踵而至。

据"阿二靓汤"店的创始人唐先生介绍说，他们看中这行小本买卖，主要是因为一些商家都热衷于开大饭店、做大生意，赚取高利润，给市场留下了这块空白。然而香港有许多广东人，他们非常喜欢吃煲汤，如果占领这块空白领域做小本生意，只要料理得当，肯定能赚到大钱。于是，他便开办了这家"阿二靓汤"店。由于他的小本生意在管理上采取中西合璧的方法，经营中式食品，还根据食客的不同要求推出了大锅煮的汤和小煲炖的汤。大锅煮的汤每碗12港元，小煲炖的汤每碗30～80港元。因为"阿二靓汤"店的汤汁很符合顾客的口味，所以一时间声名远播。唐先生的经营开创出一片新天地，获得了不菲的利润。

这些成功的例子说明了一个简单的道理——目标小并不可怕，可怕的是勇气小信心也小，不敢也不善于以小博大创造财富，关键是"勿以本小而不为"。由于中国人口众多，市场广大，越是小的东西越蕴藏着巨大的商机，任何一个小的项目只要耐心开掘都能发财致富，对普通百姓尤其如此。

其实财富目标的"大"与"小"是相对而言的，有的生意大但不一定能赚大钱，而有的小生意却能赚大钱。这种小生意，因为与老百姓的生活密切相关，所以会越做越大。如果我们能把目标定的"小"一点，抓住身边的小钱，总有一天会赚到大钱。

决心创富的奋斗者，如果你现在也还只是拥有一点点小本钱，如果你是如此强烈地渴求财富，那么就立即行动吧，以坚定的必胜信念为支撑，并以正确的方法为指导，就一定可以在不远的将来实现你的财富梦。

## 第二章　人格魅力，赚取人生财富的基石

想要赚取人生财富，首先就要在人格魅力上下功夫，拥有优秀的品质才是做人成事的根本。不管是经商也好，创业也罢，做人都要诚实。商人做生意更要以诚为本。虽然人人都说"无商不奸"，但是又有几个奸商能把生意经营得红红火火、维持得天长地久呢？做生意要精明但不等于欺骗。把欺骗作为挣得财富策略的人，其人格也随之降低了，而梦寐以求的人生财富也将离他更远。

# 1. 诚信是人格魅力的法宝

> 作为一个商人来说，诚信永远是摆在第一位的。没有哪家百年老字号是靠欺骗来享誉百年的，也没有哪个人能靠欺骗在商场中游刃有余一辈子，无论古今中外都是如此。

纵观中外历史，大凡成功赚取人生财富的人身上多半都具有诚信这一优良的品质，诚信是大智慧，这样的人才能挖掘出周围所有的"钱"能，才能有长远的"钱"途。而见利忘义是小聪明，总有一天，骗局会被人揭穿。

香港新华集团董事会主席蔡继有是香港有名的海产大王。蔡氏家族主要经营出口急冻海产品，此外还有粮油、地产、贸易等业务。新华集团是在20世纪80年代后期成为大型跨国企业的，蔡氏家族资产估值已超过30亿港元。奠定集团贸易坚实基础的是与日本人的海产生意，蔡继有为建立与生意伙伴的友情，牺牲了不少自己的利益，但获得了更长久的利益。

蔡继有原籍广东中山县，1929年生。蔡氏的祖先世代务农，家里一直比较穷。

从1950年开始，21岁的蔡继有做起了海产生意。他先向乡亲们赊海产品，运到澳门出售之后再结账，从中赚取差价。

1954年蔡继有到澳门做生意，一家人从澳门贩些鱼类、海产到香港去卖。1957年他在香港西环的贝介栏市场开了"华记栏"，做起了渔栏的批发生意。到了60年代，他的生意做得不错，但还只是小富而已。

蔡继有真正大富起来，是在和日本人做海产生意之后。从他的经商之道来看，也是靠诚心赢得别人的信任和支持的。

1965年，蔡继有在田湾租了一个400平方米左右的加工场，把贝壳类的海产急冻，再售给贸易商运销日本。两年后，为了扩大经营，蔡继有购入"华记冻房"，建立起海产急冻业的"桥头堡"。

为了避免中间商从中渔利，蔡继有决定自己直接和日本人做生意。但他没和日本人打过交道，能否成功也没有底。他是那种敢想敢干的人，打定主意后他拿了一袋冻虾样品，径直来到日本一家株式会社驻香港办事处，拜会办事处负责人。日本这家公司知道蔡继有的来意后，并没有立即表态。

蔡继有耐心地解释为何要不经过中介商而直接与日本人做生意，日本人也知道其中的道理，因为这对双方都有利。但老练的日本商人立即问道："你能给我们什么优惠条件？"

蔡继有回答道："如果贵公司有意合作的话，我们可以先收八折货价，等你们收到我们发出的货，验收满意后，再缴余款。"

在当时，只付80%的货款是很优惠了，而且剩下20%蔡继有让对方感到满意后再付，更是心诚的表现。日本商人很高兴地握着蔡继有的手说："你的条件确实比一般人优惠，看得出来，你是诚心诚意要和我们做生意。既然对我们双方都有好处，我们决定和你做生意！"

在生意上，蔡继有常常考虑对方的利益，日本这家株式会社的人对他非常信任，日本人觉得他讲信誉、重友情，是个难得的生意伙伴，他们之间的生意越做越大。这样，蔡继有成功地打开了直接运销海产品到日本的渠道，生意越做越红火。蔡氏家族的生意上了正轨，此后才真正发达起来。

诚信经营的蔡氏家族得到了日本商人的肯定和合作，这种信任是用钱买不来的。一个商人如果想把生意做大、做长久，只有老老实实地靠着点滴建立起来的诚信才能成功。

很多人认为说谎、吹牛等"非常"手段在商业上是值得一用的，甚至认为是必须的，这也是为什么夸大事实的广告充斥在各个角落的原因。当商家纷纷掩饰自己商品的缺点，却把优点说得天花乱坠时，当他们的钱包鼓胀一点时，他们的人格也随之降低了一分。

翻阅商业历史，真正存活下来的老字号商家，没有哪一家是靠欺骗而长盛不衰的，而且可以肯定的是他们都讲求诚信。也许有人说，他们的招牌大、名字响，广告做得好。其实，诚实是最好的广告，是人最大的魅力。别人会因为你真诚的言行、高尚的职业道德和良好的信誉而愿意和你合作，顾客也会被你的诚信打动而乐于光临。只有这样才能挖掘出周围所有的"钱"能，才能有长远的"钱"途。

## 2. 品质吸引财富

> 做生意要能守住道德底线，不可利为先、德置后，否则就会迷失人性，误入歧途。

可以说，赚钱是商人的天性，没有拥有财富的愿望就不会成为一个成功的商人。这就好像"不想当将军的士兵不是好士兵"一样，不想去赚钱谋利的商人也不是一个好商人。但是，经商的主体毕竟是人，是人就不能违背起码的道义良心。

现实生活中，有些商人为了一己之私而干一些害人的勾当，自以为可以成为漏网之鱼，殊不知这是鼠目寸光的表现。

1993年12月15日，春都集团可存放3000吨生肉的冷库突然起火，存放在冷库里的2600吨原料被毁，损失达4000万元。当时春都共有4000名职工，等于每人烧掉1万块钱。但为了息事宁人，春都集团上报的损失只有36万元。

大火过后，冷库里被烟熏火燎过的生肉，按规定应全部废弃，但春都集团的领导觉得这样做未免可惜，就把熏烧得不太厉害的一些生肉，混进了生产火腿肠的合格肉里，致使那段时间生产的"春都"火腿肠吃起来都有股烟熏味儿。

春都的竞争对手趁机造谣："火腿肠里面有人肉！"一时间，顾客避之唯恐不及，进货商也纷纷退单，春都集团元气大伤，仓库里堆满了成品火腿肠。

虽说"无商不奸"，但并不是让商人去欺骗消费者。春都集团自以为聪明，以为可以瞒天过海挽救自己的损失，结果"偷鸡不成，反倒蚀把米"，产品销售不出去不说，还影响了自己的信誉，弄得元气大伤。

第二章 人格魅力，赚取人生财富的基石

事实上，除了少数奸商外，大多数商人还是能恪守职业道德的。生意人讲职业道德，不仅对社会有好处，即便对于生意人自己，也是好处多多的。

旅港福建商会理事长王为谦，祖籍是福建晋江，1950年获准出国，本来想去菲律宾谋生，因入境手续受阻，滞留香港，在一家侨民公司打工，后因公司倒闭，面临失业。

1953年，王为谦用自己的积蓄加上亲朋好友的支持，创办了香港新元贸易公司。当时，公司的进出口贸易采用赊账形式，分期付款，双方惟一凭借的就是一个"信"字，"一个人没有信用，他就难以立足"是王为谦的口头禅。

一次，公司一批货物到菲律宾，交了货，却收不回钱。资金周转失灵，公司面临倒闭。由于在商界有着良好的声名，王为谦得到友人援助渡过了难关。

王为谦以贸易起家，却从不贪暴利、乱加价宰人，而是薄利多销。来价多少，自己应得利润多少，一一告诉贸易伙伴，待人以诚，从而建立了一批长期客户。当时有两家日本电器厂商，看中王为谦诚实可靠、进取心强，愿意将电器产品交给他，开拓海外市场。其后，王为谦成为TDK的总代理，生意开始向多元化发展。

经过40多年的创业、发展，王为谦创办的新元贸易公司在我国、印尼、美国、加拿大等地开设了子公司或分公司。谈起这一商业王国的建立，王为谦总是自谦地说："还差得远，我谈不上成功。我的经历，只能说是一部充满艰辛的创业史。创业之初我手头无钱，但我坚持对人处事，以信、诚、勤三字相待，而这三个字就是我取得一点成绩的出发点与根本。"

可见人品对于做生意的重要性。人品有多高，你的财富就有多厚，只有具备了良好品质的人，才能受到人们的尊重和敬仰，赢得别人的帮助和支持，从而取得事业上的成功。

## 3. 成功的秘诀——信用和执着

> 对于商人而言，就要踏踏实实走好自己的路，别干偷鸡摸狗的勾当，只有这样，你才能为自己赚下明天的钱。

一个人不管做什么事，首先就要踏实诚实。

有这么一个故事：

一个商人临死前告诫自己的儿子："你要想在生意上成功，一定要记住两点——守信和聪明。"

"那么什么叫守信呢？"儿子焦急地问道。

"如果你与别人签订了一份合同，而签字之后你才发现你将因为这份合同而倾家荡产，那么也得照约履行。"

"那么什么叫聪明呢？"

"不要签订这份合同！"

聪明和诚信，在这个故事里巧妙地结合起来，的确让人回味无穷。

华人首富李嘉诚也曾经告诫他的儿子说："当你什么都不能留下的时候，只要留下诚信，凭这一点，你就可以东山再起。"可见，诚信就是商人赚钱最好的资本。

韩国现代集团创始人郑周永就是这样的一个践行者。

郑周永是一个白手起家变成韩国首富、世界顶尖富豪的传奇人物。他不但经商有术，而且后来弃商从政，也成为世界瞩目的新闻人物。毫无疑问，郑周永是个值得人们学习的榜样，尤其对当代商人而言更是如此。

在郑周永弃商从政的1991年，现代集团的销售额达到510亿美元，居世界大工业公司的第13位，资产总额900亿美元，居世界工业公司的自有资产额的第2位（仅次于荷兰皇家壳牌石油公司）。郑周永的个人家产，据他自己说是40多亿美元，但权威人士估计达65亿美元。

1915年，郑周永出生在三八线北侧一个破落的书香之家，他在家中的孩子中最大，下面还有7个弟弟妹妹。由于人口多，生活很贫困，10岁的时候，他便一面读书一面参加繁重的劳动。

1933年，18岁的郑周永到汉城的一个米店当伙计。因为正直能干，身患重病的米店老板把店铺交给他全权管理。当了店老板的郑周永先后将父亲及全家20多人接到了汉城。

1947年他创办现代土建社。在这个基础上，他于两年后将土建社扩展为现代建设公司。

1950年初，郑周永的现代建设公司已初具规模，成为一家拥有3000万韩元资产的中型企业。6月朝鲜战争爆发，他的得力助手、二弟郑仁永劝他携款回老家避乱，但他却南逃到釜山。釜山当时成为韩国政府的南迁地，因为战争原因，急需建房屋与军营，且造价昂贵。郑周永抓住这一机会，先后至少承建了300栋军营，造价只需20多万韩元一栋的房子，得到的承建费用却在100万韩元以上，让他大赚了一笔。

能拿到军营的承建权，与郑周永平时做生意讲信誉是密不可分的，战争年代人心惶惶，更需要诚信度，郑周永因此捡了便宜。然而，讲诚信有时是要付出代价的，1953年郑周永承包釜山洛东江大桥的修复工程，就亏了大本。

承包到洛东江大桥的修复工程后，物价不断上涨，偶尔下跌也幅度不大。加上洪灾提前到来，冲走了大批准备好的修桥材料，开工后一算总费用，比签约承包时的预算要增加4倍！这意味着完工后不但赚不到一分钱，还要赔上7000万～8000万韩元。

郑周永骑虎难下。怎么办？是建还是停？摆在他面前的有两条路：一是停止修建，宣布公司破产，以保住昔日的积蓄；另一条路是冒着亏血本的代价硬挺下去，这样可能会把过去的积累全部赔光。

为了"现代建设"的信誉，郑周永选择了挺下去的做法。对于他的这一决定，当时他的亲友和公司的一些管理人员都表示不可理解，有的则站出来表示反对。但为了捍卫"现代建设"的诚信度，郑周永顶住了压力，义无反顾地干下去。他把自己所有的资金赔进去了，又变卖了十几年积蓄下来的全部值钱的家当，全投到洛东江大桥的修建工程上。

1955年洛东江大桥准时修建完成，经权威机构检测，质量达到一流水平。郑周永松了一口气，但这时他已经成了一个穷光蛋。

虽然郑周永变成了穷光蛋，但洛东江大桥像一幅杰作，为郑周永赢得了社会的认可，而这种信誉度就成为了他日后光大"现代建设"的最强劲资本，也因此赢得了韩国政府对他的充分信任。

从20世纪60年代中期开始，现代集团进军交通制造业。1967年现代汽车公司建成，现在该公司的汽车已成世界名牌。1972年现代造船重工业公司的蔚山造船厂和两艘26万吨级油轮的船坞同时开工，郑周永又赢得"造船大王"的美誉。

常言道"黄金有价玉无价"，商人的"诚"就像玉一样，纯度越高、品位越好便越值钱，郑周永传奇的一生便很好地证明了这一点。

# 第二章 人格魅力，赚取人生财富的基石

## 4. 人格魅力决定成败

一个人的个人魅力对事业的成败影响颇大，因为谁也不愿与一个人品欠佳的人合作同事。经商更是如此，拥有好的人品，得到别人的信任是生意做成的关键之所在，也是成功商人的秘诀之一。

很多人认为有钱就有了一切，他们不择手段地赚钱，有点钱就表现得十分张狂。这种人是愚蠢和浅薄的，毫无人格魅力可言，就算他们有亿万财富，也会遭他人鄙夷。

人格魅力是一个人内在的东西，它决定了一个人的外在行为，内心光明正直就会有果敢光明的行为。注重自身的品德就会赢得他人的爱戴和尊重，才能赚到大钱。

当代著名投资家索罗斯极为重视人格的力量，他认为一个人仅仅才华出众是不够的，还要有好的人格。他喜欢诚实的人，对那些做事自私、不够诚实的人，尽管他们十分聪明，也会请他走人。正如他的朋友沙卡洛夫评价索罗斯时说："他是我所见过的最诚实的人，他根本不能忍受说谎。"

索罗斯说："对那些才气纵横的赚钱高手，如果我不信任他们，觉得这些人的人品不可靠，我就绝不希望他们当我的合伙人。"

一次，垃圾债券大王麦克·米尔被起诉后，垃圾债券业务出现真空，索罗斯很想进入这一黄金领域。为此他约谈了好多位曾在米尔手下做过事的人，想请他们做合伙人。但是，索罗斯发现这些人有某种忽视道德的态度，最后他放弃了这些人，因为他觉得自己的团队如果有这些人参与的话，他会很不舒服，尽管他们积极进取又聪明能干，同时也很有投资天分。

索罗斯认为，如果一个人不值得信任，即使这个人拿世界上所有担保品来作担保，也不会借钱给他。索罗斯之所以如此看重合伙人的人品，是因为他认为金融投资需要冒很大的风险，而不道德的人是不会愿意承担风险的，这样的人不适宜从事负责、进取、高风险的投资事业。

索罗斯的团队里曾经有一个人私自在一处债券上投资了1000万美元，虽然投资赢了利，但索罗斯认为，这个人对自己的行动不负责任，随后便解雇了这个人。他认为，投资作风完全不同的人在他的团队里都可发挥用场，但人品一定要可靠。

现在一些商人求财心切，总幻想发一笔横财，一举成为大富豪。只可惜无横财可发，于是就丢失了自己的人品，在日常生意中搞一些见不得人的勾当。

譬如对外地来的顾客，或者不懂行市的顾客，总要想法"宰他一刀"，有些人甚至不择手段，以假乱真、以次充好、坑害顾客。这些人大概都有一个自欺欺人的想法：世界那么大，来往顾客那么多，"宰"了你一个，还有后来人。这样的想法既可笑又可耻。世界的确是大的，但世界有时又很小。按照"80／20"法则，你的大部分销售额是来自一小部分常客。你"宰"了顾客，你的回头客就会减少，"宰"人越多，回头客就越少。世界上恐怕没有上了当还不自知的人，上当后迟早是要醒悟的。明白自己上了当的人，还会再上你的门吗？若再上门就肯定是找麻烦来了。因此，做生意失去了人品，无异于自断财路。

"宰"顾客易做死自己；"宰"自己的生意伙伴，那就更易做死自己。每一个经商者都或多或少有自己的生意伙伴，要么他从你这里进货，要么你从他那里进货，或者互相之间有某种服务关系。生意场好比一张网，你们也就是网上的结，完全是一种共存共荣的关系。若没有好的人品，贪图近利，或者欺骗老客户，或者趁某种有利的机会，从老客户身上狠捞一把，或拖欠老客户的货款长期不还，甚至准备赖账，如此等等，你的生意就算做到头了。做生意一定要有好的人品，自己要赚钱，也要让人家有钱赚，生意才能长久做下去，这是一个最基本的经商之道，也是做人应该遵守的一个原则。

在商海中搏击的每一个人都要牢记"做生意最重要的是人格"这句箴言，只有做人做到位了，才会有持久的成功。

## 5. "赔"也要讲信誉

诚信是竞争中的基本道德，也是获取机会的最佳手段。竞争表面上是残酷的，但内在规律却是富有人道的，谁要是违反守信这个基本道德必将失去人心，最终遭到惩罚。

诚实守信是一个人最基本的道德准则，它表现在两个方面：一是在商品活动中不欺骗合作者、顾客和公共大众，以诚相见，以诚相待；二是重视自己的承诺，做到"言必行，行必果"，说话算数，诚实守信。

一个成功的人必是一个坚持诚信原则，遵守竞争规则的人。必是一个重视自己的承诺，做到"言必行，行必果"，说话算数，诚实守信的人。在商界，信用被商人形象地视为店铺的一块金字招牌。他们做生意讲究"赔也要讲信誉"的经营之道，这也是很多人的成功之道。

许德林曾做过油漆工，后来他组建了一支装修工程队，在人们痛斥装修"游击队"种种不是的时候，他所承接的工程却从没有停断过，常常装修完一家，便接连有几家在等着他。有时工人出了小小的差错，外行人未必看得出，可许德林发现后没有马虎，叫工人重新返修，并且自己赔上材料费。

他相信自己工程的质量，所以对客户有约在先，装修后负责保修。有时问题并不出在质量上，可只要有客户向他打招呼，他都在力所能及的范围内帮忙，而且他的收费在同行内比较公道，没有像其他人那样漫天要价。经过几年的努力，他拥有了一家规模颇大的装修公司，在业界和客户里有相当的知名度，生意自然越来越好、越做越大。

还有一位蒲先生，前几年因所在的公司转产，他回到家里自己种起了生菜。蒲先生觉得，如果能把农民组织起来，收购他们手里的生菜，卖到市场上挣差价，是个不错的商机。但他缺乏资金，于是就找到了在菜市场认识的商人晋先生商量合作，结果一拍即合。昆明市生菜的主产区在呈贡县，到多雨季节产量极低，像晋先生一样对农户不熟悉的商人即使手里有钱也收不到生菜。也正是因为如此，他们也愿意和蒲先生这样对种植技术和种植户都非常了解的人合作。

两人成立了一个小公司并与菜农签了合同，建起了只有50亩面积的生菜基地。为了让菜农愿意长期把生菜卖给自己，蒲先生除了向菜农提供技术外，还采取了与其他公司不同的方法，即向菜农承诺按照既定价格收购生菜，这样减少了菜农种菜的风险。蒲先生认为进行这样的投资，会赢得菜农的信任。当年七八月份，晋先生与蒲先生的第一批生菜按照每公斤8角5分的价格收上来了。可到了市场上，意想不到的事情发生了，大量生菜一齐在市场上销售，造成大幅降价，生菜的价格降到了6角1公斤，他们1公斤得赔2角5分。此时各蔬菜商纷纷采取提高质量标准的办法，拒绝收购菜农手中的生菜，但蒲先生他们基地上的生菜却一棵没剩。蒲先生损失了不少，但菜农还是可以保证每亩1000元的收入。菜农觉得他们负责任，从而更加信任他们。

经过蒲先生、晋先生和菜农的共同努力，扩大了产量。后来，公司发展了麦当劳的一级供货商克诺纳公司作为他们的大客户，其质量要求不仅高，并且数量大、要货急，而广大菜农的积极配合对他们的市场销售起了很大的支撑作用。

市场竞争是残酷无情的，但是顾客是有感情的，诚信就是要培养顾客的感情，使他相信你，愿意与你打交道。而不守信用，就是伤害了顾客的感情，就是你什么都不要，白白送顾客东西，也不会有人信任你。所以，获得信任感，这是在竞争中生存的基本智慧。

市场经济已进入诚信时代，作为一种特殊的资本形态，诚信日益成为企业的立足之本与发展源泉。经商者的品质决定着企业的市场声誉和发展空间。不守诚信赢一时之利，必然会失长久之利。反之，良好的口碑能带来滚滚财源，使生意越做越大。

## 6. 君子爱财，取之有道

> 君子爱财，取之有道。要想在激烈的市场中站稳脚跟，就要讲求信誉，真诚地树立自己的企业形象，赚自己该赚的钱，不可要小聪明，把顾客当成自己赚钱的工具。

"君子爱财，取之有道"；"仁中取利真君子，义内求财大丈夫"；"生财有大道，以义为利，不以利为利"。生意人津津乐道的这些名言，说明了做生意要掌握好义利观，反对那些非正道的取财方式。

上海机械设备进出口总公司是一家专门办理大型机械进出口业务的大型公司。有一次，江苏有一家乡镇企业上门拜访，请他们帮助在国外购买一套大型设备，但是必须是全世界最领先水平的机械。上海机械总公司立刻开始采购，可是在货运至上海港口时，他们发现这套所谓的领先水平的设备仅仅是20世纪90年代的设备重新组装了一次。

这时他们只有两种选择的方法：一是全当没有看到，发货到江苏的企业，反正依靠他们的技术力量也绝对检测不出来，自己赚一大笔中介费；二是把货物退给外国公司，这样一来自己赚不到钱，弄不好还会赔上一笔。最终上海机械总公司选择了退货，虽然他们的经济利益在短时间内受到了一定的损失，可是他们为商重义，并因此留住了很多的顾客。

聪明的生意人强调"义"，隐藏着一个求取大利的经济动因，他们深深地知道，假如做一锤子买卖，一心想着赚大钱，那么到最后便会沦落到信誉丧失，生意做绝，上过当的人们是不会再来合作的。

全国有名的古井贡酒厂曾委托京城的一家广告公司在《北京晚报》上登出广告，在广告上面说："持此广告者于×年×月×日可至××百货大楼前领取古井贡酒一瓶。"但是广告公司忙中出了错误，漏发了"限量500瓶"这几个字。在促销活动开始的那天，××百货大楼的前面已经排起了长队。原先准备的500瓶酒发完以后，厂家才知道在广告中出现了重大的错误。面对这样多的顾客，在现场解释已经来不及了。最终古井贡酒厂决定，一直发下去，来多少人发多少，假如酒不够的话从别的商场调过来，再不够的话从河北调也行，最重要的就是要保证不能失信于顾客。一天之后，古井贡酒厂比原计划多花了几十万元，但是他们未失信于顾客，就这样赚来了多少钱也买不到的知名度和声誉。

和"信"紧紧相连的一个字就是"诚"。"信"字必须建立在"诚"的基础上，如果不诚，就不可能信，有了诚信才能笃实。

全世界有名的米诺皮公司，他们在企业的经营活动中，自始至终都是以30分钟之内将客户所订的货物送到任何指定地点为保证的。这是他们在众多的竞争对手中得以立于不败之地的关键所在。这家公司的供应部门在任何时候都能保证公司分散在各地的商店和代销点不会中断货物的供应。假如这些分店和代销点因商品供应不及时而影响客户的利益，这可以说是供应部门最大的一笔损失。

一次，长途汽车在送货的过程中出现了故障，但是车中所运的货物恰好是一家商店急需的生面团。公司的总裁唐·弗尔塞克知道了这一状况，立刻决定包一架飞机去运那些货物，就这样及时把生面团送到那个几乎将要中断供应的商店。

"几百公斤生面团，值得用一架飞机去运吗？"当时就有很多人不能够理解，于是他们提出疑问："货物的价值还抵不过运费的十分之一呢！"

弗尔塞克总裁回答道："你们一定很感到奇怪吧？我们情愿赔这些钱，也不可中断供销店的供货。因为这一架飞机不仅仅为我们送去了几百公斤生面团，而且还送去了米诺皮公司的信誉。"

要想在商业竞争中得到长时间的发展，依靠的就是信誉。无视商业信誉，不但会让顾客的利益受到损害，早晚也会让自己被市场所抛弃，到最后落得狼狈不堪的结局。

## 7. 骗人之心不可有，防骗之心不可无

　　虽然我们主张做生意要以诚信为本，但是商场如战场，在商场上尔虞我诈，坑蒙拐骗的事情屡见不鲜，所以在讲求诚信的同时，我们也要防止被他人欺骗。

　　想赚取人生财富要有良好的人格品质，想创业做生意不能用骗人的伎俩，但也不能因此失去防骗之心。你不去骗人，并不能代表别人不来骗你，这需要我们多一个心眼，加强自身防骗的能力。

　　提起骗子，没有人不深恶痛绝。很多人都有被骗的经历。在商场上，大到骗钱、骗物、骗合同，小到骗吃、骗喝、骗样品，骗子简直是无孔不入。骗子的行为比起偷盗、抢窃的行为更隐蔽、更狡猾。

　　从商场上来说，骗子的嘴脸是多种多样的，而且又是千变万化的，但有一点是共同的，那就是能够"想你所想、急你所急"。你做生意需要资金吗？你有一批商品找不到销路吗？你遇到什么麻烦找不着"靠山"吗？你想发财找不到门路吗？……骗子都能帮你办成，而且说得头头是道让你深信不疑。更为高明一点的骗子不但会说得天花乱坠，如果看你是条"大鱼"，往往还会先给你一点"甜头"尝尝，以便让你"奋不顾身"地去受骗。

　　那么，经商时如何能防止受骗，让自己免受损失呢？这就需要多一个心眼，提高识别骗子的能力。

　　（1）凡是骗子，并且又是单独行骗的，通常会先与你"套近乎"，进而对你过分地热情。凡是这样的"见面熟"而又有超乎寻常的热情者往往都有一定的目的。

　　（2）凡是骗子要把你作为"猎物"的时候，往往会把你感到非常难办的事情说得非常容易，甚至他的举手之劳就能解决你天大的难题。一旦你有了"踏破铁鞋无觅处，得来全不费功夫"的感觉时，离受骗就不远了。当你暗暗

感到欣喜的时候，往往就是你应该提高警惕的时候了。

（3）骗子之中相当一部分是靠嘴成功的，多数都有一张能把稻草说成金条的嘴巴，遇到这种人时，你就要提高警觉。因为凡是真的东西都有疵点，而假的东西往往能说得完美无缺。

（4）骗子的惯用手法就是让你用很少的付出就能得到意想不到的利益。总是在给你灌输"吃小亏占大便宜"，"过了这个村就找不到这个店"的思想。当你感到是一个难得的机遇的时候，最好先想一想"天上不会掉馅饼"和"世界上没有免费的午餐"的俗话。

（5）人们的一切活动，都是为了得到利益。尤其是在生意场上，人们的各种活动都是和利益息息相关的，所以在做生意时，要多问几个为什么，这不能不说是防止上当受骗的至理名言。

（6）防骗的最好对策除了识别骗子之外，还要加强自身的防骗能力。如果能做到消除非分之想，不贪意外之财，那么再高明的骗术也会骗不住你的。

骗人之心不可有，防骗之心不可无。做生意要走正道、讲诚信，不能欺骗消费者和合作伙伴，但也需提高自己识别骗子的水平，加强自身的防骗能力，不能让别人领利用自身的真诚、忠厚而让自己成为被骗人。保持自己良好品格的同时，多学点社会学问，多长个心眼，处处有警惕之心才能防患于未然。

第二章 人格魅力，赚取人生财富的基石

## 8. 别"一锤子"砸了自己的财路

*有好的口碑，得到别人的信任是赚取人生财富的关键所在，要想得到别人的信任，诚信应该永远放在第一位，这是取信于人的基本要求。*

世界上最会做生意的犹太人，便将别人对自己的信任看得比什么都重要。犹太人始终认为：取得别人的信任是交易顺利完成的基础。犹太人非常遵守约定，但他们并不是千篇一律地签订书面的合同，他们往往只是口头上的承诺，非正式，非书面的协议，只要他们承认了约定，他们就会不折不扣地按照约定去行动。犹太人这种重信守约的美德为他们赢得了极高的声誉。

犹太商人从不做"一锤子买卖"，那种"只要每个人上我一次当，我就可以发财了"的想法，在他们看来无疑是自取灭亡。

按理说，犹太人没有自己的家园，被人到处驱来逐去，很容易在生意场中玩"打一枪，换一个地方"的短期策略和流寇战术，而实际上，犹太人极少有这种劣迹，他们总是信誉卓著，其经营的商品或服务也都属上乘，从不以次充好。犹太人在漫长的经历中悟出了什么是真正的经商之道。

在英国，最有名的百货公司是"马克斯-斯宾塞百货公司"，这家百货公司是由一对姻亲兄弟西蒙·马克斯和巴刘·西夫创立的。

西蒙的父亲米歇尔于1882年从俄国移居英国，最初是个小贩，后来在利兹市场上开了个铺子，以后发展为连锁廉价商店。米歇尔于1964年去世后，西蒙和西夫将这些连锁商店进一步发展成资金更加雄厚、货物更加齐全，具有类似超级市场功能的连锁廉价购物商场。

马克斯-斯宾赛百货公司，虽以廉价为特色，但非常注重质量，真正做到了"价廉物美"。用一些报纸上的话来说，这家百货公司等于引起了一场社会革命。因为原先从人们的衣服穿着上可以区分不同社会阶层，但由于马克斯-斯宾塞百货公司以低廉的价格提供制作考究的服装，使得人们花钱不多就可以穿得像个绅士或淑女一样，以"貌"取人的价值观念也随之发生了根本动摇。现在在英国，该公司的商标"圣米歇尔"成了一种质优价廉的标志。

马克斯-斯宾塞百货公司不但为顾客提供满意的商品，还提供最好的服务。该公司的售货员礼貌服务之周到，即使在素以彬彬有礼闻名于世的英国也是一个典范。西蒙和西夫在挑选职员时，就像挑选所经营的商品一样，一丝不苟，真正使公司成了"购物者的天堂"。

西蒙和西夫在让顾客满意的同时，还做到了让职工也满意。他们对职工要求极高，但为职工提供的工作条件，在全行业中是最好的，职工的工资最高，还为职工设立保健和牙病防治所，由于所有这些优越条件，马克斯-斯宾塞百货公司被人称为"一个私立的福利国家"。

与马克斯-斯宾塞百货公司同为百货零售企业的美国"希尔斯·罗巴克百货公司"采取的也是同样的经营宗旨，甚至在对待顾客和职工的优惠方面更有过之，并将这种恩泽施向整个社会，做到了与整个社会的和谐共存。

朱利叶斯·罗森沃尔德是通过投资而担任希尔斯·罗巴克公司总裁的，他是一个德国移民的儿子，曾在叔叔的百货公司工作。后来希尔斯·罗巴克公司融资的时候，他以3.75万美元的投资，约占融资总额的1／4，进入公司董事会。1910年公司总裁，也就是公司的创立人理查德·希尔斯退休时，希尔斯·罗巴克百货公司已成为美国最大的企业之一，每年收益为5亿美元。

罗森沃尔德为公司制定了一条如今广为人知的规则：不满意，可以退货。这是商业信誉最实在的体现，现在已经是许多商店的承诺，但在当时是闻所未闻的。罗森沃尔德很可能是第一个将商业信誉提到了这样的高度的人。

希尔斯·罗巴克百货公司经营良好，赢利丰厚。罗森沃尔德最初投资3.75万美元，30年后其资产达到了15亿美元。在这样的财力支持下，罗森沃尔德广泛从事慈善活动。他曾为28个城市的"基督教青年联合会"和美国南方的一些贫困地区建立乡村学校提供资助，为解决芝加哥黑人的住房问题出资270万美元。另外，他还分别为芝加哥大学、芝加哥科学和工业博物馆捐赠500万美元。1917年，他创立了拥有3000万美元基金的"朱利叶斯·罗森沃尔德基金会"，并规定基金的本利必须在他去世之后的25年内用完。

犹太商人笃信一个信条：犹太人生活在哪里，就应该在哪里生根。他们不但诚信经商，更与非犹太人和谐相处，甚至用自己的财富和实业去帮助去庇护犹太同胞和非犹太人。他们相信，只有以诚相待，取信于人，犹太人才会拥有朋友，而不是到处树敌，而唯有如此，犹太民族的复兴才会真正成功。这便是犹太人在今天成为世界上最成功的商业民族的一个最重要原因了。

## 9. 别把人都当"傻子"

别把人当"傻子",欺骗是一时的,诚信是一世的。唯有诚信才能使生意长久,金钱长流,贪图小利而欺骗消费者,把别人当做"傻子"来对待,最终是搬起石头砸到了自己的脚。

曾几何时,提起"傻子瓜子"来,是无人不知,无人不晓。但现在,再向人打听"傻子瓜子",就没有多少人知道了。究竟是什么使这个名噪一时的公司悄无声息了呢?这还得从他们的老板年广久把消费者当"傻子"说起。

1982年,自称9岁就开始学"经济学"的年广久,突然宣布他的"傻子瓜子"大幅降价,幅度为26%,这对几十年不变的瓜子价格体系造成了极大的冲击。这一举动在改革刚刚起步的日子里,引起了人们的极大兴趣,大家一下子把焦点集中对准了"傻子瓜子",当时也算名牌的"胡大瓜子"很快便被"傻子瓜子"压下了势头。"傻子瓜子"一炮走红,风靡一时,成为中国老幼皆知的"营养食品"。

到了1984年,生产"傻子瓜子"的炒货店与国营经济联营,组建公私合营的"傻子瓜子公司"。至此,"傻子瓜子"春风得意,形势一片大好。如果"傻子瓜子公司"从此能够从抓质量、抓管理入手,进一步寻求发展,那么他们的前途无疑是光明的,可是"傻子"却开始找"捷径"了。这一"捷径"最终将企业导向错误的航向,直到最后的没落。

1985年,"傻子公司"搞了一次全国范围内的"傻子瓜子"有奖销售活动,每买1公斤瓜子赠奖券一张,凭奖券兑现奖品。这在当时不能不算是产品促销的高招。一时间,公司门前车水马龙,盛况空前。全国各地来函来电,来人来车,纷纷购买"傻子瓜子"以获取奖品。如此一来"傻子瓜子"在有奖销

第二章 人格魅力,赚取人生财富的基石

售的第一天就售出了1.3万公斤,最好时一天卖出了22.5万公斤,这简直是前所未有的瓜子销售纪录。

可是这一销售成果是以"傻子公司""犯傻"为代价的。这些用于有奖销售的瓜子中间,有相当数量是公司从外面购买的非经自己制造和检验的熟瓜子。原来"傻子公司"为凑足销售额,从别的公司大量购买熟瓜子,再贴上"傻子瓜子"的商标去有奖销售,而这些外购的瓜子中,有很多是陈货劣货,是假冒伪劣产品。

消费者是骗不了的。"傻子公司"的这一看似聪明,实则犯傻的投机行为很快引起消费者的强烈愤慨,大家纷纷要求退货。

为应付有奖销售带来的畸型需求,傻子公司一共购进瓜子145万公斤,有奖销售期一共卖出去114.5万公斤,余下大约有30万公斤,造成大量积压。这些积压的瓜子像一个沉重的包袱,给公司造成重大损失。事情到这一步已经充分说明欺骗消费者,搞投机的违法生意是不会有好下场的。可"傻子公司"似乎傻到了不能觉醒的地步。

在"傻子瓜子"名声即将损失殆尽之时,他们不是想着如何去挽回名誉,东山再起,而是继续干欺骗消费者的勾当。在这批积压的瓜子中,大部分是陈腐变质的瓜子,是绝对不能再拿到市场上销售的。可是年广久竟然打着"为了让国家减少一些损失"的招牌,对这些劣质陈货采取加工后再销售的办法处理,甚至原封不动地把这些变质瓜子拿出去卖。在以后的两年中,傻子公司共销出这些劣质瓜子10万公斤,绝大多数被低价卖到了农村,去骗那些消息闭塞的农民。

年广久无论怎样投机,怎样骗人,终究是会被识破的。而他被识破之时,也就是他的公司走到尽头之时。年广久最终吞下了自己酿造的苦酒,不讲诚信,欺骗消费者的行为让名噪一时的"傻子瓜子"彻底退出了历史舞台。

贪小便宜,偷工减料是做生意的大忌之一,与年广久类似的情况,多不胜举,经商赚钱一定要谨记:把别人当"傻子",最终"傻"掉的是自己。

## 10. 忍耐带来财运

> 许多人能赚钱的一个重要因素就是忍耐。为了赚到钱，他们经常忍受各种痛苦：浪迹天涯，饱受别离之苦，什么累活、脏活他们都干，内心深藏着常人难以忍受的痛苦。

忍耐是一个人最好涵养的体现，是创业成大事的根本，是赚取人生财富的基石。

在美国，有一个名叫雷·克洛的人。他出生的那年，恰遇西部淘金热结束，一个本来可以发大财的时代与他擦肩而过。

按理说，读完中学就该上大学。可是1931年的美国经济大萧条，使其囊中羞涩而和大学无缘。后来，他想在房地产方面有所作为，好不容易生意才打开局面，不料第二次世界大战烽烟四起，房价急转直下，结果落了个"竹篮打水一场空"的局面。

就这样，几十年来低谷、逆境和不幸一直伴随着雷·克洛，命运无情地捉弄着他。然而，他始终没有放弃与命运抗争，尽管忍受着巨大的痛苦，他还是为了自己的目标而努力奋斗着。他认为：苦难和挫折在折磨人的同时，也在悄悄孕育着希望。只有能够忍耐、奋斗不息的人，才能找到人生的甘泉。

孟子几千年前就说过："故天将降大任于斯人也，必先苦其心志，劳其筋骨，饿其体肤，空乏其身。"创业之路，充满艰辛与坎坷。这就要求创业者学会忍耐，在挫折中磨炼自己的意志，一步步走上财富的"金字塔"。

56岁时，雷·克洛来到加利福尼亚州的圣伯纳地诺城，看到牛肉馅饼和炸薯条备受青睐，于是便到一家餐馆学做这种东西。对于一个年过半百的学徒来说，其中的艰辛是可想而知的。

后来，这家餐馆转让，雷·克洛毅然接了过来，并且将餐馆的招牌改为"麦当劳"。现在它在全世界已有5637个分店，年收入高达4.3亿美元。雷·克洛是一个时运不济的人，可他没有怨天尤人，而是顽强忍耐、执著追求，最终走向了成功。

赚钱要以"忍耐"为重。即使身处逆境或贫困线上，也要相信明天一定能够成功，并要为此付出艰辛和努力。在商界中的忍耐，能给人带来财运。如果只是好面子，不懂忍耐之道，那么钞票就会从你的眼前白白流走。

美国阿拉斯加州的比尔和雷诺，是两个精力充沛而有理想的青年，他们不甘心贫穷，一起来到非洲腹地寻找传说中的宝石。在没有人烟的山谷，比尔和雷诺一块块地拣着矿石，从事着枯燥无味、辛苦劳累的工作。

时间一天天过去了，他们拣来的矿石也在一天天增多。比尔和雷诺的手掌已经磨破了，身上被火辣辣的太阳晒脱了一层皮，浑身被蚊虫叮咬得全是脓包。在拣到9999块矿石之时，雷诺想着身心忍受的痛苦，想着创业的艰辛，便不愿意坚持了，他决定离开。

比尔说："我们已经拣到了9999块，就这样半途而废了吗？在困难面前，你要沉得住气，再拣一块不就凑到1万块了吗？说不定最后一块就是宝石。"雷诺不耐烦了，他恼怒地说："现在谁还抱有你这种想法，那他肯定是个傻瓜。"说完扭头便离开了。

比尔看着雷诺消失的背影，深深地叹了口气，随手又将一块矿石拣起。很快他便感到手中的这块矿石沉甸甸的，与以往的矿石大不相同，仔细一看，原来真的是日思夜想的宝石。回到阿拉斯加州后，比尔将宝石变卖掉，用赚得的利润开办了一家钢铁厂。

几年后，当雷诺还在四处流浪时，比尔已经成为美国赫赫有名的钢铁大王。有人问他成功的秘诀是什么，他感触良深地说："我成功的秘诀就是'忍耐'二字。成功和失败只有一步之遥，在艰难困苦、恶劣环境面前，谁能忍受，并在绝境中抗争，谁就是胜利者。学会了忍耐，没有什么能阻挡住你的前进之路。"

也许很多人就像雷诺一样，不喜欢多等一会儿，因此错失了很多的机会，但又能怪谁呢？或许大多数人都见过狮子捕猎的画面，只有在时机及取胜机会都适合的时候，它才从草丛中跳出来。成功的商人同样具有这种特点，他绝不为做生意而做生意，他总是在等待合适的时机，而后再采取行动。

成功需要一种持久的耐性。人生想成功并不是一件容易的事情,成功是没有任何捷径的,成功需要耐性。摒弃揠苗助长的急功近利,坚持瓜熟蒂落的等待和耐性,最终才能如愿以偿。成长如此,创业如此,做其他一切事情亦是如此。

# 第二章 人格魅力,赚取人生财富的基石

## 11. 勤恳务实，财路大开

*大凡每一个成功的人，他们的财富大都是凭借勤恳务实的态度获得的。勤恳务实是赚取人生财富的首要素质。*

每一件简单的事情都隐藏着一座看不见的金山，用心去挖掘，沙子也会闪烁出财富的光芒。同样，对于你身边种种简单的现象都不能等闲视之，它们也许都是你创业的机会所在。

王慧高中毕业后，应聘到一家小区做物业管理工作。一次，王慧逛街时路过一个邮市，因对集邮有兴趣，王慧便进邮市闲逛，发现有个摊点在卖打折邮票。摊主耐心地告诉惊讶的王慧，这些打折邮票都是真票，20世纪90年代初期、中期发行的。大量的新邮票上市造成邮市疲软出现大量积压和库存后，打折邮票便出现了。这个发现让王慧感到很兴奋，60分和80分面值的邮票都能打到7折，而280分和560分面值的邮票可以以低于3折的价格买到。

在回去的路上，经过曾经工作过的小区时，一个朋友叫住了她，说："小王，你不在我们都很不习惯呢！现在寄信都得自己跑邮局了……"王慧灵光一闪，想到一个谋生的新方法。原来，王慧在做物业管理人员时，常有居民和小区内公司的职员请她代为寄信，有时寄的是大捆大捆的商业信函。那些信大多没有贴邮票，大家把钱给王慧，让她去邮局寄。王慧想，如果用打折的邮票去寄信，寄一封不超重的平信能赚一角几分钱，而寄一封挂号信的利润就更可观了，一封就能赚两元多！

王慧立刻来到邮市，把身上带的100多元钱都买了打折邮票，当晚，她兴奋得难以入眠。第二天一早，王慧来到小区边的写字楼，那栋写字楼里的20多家公司都爽快地答应了王慧代为寄信的要求。当天，王慧便收到了其中几家公司要寄走的170多封商业信函。王慧用7折的8角邮票寄走了这些平信，轻轻松松就赚了40多元。第一个月，王慧总共寄出了2000多封平信、400多封挂号信，收入超过1900元。随着业务的发展，王慧每月的收入超过了1万元。但邮票的用量越来越大，为了找到邮票的稳定来源，王慧绕开二手贩子直接找到了批发商，以更低价拿到邮票。

王慧的创业方式别出心裁，她至今也没有遇到竞争对手。尽管如此，王慧还是把客户当做衣食父母，她从未丢失过一个客户，只要是与王慧打过交道的公司，都对她十分信任。王慧从事代理寄信业务两年半后，服务范围从番禺区扩大到了海珠区、天河区和东山区。她把替人寄信当成自己的职业，更令人惊奇的是，靠着干这种粘信封、贴邮票和跑邮局的活儿，她每月能挣1万多元。

任何事情都不能看得太简单，创业也是如此。创业是一件严肃的事情，需要用心经营。凡是创业者对自己的事业都不能等闲视之，要具备一定甚至精湛的专业技能，小生意中藏着大学问，即使你开创的只是小本生意，也不能把它看得太简单，否则就会因为轻视而导致失败。

大凡每一个成功的人，他们的财富大都是凭借勤恳务实的态度获得的。由于勤恳，他们在追求财富的道路上不辞辛苦，只要有钱赚的地方就会有他们的身影；由于务实，他们往往能够脚踏实地地经营，从不盲目追求，而是讲求以实效生财。

创业没有起点高低的区分，大多数成功的企业家在事业的开始阶段，都是从最为简单的业务开始的，哪怕是几分钱的投资，几分钱的利润。

第二章　人格魅力，赚取人生财富的基石

## 12. 吃得苦中苦，方为人上人

*总的来说，刚出道的人，能力多半不强，难以承担重任，唯有能吃苦，迅速提高，并证明自己的价值，才有发展前途。*

想赚取人生财富，辛苦肯定是避免不了的。很多高学历的人通常不舍得离开舒服的工作环境，关键就是怕吃苦。很多人单枪匹马出来闯，总会觉得不安全，不合算。但创业要求人全心投入，可能很少有时间顾及自己的朋友乃至家庭，即使是周末、节假日也要工作，休闲将会变成一种奢侈。如果没有准备好面对这些情形，想通过创业发家致富将会是一个痛苦的旅程。

王云霄从四川农村来到重庆。为生活所迫，他成为重庆城区几万棒棒军中的一员。但由于学历仅仅是初中毕业且高度近视，他经常赚不足生活费，连房租都交不起。

不甘心的他不愿做个普通的棒棒，总寻思着怎样做出名堂来。电视连续剧《山城棒棒军》的热播，在西南地区产生了广泛的影响。王云霄和同屋住的兄弟商量，决定抓住这个机会，把身边的棒棒兄弟组织起来，办一个棒棒军劳动服务有限公司，并且打算把这个公司定位于利润较多的装修、搬家等项目。

经过东拼西凑，王云霄筹集了两万元，成立了一家棒棒公司，正式走上了创业之路。

公司刚刚成立的时候，人少活多，扛着东西上上下下爬一天的楼梯，辛苦难以言表。苦虽苦，但是人的精神状态很好，人一旦有了追求的目标，体力上的辛苦又算得了什么呢？随着公司规模的壮大，他一直是电视台、报纸争相报道的对象，公司品牌很快树立了起来。如今，王云霄已从月收入只有100元的棒棒发展成年收入十几万元的小老板。

对于那些文化程度不高又没有很多资金投入，又不想冒很大风险的投资人来说，切入主要依靠出卖劳动力的低成本行业是一个不错的选择。

邓建在几年前还只是一个蔬菜批发市场的小摊贩，后来他发现当地的家政服务业是一个空白，而且资金的投入也不多，于是在2002年创立当地首家家政服务公司，从刚创业时的一名经理、两名员工，发展到今天的员工百名、大车三辆、小车四部，在家政服务领域成就了一番事业。

他的致富源于在一次联系蔬菜客户的路上，看到一辆搬家的汽车在艰难地行进，大冬天的汽车上站着两个人，冻得直捂耳朵。邓建心里一动，联想到自己曾经生活过的大城市有很多家政、搬家公司，既解决了居民、单位的搬家之苦，还能创收，于是，他下定决心要搞家政服务公司。

公司成立不久就取得了很好的经济效益，但是由于市场利润相对较大，一时间，搬家公司纷纷兴起，看到这种局面，邓建及时拓宽家政服务市场，把搬家、保安、保洁、外墙清洗、钟点工、保姆等多种家政服务开展起来，巩固自己的市场。

拿外墙保洁来说，它是拥有高楼大厦的单位或个人头痛的问题。邓建解决了这一难题，填补了这方面的空白，于是，在当地的高楼大厦上，出现了大城市才有的"蜘蛛人"，他们的出现，使小城的清洁卫生从地面延伸到了空中。

吃得苦中苦，方为人上人。不要为自己一时的付出多收益少而抱怨不停，要知道，那些苦都是些低级的苦，并不足以造就你成为人上之人；要主动地去追寻苦中之苦，并甘心为其付出，因为那才是你能否获得成功的保障和根本。

第二章 人格魅力，赚取人生财富的基石

## 13. 谦虚带来财富

> 越是有涵养、稳重的成功人士，态度越谦虚；相反，只有那些浅薄的自以为有所成就的人才会骄傲。

水由高处往低处流，越到下游，覆盖的面积越大，土地也越肥沃。赚取财富的情形也是这样，采取低姿态，拥有谦虚和气的态度，满怀感激之心，人们就乐意帮助他，推崇他，金钱也会顺流向他而去。所以，谦虚对一个人，尤其是以挣钱为己任的人来说更是具有特别的意义。

富兰克林年轻时就是个才华横溢的人，但同时他也很骄傲轻狂。对此，他浑然不知。

有一天，富兰克林到一位老前辈家中去拜访，当他准备从小门进去时，因为门框低了一些，他高昂着的头被狠狠地撞了一下。这时，出门迎接的老前辈告诉富兰克林："很痛吧！可是，这将是你今天来这里的最大收获。如果你想实现自己的理想，就必须时时记得低头。"

富兰克林猛然醒悟，从此他改掉了骄傲的毛病，决心做一个谦逊的人。也正是因为具有了这一美德，他得到了人们的广泛支持，在事业上取得了巨大成功，成为美国开国元勋之一。

你可能也会有这样一种体会：越是谦逊的人，你越是喜欢找出他的优点；越是把自己看得了不起、孤傲自大的人，你越会瞧不起他，喜欢找出他的缺点。这就是谦逊的功效。

所以，平时要谦逊地对待别人，这样才能博得别人的支持，为你的事业奠定基础。当你以谦逊的态度来表达自己的观点时，就能减少一些冲突，还容易被他人接受。即使你发现自己有错时，也很少会出现难堪的局面。

在柯金斯担任福特汽车公司经理时，有一天晚上，公司里因有十分紧急的事，要发通告信给所有的营业处，所以需要全体职工协助。当柯金斯安排一个做书记员的下属去帮忙套信封时，那个年轻职员傲慢地说："那有碍我的身份，我不干！我到公司里来不是做套信封工作的。"

听了这话，柯金斯一下就愤怒了，但他平静地说："既然做这件事是对你的侮辱，那就请你另谋高就吧！"

于是那个青年一怒之下就离开了福特公司。但因为他仍听不进别人的话，所以跑了很多地方，换了好几份工作都觉得很不满意。他终于知道了自己的过错，于是又找到柯金斯，诚挚地说："我在外面经历了许多事情，经历得越多，越觉得我那天的行为错了。因此，我想回到这里工作，您还肯任用我吗？""当然可以。"柯金斯说，"因为你现在已经能听取别人的建议了。"

进入福特公司后，那个青年变成了一个很谦逊的人，不再因取得了成绩而骄傲自满，并且经常虚心地向别人请教问题。最后他成为了一个颇有成就的名人。

越是有涵养、稳重的成功人士，态度越谦虚；相反，只有那些浅薄的自以为有所成就的人才会骄傲。美国石油大王洛克菲勒就说："当我从事的石油事业蒸蒸日上时，我晚上睡前总会拍拍自己的额角说：'如今你的成就还是微乎其微！以后路途仍多险阻，若稍一失足，就会前功尽弃，切勿让自满的意念侵吞你的脑袋，当心！当心！'"这就是告诫人们要谦虚，尤其是稍有成就时应格外小心，不要骄傲。

人一旦产生骄傲情绪，那么他评判事物的标尺就会失衡，就不能再正确地看待自己，并且很容易走进重复自己的怪圈。因为你被自己头上的那层光环迷住了双眼，有些眼花缭乱，有些飘飘然，伴随着岁月无声的流逝，你自以为已经走了很远的路，有一天当你突然醒来一看，才知道自己还停留在当初的出发点上。

所以，要想赚取人生财富，想取得持久的成功，就一定要使自己保持谦虚的美德。即使事业上有了一些成绩，也不要自高自大、洋洋得意，那只是一种极端无知的表现，是一种浅薄的虚荣。那样，"财富"将离你而去，"成功"也会冷落你，决不会让你再次品尝到成功的快乐。因为成功的路是没有止境的。

第二章 人格魅力，赚取人生财富的基石

# 第三章　前有"计"可施，后有钱可赚

没有失败的事业，只有失败的人。很多人在事业中遭遇失败，多半是因为自己没有用点"心计"。赚取人生财富靠的不仅是很好的计划、超人的胆识，更需要对所做的事多用点心。只有考虑全面才会多一点成功的机会，只有运用智慧才能化解危机，只有未雨绸缪才不会让失败有机可乘，才能在竞争中立于不败之地。

## 1. 没有点"心计"，将无从选择

> 商业竞争，残酷异常，不用自己的优势压倒对方，你就很难在市场中占据优势。弱肉强食，适者生存。经商一定要敢于竞争，用点"心计"为自己占领更为广阔的市场。

商业竞争向来是"弱肉强食，适者生存"，要想立稳脚跟，并进而占有市场，就必须把竞争对手打压下去。如果一味地心慈手软，那么必定会贻误大好战机，致使对手羽翼丰满，构成自己前进路上的强大威胁。

美国人吉姆斯·林恩花了7年的时间，吞并了一个又一个对手，使自己奇迹般地迅速崛起，他的LTV公司成为全美最大的十五家公司之一，公司的股票也由最初的每股20美元狂涨到每股135美元。

股票发行成功后，他就立刻用募集到的资金收购了一家电气公司，使自己公司的实力得到了极大增强。

从这次收购中他得到启示，认为可以把自己公司的股票当作现金来使用，接着再发行股票，再募集资金，再去收购竞争对手的股权，然后把对方一口吞掉，变成自己公司的一部分。

于是，他就不断地采取这种手法，陆续吞并了阿提克电子公司、迪姆柯电子公司等多家公司，并把自己的公司改名为"林恩·阿提克与林恩·迪姆柯电子公司"。到了这个时候，他已拥有了令全球震惊的经济实力，每月的营业额高达1500万美元。

连续的胜利使林恩的野心更大了，此后他就把目光瞄准了休斯·福特股份有限公司。这家公司以制造飞机和导弹闻名于世，资本相当雄厚。他多方筹措资金，一方面向休斯·福特股份公司的股东私下收购股份，另一方面又从股

市直接公开收购，双管齐下，很快他就如愿以偿地取得了40%的股份，并且直接控制了这家公司。

接着他把这家公司改名为"林恩·迪姆柯·福特公司"，举世闻名的LTV公司就这样诞生了。他的这种企业形式被当时的人称为"集团企业"，而他则成为全球商界的风云人物。

俗话说："树大招风"，公司经营规模扩大了，面对的竞争对手也就更加强悍了，如果不击败他们，自己的地位便会受到威胁。林恩深深地懂得这个道理，于是他又再度出击，把攻击的矛头直指威尔逊公司。

威尔逊公司可不同于林恩以往所遇到的对手，其实力远在LTV公司之上。每年的营业额就是LTV的两倍，要想把这样的超级大公司吞并掉，其难度是可想而知的。

但林恩却是遇强愈勇，他进行了一番精心部署，从银行贷了8000万美元，又在股市里暗中吸纳威尔逊公司的股票，最终达到了自己的目的。收购虽然成功了，但8000万美元的庞大债务却令他无法安宁。

于是，他又进行了一番谋划，把威尔逊公司划分成制药、运动器材、肉类加工三大公司，再让这三家公司分别发行自己的股票，发售新股募集到了一大笔资金，刚好可以还清这8000万美元的巨额债务。

就这样，林恩把自己的竞争对手一个一个地吞并掉了，使自己的公司迅速壮大起来。

可见，在市场竞争中，多花点心思，多用点"心计"，你就能在竞争中立于不败之地。

## 2. 做好承担风险的准备

> 冒险并不意味着一定会有巨大的风险，风险也是可以规避的，只要对已有的信息客观地判断，从中敏锐地抓住关键点以及社会的走向，就能化风险为机遇。

人们常常说某个商人有胆量，敢在关键的时刻大胆行动，靠冒险积累下了巨额财富。但实际上，这些商人的冒险往往是有根据的，他们总能捕捉到各种有效的情报，并能因时而动、因势而动、因变而治。

我们看看美国"亚默尔公司"的创史人菲力普·亚默尔是如何化风险为机遇的。

小学时，亚默尔因打架而辍学。17岁，他到西部加州淘金，却突然心血来潮，做起了卖清水的生意。不久，他又到密耳瓦基城做制肥皂的生意，但一把无名大火，把他的厂房烧为灰烬。他只好转移到圣路易斯城经营皮货生意，但收获不大。

两年后，他重新杀回密耳瓦基城，做起了腌肉生意，这时他才真正找到了自己的位置。刚开始时，他买下一个谷仓做工厂，除了制腌肉之外，他还开始考虑包装问题。因为他从一开始就发觉，腌肉的销售是不太受时间、空间限制的，如果能在包装上动动脑筋，就可以送到很远的地方去卖。基于这一构想，他实施了一系列长远的计划，不到几年的时间，就赚了几百万美元。

当时正是美国南北战争接近尾声的阶段，腌肉的价格很昂贵，但亚默尔知道这是临时现象，战争一旦结束，腌肉价格很快就会大跌。

他看准了这一步之后，一面注意战争的发展，一面用电报与东部的猪肉供应商保持密切联系，就在南方军队宣布投降的前几天，他与各地批发商订下了一个"卖空"的合同。

"卖空"是个很冒险的交易措施，其意思就是约定一个将来的交货日期，以低于现在市价多少的价格交货，如果将来跌价，当然有很大好处，但万一不跌价，就要赔惨了。

从当时的情形来看，亚默尔签这个合约的风险是很大的，因为他的命运决定于南方军队投降的时间，投降得越早，对他越有利，如果拖上一年半载的话，亚默尔的"卖空"计划就无异于自杀。

因此，有一位朋友对他签约几天之后南方军队就投降的事，抱着怀疑的态度，认为他一定是得到了可靠的情报，知道南方军队在哪一天要投降。

亚默尔对于这一说法很开心："我当然是得到了可靠的情报才采取行动的，但这一情报，不是任何人提供给我的，而是我在新闻报道中找到的。"

亚默尔拿出一张旧报纸给他朋友，并指着上面的一则新闻说："我就是根据这一则新闻而决定'卖空'的。"

他朋友接过报纸，上面写着，一个叫艾弗森的神父，在南方军队营区里碰到几个小孩，手里拿着很多钱，他们问艾弗森神父在什么地方可以买到面包和巧克力，他们说已经有两天没有吃到面包了。神父问他们的父亲呢？小孩子们说，他们的父亲在南方军队当兵，其中有个小孩说，他父亲还是个很大的官。

"那你怎么不向你父亲去要吃的东西？"神父问。

"爸爸也有好几天没吃到面包了，"一个小孩撇着嘴说，"他带回些马肉来，好难吃啊！"

"南方军队缺吃的东西是大家都知道的事，但缺到这种程度却是外人所不知的。"亚默尔解释说，"而且这件事发生在南方军队的大本营里，因此我判断这场战争马上就要结束了，所以才敢签'卖空'的合约。"

这次的"卖空"生意，使亚默尔赚进一百多万美元，为他一生的事业奠定了良好的基础。不到两年时间，他从得克萨斯州到堪萨斯州开设了好几个分公司。

凡事都有规律可循，社会虽然变幻莫测，但摆脱不了因果关系的影响。在我们身边发生的许多小事，有时会间接地告诉我们日后的形势，有些人看到事件本身，而有些人却从中看到了商机。这就是成功商人为何敢冒险的原因，他们在冒险前便已看到了大势所趋，已有了成功的把握。只有提前做好这种准备，做到心里有数，才能在冒险中成功赚取人生财富。

## 3. 胆大还需心细

> 要赚取财富，必须兼有男人的大胆与女人的细心。胆量大的人喜欢高瞻远瞩，但如果没有心思周密做依托，就是鲁莽。成功地做到了心细，胆量才具有更多的含金量。

在商场上打拼的生意人应该知道，并不是所有的"冒险"都能赚到钱，很多时候风险会让你输得精光。那么，如何降低风险系数呢？这就需要在"胆大"的同时做到"心细"。

近年来，温州购房团在全国各地频频出击，给人们留下了深刻的印象。人们只知道他们"团体购买，下单迅速，出手很大，快进快出"，却很少关注他们"心细"的特点。

"温州人对市场的分析太细致了。"一房产公司老板佩服地说，"他们先分析秦皇岛的环境要素对房地产升值的影响力，再分析秦皇岛市政府投入100亿元资金用以改善城市基础设施，扩张了房地产升值空间，又将秦皇岛目前每平方米3000元左右的房价与对岸大连每平方米上万元的房价做比较；为了了解当地的生活水平，他们会向餐馆服务员细细询问每月的工资收入等。经过几番利弊权衡的算计后，最后才认定秦皇岛的房价有上升的空间。"

赚钱需要胆大，这点是毫无疑问的，但也需要心细，心不细则极有可能会"翻船"。冒险不是瞎撞乱闯，而是以自身知识和经验为后盾，当机立断地做出决策并付诸实施。

有理智的勇敢是冒险，无理智的勇敢就是冒进。想赚钱一定要分清冒险与冒进的关系，要区分清楚什么是勇敢，什么是莽撞。盲目的冒进只会使事情变糟。

不可否认，改革开放之初就发财的那些人，"胆大"较之于"心细"要多得多。因为那个时候人们还没有商业意识，各项法律法规也不完善。所以，市场机会多如牛毛，只要敢去捞，大多都能发一笔财。而现在呢？如果你不仔细分析市场，没有点"心计"，只是没头没脑地乱闯，那失败是注定的。

在探讨中国企业成长史时，一些数据颇能让人震撼。中国企业平均寿命为8年左右，而民营企业平均寿命则只有3年。中国很多企业之所以稍微上规模就容易"雾失楼台，月迷津渡"，本质原因就是不能正确地认识什么是有胆识的冒险，什么是无理智的冒进。缺乏科学的战略计划，稍微取得点成绩就发昏，做出快速扩张的决策，而且又不注意基础管理，当然容易导致失败。

在商界，有很多敢于冒险的生意人，但在关键时刻，对于一些利润太高、风险太大的项目，他们总是慎之又慎，甚至中途放弃其投资，他们很少涉足那些利润高而风险大的行业。他们一般不会对高利润动心，因为他们知道"世上没有免费的午餐"，伴随高利润的，肯定是高风险。

日本的"生意之神"松下幸之助就是这种经商理念的信徒。

1964年，日本松下通信工业公司突然宣布不再做大型电子计算机。对这项决定的发表，大家都感到震惊。松下公司已花5年时间去研究开发，投入10亿元巨额研究费用，眼看着就要进入最后阶段，却突然全盘放弃。松下公司的生意一直很顺利，不可能会发生财政上的困难，所以令人费解。

松下幸之助之所以会这样断然地做决定，是有其考虑的。他认为虽然大型电子计算机的利润高，但是风险太大，加上当时公司用的大型电子计算机的市场竞争相当激烈，万一不慎而有差错，将对松下公司产生不利影响。如果到那时再退，就为时已晚了，不如趁现在一"走"为好。

事实上，像西门子、RCA这种世界性的公司，都陆续放弃了大型电子计算机的生产。广大的美国市场，几乎全被IBM独占。像这样大的市场，由一个强有力的公司独占就绰绰有余了，更何况在日本这样一个小市场？

富士通、日立、日立电器等7个公司都急着抢占这块市场，他们也都投入了相当多的资金，等于赌下整个公司的命运。在这场竞争中，松下公司也许会胜，但也许就会从此消退下去。衡量得失后，松下公司终于决定撤退。

投资以后，撤退是最难的。但如果无法勇敢地喊撤退，只一味无原则地冒险，或许就会受到致命的一击。松下幸之助勇敢地实行了一般人都无法理解的撤退，足见其眼光高人一筹，不愧为日本商界首屈一指的人物。

所以说，冒险的同时一定要心细，有勇气的同时也要有谋略，做事不可孤注一掷，尽量避免犯错误。相信凭着胆识再加上心细，你就能很快赢得属于自己的人生财富。

# 第三章 前有『计』可施，后有钱可赚

## 4. 先人一步计划，赢得先机

> 经商难免竞争，而竞争的关键之一便是时间，谁能狠抓时间观，谁能抢先一步去做，谁就赢得了成功的先机。

现在的时代处处充满竞争，商场竞争更是日益激烈。谁及时把握了商机，谁就是下一个富翁，如果没有抓住，被别人抢占了先机，那么成功的概率便会小很多。

2002年9月底，正在德国考察的天津市技术改造办公室的同志从一位来访的德国朋友那里得知，有家"能达普"摩托车厂倒闭了。我方立即向该厂表示准备买下这个厂，但需回国后研究确定，一周之内，必有回言。与此同时，印度、伊朗等几个国家的商人也准备购买该厂。

回国后，天津市政府领导拍板决定，购买"能达普"厂的全部设备和技术，并立即通知德方。随即组成专家团，准备赴德进行全面技术考察，商谈购买事宜。就在这时，联系人从德国发来急电说伊朗人抢先一步，已签署了购买"能达普"的合同，合同上规定付款期限为10月24日，如果24日下午3时未收到伊朗汇款，合同便告失效。

事情有点猝不及防。天津市领导分析了整个情况后认为，国际贸易竞争中也存在偶然因素，虽然伊朗商人在签订合同方面抢先，但能否付款尚属悬案。如果伊朗方面逾期付款，我方还有争取主动的机会。10月22日上午10时，市领导做出决定，立即派团出国，从伊朗人手中抢回这条生产线。代表团用了11个小时办完了平常需要15天才能办好的出国手续，10月23日，飞到了慕尼黑，10月24日下午3时，当打听到伊朗方面款项尚未到的消息时，代表团立即奔赴"能达普"摩托车厂。中国人的突然出现使德方人员甚感吃惊，慕尼黑市债权委员会主管倒闭企业事务的米勒先生面带笑容地接待了中国代表团。他说:"伊朗商人因来不及筹款已提出延期合同的要求。如果你们要购买,请现在就谈判签订合同。"原来,债权委员会已规定,"能达普"的财产必须于10月30日前出售完毕,以保证债权人的利益。如果逾期,将被迫拍卖,就是要把全部固定资产拆散零卖,这无疑会使这个有67年历史的、生产名牌产品的工厂化为乌有。我方意识到对方急于出卖的迫切心理,但又不能干闭着眼睛买外国设备的蠢事。经过几个回合的交涉,终于达成了由中国专家先进行全面技术考察后再谈判的协议。

25日早晨,中国专家来到"能达普"厂,对全厂的设备、机械性能、工艺流程进行全面考察,最终结论是该厂设备先进,买下全部设备非常合算。25日下午2时整,合同谈判在中国专家驻地正式举行。经过紧张的讨价还价,在次日凌晨签订了合同。代表团以1600万马克的价格,买下了"能达普"厂的2229台设备和全套技术软件。后来得知,这个价格比伊朗商人所要支付的价格低200万马克,比另一些竞争对手准备支付的价格低500万马克。

经商就是这样,如果你不下手,别人就会抢先一步。想经商赚大钱,就得多用点心思,先下手为强,把经营的主动权握在自己手里。

## 5. 知己知彼，百赚不败

*"知己知彼，百战不殆"。做生意也是如此，只有深刻地了解对手、了解自己，才能占据竞争的先机，为自己的经营活动找到更合适的突破口，取得市场竞争的最后胜利。*

"知己知彼，百战不殆"这句名言，最早是由军事家总结出来的，如今已成了生意场上的共识，运用到各行各业、尤其是市场竞争中，取得了出人意料的效果。

通过创业实现自己的财富梦想，其实也不难。首先就要有计划，有策略，还要深刻地了解对手、了解自己，知道双方的优劣所在，善于运用自己的优势来攻击对手的短处，才能有效地击败对手，在竞争中取胜。

这就如同狼的打围行动一样，必须对猎物的行踪有十分清楚的了解，对自己的攻击方案有充分的把握，才能在每一次的战斗中大获全胜。

要想在市场竞争中站稳脚跟，很重要的一点就是"套近"自己的竞争对手，了解他为什么能比你强？强在何处？不知道这些，你就会永远处在竞争的下风，你与对手之间的距离也会越拉越大。

1983年，美国通用汽车公司执行经理史密斯，经过一番深思熟虑后做出了一项重大决策，将公司旗下坐落在加利福尼亚州费门托市的一家汽车工厂，与日本的丰田汽车公司合并，生产丰田牌轿车。当时日本丰田汽车已经以其价廉质优的声名打进了美国市场，驰骋于美洲大陆。能与通用汽车公司合作，对丰田来说无疑是一件求之不得的好事，在日本人看来，这样丰田不仅能进一步占领美国的汽车市场，而且甚至有机会吞掉通用这个"巨无霸"。因此，美方建议一经提出，日方人员便带着设备跨洋过海来美国安家了。

当时美国商界早就对日本汽车入侵美洲大陆、抢占美国汽车王国地位反感至极，史密斯竟公然把日本公司堂而皇之地请到国内生产汽车，就算不是"丧权辱国"的屈节投降，至少也是"引狼入室"的愚蠢行径。为此，美国上下，尤其是汽车界人士纷纷向史密斯提出谴责和批评。

但精明的史密斯自有他的打算和想法。他深入地了解到，美国汽车界之所以在日本汽车大举进攻之下失去还手之力，一个很重要的原因就是过去太轻敌了。当初日本汽车刚刚进入美洲市场时，几乎所有美国汽车商都认为日本汽车不过是初学者的小玩艺，是低廉的劣质产品。对日本汽车售价低、性能好、省燃料的优点缺乏正确的认识和态度。等到日本汽车在美国被越来越多的消费者认可时，美国汽车界"大腕"便一筹莫展了。到了现在，日本汽车在各方面都有优势，如果不承认这一点只能说是固步自封，自寻死路。争取日本技术的帮助，增强自己产品的竞争实力，才是抢回市场、抢回利润的惟一出路。

通用与丰田的合并之举，表面看上去似乎有引狼入室的嫌疑，实际上则是了解对手、向对手学习，力图"青出于蓝而胜于蓝"，一举夺回霸主地位的高明之举。等日本人回过神来，才知道自己中了圈套。

时至今天，每一个高明的商人都明白，要想与强劲的对手竞争，只有一边了解对手，取长补短，一边提高自己的实力，双管齐下才能赢得竞争的胜利。而通用汽车公司在20世纪80年代初便已开始巧用计策走出这一步，也正因为这样，通用公司才能抵抗住日本汽车的冲击，始终位于美国汽车界的前列，并逐步赶超日本对手。

把对手请到家里，看上去是在低头让步，俯首称臣，而实际上，利用这种方式观察对手往往一目了然。而且，暂时的屈节和退让，往往能够淡化对手的敌意，并有机会进一步地了解对手，学习对手，从而走向最后的成功。

"知己知彼"是"百战不殆"的前提条件，只有对双方的情况了如指掌，才能占据竞争的先机，为自己的商业活动找到更合适的突破口，取得市场竞争的最后胜利。

## 6. 用点小心计，在乱中取利

> 在市场竞争中，要想摸到大鱼，必须具备把市场这片水搅浑、造成一定程度的混乱的本事。

浑水摸鱼的核心是乱中取利，只有设法让鹬蚌相争，才能够渔翁获利。此时，你再出手，取胜就会十拿九稳了。对方的困境就是我方取胜的最佳机会。在市场竞争中，要想从中把"大鱼"摸回去，也必须具备把市场这片水搅浑、造成一定程度的混乱的本事。

不少惟利是图的商人为了达到牟取暴利的目的，不惜大肆生产、销售假冒伪劣产品，严重损害了消费者的利益，冲击了市场的正常经营秩序。这就是一种乱中取利的表现，不过却是一种极其拙劣的手段，虽能得逞于一时，但却不能获利于一世，是会遭到绝大多数人唾弃的，我们千万不能走上这条不归路，为自己的事业带来无法恢复的恶果。

我们在这里所提倡的"乱中取利"，是指在不违法的前提下，通过一定的策略，充分利用对方的失误和倒退，扩大自己的市场占有率，为自己找到更大的发展机会。

英资怡和财团多年来一直雄踞香港，以其雄厚的经济实力，不断扩大经营规模，几乎掌握了香港的经济命脉。香港的华资企业虽然为数众多，但却势单力薄，各自为战，处于被动的服从地位。

20世纪70年代，怡和财团野心勃勃，抽调巨资，向中东大肆扩张。不料事与愿违，连连遭遇挫败，造成了严重的亏损。

值此大好时机，华资企业养精蓄锐，大力发展自己的业务，趁怡和财团无力兼顾之时，一点一点地抢去原属怡和财团的市场份额。李嘉诚、包玉刚等一大批华资企业正是在此时迅速崛起的。

1980年，李嘉诚、包玉刚联手出击，从怡和财团手中成功地夺去了有"风水宝地"之誉的九龙仓，吹响了向怡和财团发动进攻的冲锋号。

接着，又通过一系列惊心动魄的收购大战，完全改变了香港的经济格局，使怡和财团落入苦苦自保的危险境地之中。

在收购九龙仓的三方角逐中，李嘉诚趁乱出击，兵不血刃，获取了巨大的利益，是"乱中取利"的一大典范。

他不动声色，抽调巨资，悄悄吸纳九龙仓股票。正在这时，号称"世界船王"的环球航运公司总裁包玉刚做出了"登陆"的决策，也相中了九龙仓这块宝地，不仅大量抢购九龙仓股票，还公开宣布展开收购行动，致使九龙仓股票狂升不止，从十几元直升到四十多元。

三方角逐，局势一派混乱。怡和财团大为恐慌，急忙向汇丰银行求助，得到了汇丰银行的坚定支持。

李嘉诚分析了形势，认为自己与包玉刚的目标是一致的，如果自己继续进行收购，必将与包玉刚展开一场收购大战，造成"鹬蚌相争，渔翁得利"的不利局面。于是他果断地做出决定，将自己暗中吸纳的股份卖给了包玉刚，获利五千多万港元。

为感谢他的承让，包玉刚特意把自己持有的和记黄埔股票转让给了他，使他赚取了可观的收益。

接下来的好戏就在包玉刚与怡和财团之间展开了。为取得超过49%的股份，行事果敢的包玉刚动用了高达30亿港元的巨资。怡和财团也急红了眼，疯狂反扑，居然开出了一股90元的高价来进行反收购。

包玉刚更是胆识过人，气势如虹，以每股105元的天价进行强行收购，终于迫使怡和财团甘拜下风，九龙仓成功落入他的手中。广大香港市民欢欣鼓舞，奔走相告，无数华资企业昂首挺胸，扬眉吐气。

包玉刚对李嘉诚的支持铭记在心，事成之后，又以相当优惠的条件，把西环的货仓大厦交给他来设计，使他又获取了丰厚的利益。

在极其混乱的局势中，李嘉诚措施得当，进退适宜，既避免了与怡和财团正面交锋的极大风险，又赢得了包玉刚和香港市民的广泛赞誉，收获了巨额的利益。

对方的困境就是我方乱中取胜的大好机会，如果能够不失时机地抓住这个机会，就能以较小的代价战胜对方。

利用对方的混乱来获取巨大的收益，这已经成为很多市场人士的共识，因此在等待对方出现混乱的同时，还要千方百计做好自己内部的稳定工作，坚决避免出现"窝里斗"之类的现象，防备自己成为对方乱中取利的目标。

## 7. 机动灵活，奇正互变

> 把奇正互变的思想运用于商业竞争中，就能更加机动灵活地开展商业活动，变有形于无形，使竞争对手无法摸清你的底细，从而有效地击败对方。

战争中包含着深刻的奇正互变思想，在市场竞争中同样融入了奇正互变的辩证法精髓。在人们普遍接受某一观点和措施的时候，却突然采取另一种观点和措施，往往能出人意料，让人措手不及。

"奇正互变"的军事思想，最早是由我国古代杰出的军事家孙武在他的军事名著《孙子兵法》中提出来的。他要求"以正合，以奇胜"，认为"善出奇者，无穷如天地，不竭如江海"。

如果正面进攻是"正"，那么暗渡陈仓就是"奇"；如果弱小者故意大张旗鼓、虚张声势是"正"，那么实力空虚者明目张胆地以空虚的面目示人就是"奇"。

刘銮雄在生意场上就很好地运用了"奇正互变"的谋略，从而获取了高额的利润。

刘銮雄是香港证券市场的风云人物，他的公司"爱美高"上市后，曾受到广泛的关注。当股价高涨之后，他把自己所持有的股份全部抛出，获利不菲，但也同时让他失去了公司董事局主席的职位。

半年后，股价大跌，他又将原有股份从容购回，重新坐到了董事局主席的宝座上。而在这一卖一买之间，他已有上千万港元的收益到手了。

他放出风声，说要收购能达公司，造出了很大的声势，并持有能达公司一定数量的股份，还扬言要派人进入能达公司董事局。能达公司慌了，急忙以高价在股市争抢股份，还愿意出巨资来收购他所持有的股份。

他见目的达到，于是见好就收，以高价将自己所持有股份转让给能达公司，自己大大赚了一把。

两年后，他故技重施，把目光盯上了华置股份。华置股份是一家实力雄厚的大公司，比他的"爱美高"要强大得多，可他硬是摆出一副"蛇吞象"的姿态，要把华置股份一口吞下。

许多人都不相信他这是名副其实的收购行为，误认为他又在虚张声势，目的是在股市制造获利机会。谁料他竟通过私下交易，一举持有了华置35%的股份，成为华置的第一大股东，最终收购成功，使许多人大为震惊。

不久，他又开始了对中煤股份的吸纳，人们顿时猜疑起来：这次是真收购，还是假收购？真收购，就要投入二、三十亿港元的巨资，而他是没有这么雄厚的实力的。但他偏偏做得不动声色，不间断地悄悄吸纳。

中煤公司坐不住了，急忙在股市中回购自己的股份，造成股价大涨。他笑了，把自己所持有的股份全部抛出，又获得了可观的收入。

刘銮雄对能达、华置、中煤的三次收购行动，就有真有假，真假难辨。当别人认为他是真收购的时候，他却虚晃一枪，获利就走；当别人认为他是假收购、意在套现的时候，他却真做实干，收购成功。难怪人们感叹说："刘銮雄的过人之处，就在于不等到大幕落下，你不知道他要干什么。"

"奇正互变"的思想在市场竞争中大有用武之地，但必须提醒大家注意的是，使用谋略去迷惑敌人与弄虚作假、不择手段之间是有严格区别的，我们一定要把二者区分开来。要高明地做到前者，而坚决地反对使用后者，既要"出奇"还要"守正"，既要"以奇胜"，还要"以正合"，这样才能在击败竞争对手的同时，扩大自身的影响力。

## 8. 巧施心计，诱敌上钩

*商场中的竞争是残酷的，有时稍不留神就可能一败涂地，被对手吞并。如若能做到巧施心计，诱敌上钩，则可有效地击败对手，取得市场竞争的最终胜利。*

改革开放的总设计师邓小平有句名言，"不管白猫黑猫，能抓到老鼠就是好猫。"其实经商赚钱也大致是这个道理，只要合法，不管你用什么办法，能赚到钱就是好办法。

美国内战刚刚结束时，国民经济得到了强劲增长，石油行业一派繁荣。商家见有利可图，都纷纷前去开采油井，致使石油生产严重过剩，供过于求，油价不断走低。"石油生产者联盟"进行了强有力的干预，但也只能使油价勉强维持在每桶4美元左右。

实力强大的洛克菲勒正以他的标准石油公司为依托，野心勃勃地向外扩张。他制订了一个计划，先抽调巨资，向石油商们宣布，自己打算以每桶4.75美元的高价进行大量收购。石油商们一听，顿时喜出望外，本已面临困境，现在好了，大救星来了，于是他们迫不及待地与洛克菲勒签订了协议，然后又放心大胆地去开采石油了。

但他们都太天真了，他们甚至连协议的内容都没有细细研究，以至于疏忽了十分重要的条约。在协议上，并没有写明洛克菲勒会把他们开采的石油全部都收购，也没有写明收购的时间是几天、几月还是几年。这些本不应有的疏忽，将在不久的将来，对他们造成毁灭性的打击。

洛克菲勒付出了一笔巨资，诱使石油商们中了圈套，于是新的油井不断被开掘出来，石油产量越来越高。洛克菲勒见时机成熟，就立刻宣布，目前石油供应严重饱和，他已无力再继续高价收购，只好将原协议中止，改以每桶2.5美元的超低价格来收购。

惊闻此讯，石油商们欲哭无泪，他们已经开采了更多的油井，如果不向洛克菲勒出售石油，就只能破产；如果以低价出售，同样是亏损累累，走向最终的破产。在进退都是死路的绝境中，他们只好把自己的油井低价卖给了洛克菲勒。

原属石油生产者联盟的绝大多数企业就这样被洛克菲勒吞并了，联盟土崩瓦解，而洛克菲勒的石油帝国却从此崛起了。

为确保这一计谋的顺利实施，精于算计的洛克菲勒还抽出巨资，完全控制了铁路运输权。他非常清楚，如果不把铁路运输抓到自己手里，就会让石油商们通过铁路把石油运往别的地方，寻找到别的市场，也就等于给竞争对手留下了一条生路，而这是完全不能忽视的。

洛克菲勒无疑是一个非常有心机的商人。他的计划策略，布局完美，环环相扣，毫不留情，最终把对手们全部引入圈套中，令人折服。

市场竞争是残酷的，需要智谋。竞争对手之间总是盘算着如何打败对方，将其兼并以扩张势力。在设计计谋的时候，一定要做到计划周密，才能胜算在握，否则一旦失算，则会一败到底。

但是，有一点不能忽视，在你计算对手的同时，对手也在计算你，在商场上摸爬滚打的生意人一定要提高警惕，以防自己一时不慎误入别人的圈套中，落得惨败的可悲下场。

## 9. 善用计谋，从利益整合中赚取利润

经商离不开智慧的头脑，正所谓"智慧就是财富"，精明的商人往往能洞悉市场中的利益关系，了解他人所需，从而在利益的整合中大捞一笔。

成功的商人多是将军与艺术家的完美结合。一个成功的商业行为最后能大获其利，说到底离不开智慧和计算，离不开心动与行动的联合攻势。郑浩的例子就证实了这一点。

一天，上海集装箱公司的老板提着800余万元现款找到郑浩的汽车销售公司，欲购20辆斯泰尔载重汽车。这对郑浩的公司来说无疑是一笔大业务。只要他用这笔现款到厂家提出车来，就可以一辆净赚1万元差价。但善用计谋的他并没有马上去拿这20万可以轻易到手的利润，他感觉到这是个难得的机会，他要利用这个机会赚更多的钱。于是，他根据自己得到的一条信息，开始谋划一套新的赚钱方案。

那条信息是上海宝钢有600万元废渣款几年收不回，其中本金400万，利息就占200万，可见这是一笔多年的烂账。经了解，欠债方是武汉大冶钢厂。

郑浩带着秘书小刘立即飞往武汉，他此行目的是弄清大冶厂生产什么产品，哪些产品销不出去。经了解，"大冶"积压的产品目录中，有一种用于生产汽车齿轮的专用钢材——20铬锰钛。这种钢材恰恰是四川綦江齿轮厂生产齿轮求之不得的原材料。但綦江齿轮厂由于流动资金困难，无法购进，以致生产处于半瘫痪状态。

于是，一个由四方构成的多角连环生意便在郑浩脑子里清晰起来。他立刻邀请"大冶"、"綦齿"、"斯泰尔"、"宝钢"的老总们赶到上海来商洽

合作事宜。

郑浩说服"宝钢",他以"斯泰尔"向"宝钢"担保,欲购买"宝钢"那笔600万的债权,将"大冶"欠"宝钢"的600万债务转到他公司的账上。换句话说,他替"宝钢"向"大冶"索债,原来"大冶"欠"宝钢"的600万,现在让"大冶"欠他,而他在4个月内为"宝钢"收回这笔债。但郑浩的条件是只还"宝钢"400万元本金。

"宝钢"的负责人一想,能收回400万总比一分钱收不回好,虽然不赚,但也没有亏,便签约。一纸合同,郑浩赚了"宝钢"200万债权。

那么"大冶"现在欠郑浩的600万以什么方式偿还呢?"大冶"没有钱不要紧,郑浩说,拿你们厂的铬锰钛钢材抵债便是。"大冶"一听,欣然应允。因为郑浩这一招既为"大冶"抵销了债务,同时还为"大冶"销了货,"大冶"何乐而不为?正在皆大欢喜之际,郑浩让"大冶"再次兴奋:除了用600万债权换1400吨钢材之外,另注入现款500万再购买1200吨钢材。"大冶"把郑浩奉为"上帝",自然也就满足了郑浩"在价格上整体下浮15%"的小小要求。这等于说,郑浩用600万债权和500万现款,从"大冶"一共拿到了相当于原价计1265万元的铬锰钛钢材。

现在轮到郑浩与綦江齿轮厂商谈了。"綦齿"无钱,却想要这批铬锰钛。郑浩原本就并不打算让"綦齿"付现金,而是想换他们的齿轮产品。鉴于这笔交易将为"綦齿"解决生产上的燃眉之急,且以货抵货,故"綦齿"同意郑浩在原价基础上上浮10%的要求。双方成交后,郑浩所拥有的债权已经变成了价值1391.5万元的汽车配件——齿轮。

接下来的事情就简单了。他把齿轮供给斯泰尔汽车公司,换回价值890万元的20辆汽车,同时收500万元现金。20辆汽车到手后,郑浩便通知上海集装箱公司前来付款提货。从所收到的890万现款中扣除400万还清"宝钢"之后,郑浩的公司净赚490万元。

到此为止,郑浩共花了一个星期,成功地完成了一次精彩漂亮的商业投资。四家国有企业虽然被他算计了一把,但也是心甘情愿;而郑浩自己不仅迅速为四家国有企业的三角债解了套,而且自己还抓住了发财的机会。

一个并不起眼的小机会,经过几个回合眼花缭乱而又迅速无比的利益整合,变成一桩大生意。郑浩之所以成功是因为准确地计算出了各个利益相关方经济往来形成的利益增值空间,以闪电般的速度敦促各方进行合作和妥协,从而做成了一桩利润几十倍于销售20辆斯泰尔的买卖！

借张家的米、李家的锅、王家的柴禾，做好饭卖出去，不但让大家饱餐一顿，还能额外赚一笔。郑浩通过利益的整合，帮助了陷入困境中的几家企业，也让自己大捞一笔。

俗话说得好，"智慧就是财富"。经商的成功离不开智慧，只有精明善算，才能让自己在生意上游刃有余。

# 第三章 前有「计」可施，后有钱可赚

## 10. 深藏不露，蒙蔽对手

*深藏不露，就是把自己的意图巧妙地隐藏起来。但深藏不露的根本目的不在藏而在露，你必须看准时机，在该露的时候当机立断，立刻脱颖而出，这样才能一击即中。*

深藏不露是处世的一项真功夫，也是市场竞争的一大致胜法宝。把计划藏在心中，使对手无法察觉，等到时机成熟，才发动果断的攻击，就能保证自己发动攻击的突然性，打对手一个措手不及。战场上的将军便是这样做的，在激烈竞争的市场中，我们也要聪明地这样去做。台湾裕隆公司总裁吴舜文说："就像嫁女儿，在还没有看出公婆对她如何之前，最好不要声张。"

美国富商契斯特·洛兹就是个深藏不露的高手。他白手起家，在大老板贾奈的大力关照下，迅速发展起来，最终竟把贾奈的工厂一口吞下。

洛兹最初开了一家小店，专门经营袜子，在经营的过程中，与一家大制袜厂的老板贾奈相识。后来他把小店转让，决定也开办一家制袜厂，就与贾奈协商，希望贾奈的销售网络能帮他销售产品。

贾奈以前对他一直很关照，但双方很快就将成为商业上的竞争对手，如果再像以前那样，就相当于把自己的生意拱手让给别人，因此有点不大乐意。

洛兹故意轻描淡写地说，他的产品是微不足道的，最多只有贾奈的百分之一，不会对贾奈的生意造成冲击；而且这种状况也不会持续太长时间，他的经营一旦走上了正规，就会自办销售的。

好心的贾奈同意了，还建议他使用自己的商标，因为他初出茅庐，不大可能很快被市场认同。但洛兹却不愿意，他决心生产出很有竞争力的特色产品，以自己的商标来占据市场，为日后的发展打下基础。

袜子生产出来了，他又一次前去请贾奈帮忙。他拿出广告费，请贾奈帮他做一次广告，让世人知道贾奈将代销他的产品。贾奈帮人帮到底，又爽快地答应了。

于是，他的产品借着贾奈的声势，很快在市场上打开了销路。看到形势大好，他立刻与其他销售商进行广泛的联系，让自己的产品更快、更广地抢占市场。一年之后，他又向银行贷了一大笔款，把原来的规模扩大了3倍，生产能力和经济效益都得到了大幅度的提升。

与此同时，他又大胆出击，果断吸收了几个小型的制袜厂，使自己的生产规模进一步扩大，市场份额越占越多。

这下轮到贾奈痛苦了，他的生意正逐渐萎缩，收益不断下降，更令他气恼的是，洛兹吞并的小厂中，本有几家原是属于他的。贾奈怒发冲冠地前去质问洛兹，洛兹想起贾奈对自己的种种好处，自感惭愧，就做出了一个无奈的决定，从制袜业中退出来，转而去投产服装业。

缺少了强有力的竞争对手，贾奈本应顺势而为、大展鸿图才对。但由于生产规模扩大得太快，工厂的效益仍在继续下滑，迫不得已，他只好做出关闭公司的决定。

洛兹听说后，就专程前去拜访贾奈，提出自己愿意收购贾奈的公司，贾奈只好接受了这严酷的现实。

至此，洛兹深藏不露的野心才终于大白于天下。他对自己的经营能力很是自信，曾向别人夸耀说："我有兴趣和任何人合作，但有一个条件，就是他们必须要听我的。这似乎有点不合情理，但对合作者却是毫无害处的，因为我不做错误的经营决策。"

可见，深藏不露是赚取人生财富的心计，是成功的前提。如果对手提早得知我们的行动目标，必定会对我们严加防范，我们的行动就会遇到很大的阻力，成功的几率就会极大地降低。

赚取人生财富的 12 大黄金法则

## 11. 离间计让对手自行溃散

*离间计说明白了就是挑拨对手之间的关系，击溃他们的联盟，这对自己的竞争来说无疑会有巨大的帮助。*

中国古代兵家们很讲究计谋的运用。计谋是智慧的结晶，用得好，可以起到以少胜多、以弱胜强的效果。反间计就是这样的一种战略，在面对众多强手的联手攻击时，挑拨对手之间的关系，让他们自行溃散，就可以达到各个击破的目的。

在商战中，我们屡屡可以见到这类例子。像地产大王约瑟夫，就巧用离间计，成功地做成了一笔原本非常棘手的生意。

约瑟夫接受政府的委托，去斐尔法拍卖新泽西开末顿一带的1898栋房子。这一带的房子是战争时期建给造船厂的工人居住的，但是到了拍卖时，真正在战时搬来居住的工人只剩下三家了，其余的都早已不是故主。虽然如此，这些"屋主"却仍借着"从前政府命我搬来住的，现在又要把我赶走"的理由，大声叫嚣，竭力反对。他们仗着人多心齐，决定不惜流血，坚持不肯搬迁。面对这种情况，地产大王约瑟夫感到很为难，如果他在着手拍卖时处置失当，势必将遭到住户的强烈反对。

那么，约瑟夫怎样对付这些住户呢？虽然他有充分理由证明他们都不是战时原有的住户，使这些无理取闹的群众无言以对，但这位地产大王深深地懂得指责别人的错处，除了会使对方愤怒之外，是不可能产生任何良好的效果的。

他先用高价买通了当地一位经纪人，让这位经纪人找了住户中一位愿意出钱买房子的人，并了解到这家住户希望出多少钱将房子买下来。然后再设法通知这家住户，拍卖的时间将提前一小时，让他早点去拍卖现场。

果然，约瑟夫提前了一小时进行拍卖。因为他知道那些住户一定会在预先宣布的拍卖时间来发泄他们的情绪。提早拍卖将使他们完全出乎意料，那么愤怒的情绪将会大大削弱。

事先通知那位愿意买房的住户，目的在于让其他住户起疑心，"怎么我们大家都不知道拍卖提前，而他却会知道，莫非……"

到了拍卖时，约瑟夫又有意选定这家住户做第一桩交易，很快这户住房就成交了，这位住户因如愿以偿而非常高兴。其他住户看见这位住户这么快就顺利解决了问题，认为一定是与约瑟夫串通一气的，原本紧密的联盟出现了松动，更为重要的是，他们从中看到了与约瑟夫合作所得到的实惠。于是一部分人的怒火开始被抛至脑后，心里只是盘算着花多少钱才能购得自己的住房。

约瑟夫见大家的情绪有所缓和，马上宣布了拍卖房子的系列优惠政策，使得这项工作顺利地予以完成。

约瑟夫正是运用了离间计，使那些住户之间的联盟产生动摇，才将一笔原本非常棘手的生意做得如此成功、如此漂亮。

离间计是很多精明商人的惯用手段，它可以使自己对手的营垒出现裂缝，使原本坚不可摧的联盟出现松动。这样，自己便可以乘虚而入，攻其不备，以至各个击破。

当然，商场上的离间计可以是条件形式的，运用手法也可以灵活多变。但值得注意的是，在向对手施用离间计的同时，也要防止自己阵营中出现"叛徒"。

想通过创业赚取财富，就避免不了残酷的竞争。要想在商海的竞争中立于不败之地就需要有点心计，必要时运用智慧和策略压倒对手才能给自己获得生存空间，才能把生意越做越大，从而实现自己的财富梦想。

第三章 前有『计』可施，后有钱可赚

## 12. 冒险前先计划

> 风险和利润同在。在挣钱的过程中，绝对没有十全十美、稳赚不赔的万能方案，有的只是成功的信心和冒险的准备。

我们知道，商场中的风险和利润是同在的。会赚钱的商人都知道风险在所难免，但他们充满自信，懂得如何在风险中抓住机会，从而获得成功。

均瑶集团的创始人王均瑶先生，曾经被人称为"胆大包天的人"。王均瑶16岁时就离开家乡温州龙岗，开始在长沙一带做五金和印刷生意，赚点小钱。1989年春节前夕，由于忙于跑业务，王均瑶忘了提前买回家的火车票，到了除夕夜，坐不上火车了。他和其他几个被困在长沙的老乡聚在一起，商量着无论如何都要赶回家去过年。大家一合计，最后以两倍的价格包了一辆大巴回家。

去温州的山路不好走，汽车在1200公里的漫长山路中颠簸前行，把一伙人折腾得受不了。王均瑶随口感叹了一句："汽车真慢！"旁边一位老乡挖苦说："飞机快，你包飞机回家好了。"说者无心，听者有意。这位爱思索的年轻人开始反问自己："土地可以承包，汽车可以承包，为什么飞机就不能承包？"

哪知这个想法一说出口，立即招来了众人的讥笑，所有的人都以为他在痴人说梦。要知道，当时不要说包飞机，就是坐飞机也不是谁都可以的，连买机票都需要县级以上的证明！你王均瑶一个小小的打工仔，凭什么？

但王均瑶没有轻易放弃，他独自一人筹划了很长一段时间，而后又进行了长达八九个月的走访、市场调查和跟有关部门的沟通。当时几乎所有的亲戚朋友都反对他的做法，没有人认为他会成功。1991年7月28日，对王均瑶来说是个值得纪念的日子。随着一架"安24"型民航客机从长沙起飞平稳降落在温州机场，王均瑶开了中国民航史上私人包机的先河，中国民航的历史被一个打工仔改写了。

凭着坚韧不拔的精神，在盖了一百多个图章后，王均瑶硬是在中国民航局铁桶一般的大门上撬开了一条缝。包机的第一年就给王均瑶带来了20万元的赢利。那年王均瑶25岁，他传奇般的故事告诉渴望成功的年轻人，只要敢想，只要不怕输，只要计划好，就能一鸣惊人。

王均瑶在完成个人创举、打破民航历史的同时也为自己赢得了"胆大包天"的个人品牌。他继而一鼓作气包下全国四百多个航班，成立了全国第一家私人包机公司——温州天龙包机有限公司，在中国航空史上写下了特别的一页。

国外新闻媒体称此举为"中国民航扩大对外开放迈出了可喜的一步，中国的私营企业将得到更健康的发展"。美国《纽约时报》评价："这个人的超人胆识、魄力和中国其他具有开拓和创业精神的企业家，可以引发中国民营经济的腾飞。"

张思民也是一个敢冒险、敢于抢占先机的人。自从在中信公司辞职出来创办企业，张思民的选择从来都是义无反顾的，主攻海洋生物，抢占高新技术阵地，他面对的是个高风险和高收益的大战场。

1990年，张思民把目光投向了房地产业，他先在广东惠州买下一块地皮，建成公寓后又全部售出，赚回了一笔资金。1991年，张思民做出了一个差不多是他有生以来的最大冒险，他在深圳南山区买下一块地，准备建造一幢规模宏大的"海王大厦"。张思民的举动遭到了全体董事会成员的一致反对，因为这项计划大胆且近乎孤注一掷。

当时公司的全部资金只几千万元，而建造这幢大楼至少要耗资2.5亿。海王集团自创建以来一直走的是一条负债经营的路子，资金大进大出，摊子四面铺开，这种经营方式虽然风险极大，但在国际上却被视为具有活力的标志。张思民看到这一点，他坚信公司的信誉和深圳的未来，决心孤注一掷，贷款营建"海王大厦"。"海王大厦"于1991年底破土动工，1992年底基础工程全部完工。

张思民处处抢占先机，为自己赚取人生财富打下了坚实的基础。如今，海王集团拥有各种类型的公司达36家，并在深圳、北京、海口、青岛等全国七八个城市设立了自己的基地和分部，拥有固定资产近十亿元。

财富常常属于那些敢于抓时机适度冒险的人，这些人往往能在冒险的计划里给自己创造出更多的赚钱机会。有些人看似聪明，但没有计划，不敢冒一点险，永远掌握不了市场先机，结果往往是聪明反被聪明误，实现不了自己的财富愿望。

## 13. 商场如战场，要兵不厌诈

*商场如战场，想发财必须懂得"计"、"谋"之术，懂得"巧放烟幕弹"的道理，只有这样，才可能成为战场的幸存者，成为真正的"商战之神"。*

商场如战场，不懂计谋的人肯定会被商海无情地吞噬掉。因此，身在商海的生意人应该学学兔子做窝的技巧，多做几个像模像样的窝，多放几颗掩盖真实的烟幕弹，虚虚实实，让对手无从下手，这样才能在激烈的商战中脱颖而出，成为最后的胜利者。

在20世纪70年代中期的一场"世纪工程"夺标大战中，韩国企业家郑周永就采用虚虚实实、巧放"烟幕弹"的办法在夺标过程中大获全胜，让我们来看看这位精明的韩国企业家是怎么做的。

1975年，石油富国沙特阿拉伯对外宣布了一个惊人的决定：沙特将在东部杜拜兴建大型油港，预算总额为10亿至15亿美元，并向全世界各大承建公司公开招标。

这项工程投资十分巨大，在当时堪称"世纪工程"。这个惊人消息立即传遍世界各国，引起了世界顶级建筑商们的关注，其中跃跃欲试者有之，望而却步者也有之。

1976年2月，一场惊人的"世纪工程"夺标大战正式拉开帷幕。

这时，号称"欧洲五大建筑公司"的联邦德国"莫力浦·霍斯曼"、"朱柏林"、"包斯卡力斯"，英国的"塔马"，荷兰的"史蒂芬"，已早早踏上了这个海湾国家，企图打败竞争对手，夺标取胜。另外，美国、法国、日本等国家的头号建筑公司也匆匆从远道赶来，决意参与这场大角逐。

最后一个到来的,是郑周永率领的现代建设集团。尽管这是个姗姗来迟的插队者,但他却是竞争中的最强者。

"世纪工程"的招标还未正式开始,各路英雄豪杰便已在暗暗地各施拳脚。

一天,郑周永的好友、大韩航空公司社长赵重勋突然来找郑周永。

好友重逢,显得十分热情。赵重勋盛情邀请郑周永去喝酒叙旧,郑周永再三推辞不过,只好应邀赴宴。

他们找到一间幽静的小单间,边喝边聊起来。酒过三杯,赵重勋突然对郑周永说:"郑兄,这桩工程可是块难啃的骨头啊!""就是再难啃,我也要把它啃下来!"郑周永胸有成竹地说。

"唉,你何苦非要冒这个险呢!"接着,赵重勋压低嗓门说,"只要你肯退出来,你还可以不劳而获,得到一笔可观的意外之财,何乐而不为呢?"

郑周永暗吃一惊,这才知道老友的意思,却不动声色地问:"有这样的好事?"

赵重勋以为对方动心,便干脆把话挑明:"不瞒老兄,是法国斯比塔诺尔公司委托我来劝你的。他们说,只要不参加竞标,他们立刻付给你1000万美金。"

郑周永暗暗冷笑:"法国人也太小瞧我了,这点小钱就想打发我退出!"他沉吟了一阵,想出了一条妙计。

"赵兄的好意,小弟心领了。但这桩工程我还是争定了。"

"唉,两头都是朋友,我也是为你们着想。"赵重勋不免有点失望地说道。

这时,郑周永举杯一饮而尽,抱歉地说:"赵兄,失陪了。我还有件紧急的事要办。"

"什么紧急的事?我能帮你吗?"

"唉,还不是为那1000万保证金……"郑周永故意把话"闸"住,于是他满怀气愤地告别老友。

法国人得知这一来之不易的"情报"后,就开始在郑周永的投标报价上做文章,按照投标规定,中标者需要预交工程投标价格的2%的保证金。由此,他们便判定郑周永的现代建设集团的投标报价可能在20亿美元左右,最少也在16亿美元以上。

然而，这正是郑周永的良苦用心，他想通过朋友的嘴给对方一个"回报"。

在此期间，郑周永频频利用"假情报"向其他竞争者施放烟幕弹，设置假象，来扰乱对手的策略。

在郑周永的那间封闭保密的会议室，灯火通明，气氛紧张。郑周永正在为他的决战做最后准备。

起初，他经过分析国外建设工程价目表，初步拟定了总体工程报价为12亿美元。而经过再三考虑后，郑周永对初始报价12亿美元先后进行了25%和5%的两次削减，最后定价为8.7亿美元。

对此，他的高级助手田甲源持反对态度，认为削减到25%，即9.3114亿美元就可以了。但是郑周永却一意孤行，他认为在投标报价问题上，不同于比赛，它只有第一名，没有第二名，要想取胜，报价必须通过激烈的竞争，尤其是在大型项目上更要有十拿九稳的把握。

1976年2月16日，这是决定郑周永与他的现代建设集团走向世界的关键一刻。

现代建设集团的投标代表是田甲源，然而这位肩负重担的田甲源先生却在关键的最后一刻钟里自行其事，在投标价格表上填上9.3114亿美元。填完报价数目后，田甲源怀着胜利的信心走进工程投标最高审决办公室。

那里的工作人员紧张地忙碌着，整个办公室里就像一张巨大的针毡，田甲源坐也不是，站也不是，当他听到主持人说美国布朗埃德鲁特公司报价9.0114亿美元时，刹那间他脸色惨白，踉跄地走到郑周永面前，含含糊糊地说："郑董事长的决定是对的，我……我没有照你的办，结果比美国人多……多了3000万美元。我们失败啦！"

郑周永看到田甲源难受的样子，感到中标已经没有希望了，他真想给田甲源一记响亮的耳光，然而这里毕竟不是韩国，而是"世纪工程"的招标会议室。

正当他拔腿想要离开会议室的一瞬间，另一个助手郑文涛激动万分地从仲裁室跑到郑周永面前大声地喊道：

"董事长，我们胜利了！我们成功了！"

郑文涛的消息使现代建设集团所有在场的人员都惊呆了。他们不知所措，到底是田甲源错了，还是郑文涛错了？

原来，美国布朗埃德鲁公司的报价分两部分，仅上部分就是9.0114亿美元。相比之下，田甲源填的9.3114亿美元的报价是最低报价。

当沙特阿拉伯杜拜海湾油港招标仲裁委员会最后宣布现代建设集团以9.3114亿美元的报价摘取这项本世纪最大工程的招标桂冠时，在场者都像中了什么法术似的，个个呈现惊呆之状。对于这个报价，西方的所有强劲对手都惊愕不已，他们觉得受了郑周永的骗。尤其是那家法国公司，他们恼羞成怒地骂他是"骗子"、"土匪"、"强盗"。

其实骂则骂矣，到头来他们还是不得不佩服郑周永的计谋和胆略，吃了这一次亏后，那些建筑巨头以后得长点记性了。

可见，商场是没有硝烟的战争，如何把握好时机掌握主动权对商人十分重要，有时候一定要懂点计谋，才能为自己的财富计划赢取更多的机会。

# 第三章 前有『计』可施，后有钱可赚

# 第四章　财富，在自我创造和提升中闪光

　　人的一生是不断创造的一生，不管是哪个层面的人，他们都在进行着创造性的活动，唯有自我创造才能得到机会。不创造只能原地踏步，没有一点进步。创造财富也是一样，它也是一个不断创造的过程，过分地依靠别人永远实现不了财富梦想。只有用自己的双手去创造，不断地用知识来充实自己，使自己能力得到提升，才会有完美的结果。

## 1. 利用智慧挣大钱

> 做生意各有各的方法和秘诀，没有太多的固定模式可以套用，但至少有一点是共同的，那就是必须掌握足够的知识，并且能够很好地去运用它，善用知识和智慧的人才能真正地挣到大钱。

伟大的阿基米德有一句流传千古的名言："给我一个支点，我可以撬起地球"。当今时代已经进入了"知本时代"，知识便是撬动财富的那个杠杆。作为现代商人，要想比别人挣更多的钱，需要在大脑里比别人装更多的知识，并且恰当地运用它。

有"股神"之誉的美国富豪沃伦·巴菲特，用100美元资本起家，仅仅从事股票投资，几十年后变成了几百亿美元，超越比尔·盖茨成为世界首富。

巴菲特的成功，得益于两位精神导师的相助，更取决于巴菲特非同一般的运用知识的能力。巴菲特这两位精神导师一位是本杰明·格雷厄姆，另一位是菲利浦·费雪。

1930年8月，巴菲特出生于美国中部的内布拉斯加州的奥马哈市。他的家庭是一个经商世家，祖父从事杂货零售，父亲先继承零售业，后来成为股票经纪人。巴菲特受家庭影响，从小就对商业感兴趣。17岁时，巴菲特进入内布拉斯加州大学的企业管理系学习。当时有一本畅销书叫《聪明的投资人》，巴菲特读过这本书后，对书的作者格雷厄姆肃然起敬，他把此书当做珍宝。出于对格雷厄姆的崇拜，能师从格雷厄姆成为青年巴菲特最大的愿望。所以大学一毕业，他就只身奔赴纽约，进入格雷厄姆任教的哥伦比亚商学院，直接投到格雷厄姆教授的门下。

格雷厄姆投资理论的精髓，在于强调对一系列企业实质投资价值了解的重要性，并相信能通过数学方式正确地计算这种投资价值。这一理论对巴菲特投资理念的形成起到了重要作用。当时格雷厄姆还兼任政府公务员保险公司的主席，这使巴菲特选修了保险业知识。后来，巴菲特又亲历了格雷厄姆关于"价值第一"这种理念的检验，获得哥伦比亚大学经济硕士学位后，他加盟格雷厄姆的"格雷厄姆——纽曼公司"，跟恩师一起进行投资操作实践。

1956年，61岁的格雷厄姆退休，格雷厄姆——纽曼公司随之解散。巴菲特回到故乡，在亲友的支持下，7个人合伙成立了自己的投资公司。当时他的投资，是从100美元开始的。

从恩师投资的高回报率与较小风险这一点上，巴菲特领悟到了"品牌商誉价值"的重要性，他学会了从长远看问题的方法。1962年他们购买了正处于困难之中的哈萨维纺织公司的股票，因为巴菲特认为该公司品牌商誉较好、发展潜力大。后来的实践证明，巴菲特的选择是正确的。1967年3月，巴菲特投资860万美元购买国家赔偿金公司和全国"火水"保险公司的股票，这一投资很快使巴菲特获得了巨大收益，合伙人都成了富豪。

1969年，巴菲特个人财产已经达到2500万美元。这一年他研读了费雪有关投资方面的著作，一下子又被费雪的一些精辟观点吸引住了。费雪投资理论的核心是"高风险的质化投资策略"，这实际上是更明确地强调品牌的"商誉价值"。他去拜访费雪，费雪很高兴地接待了巴菲特，并对他进行了谆谆教导。

费雪关于投资理念的力作《普通股和普遍的利润》一书，促使巴菲特拜他为师。费雪当然很乐意有这样的门生，于是就把自己呕心沥血研究出的股市投资的最新的、可行的方法学，毫无保留地传授给了巴菲特，使巴菲特能够更准确地判断长期投资。

巴菲特说他投资生涯中85%像格雷厄姆，15%像费雪。格雷厄姆的研究领域以分析公司资料和年报见长，很少关心企业的类型及特质，而后者恰恰是费雪的方法学所关注的重点。巴菲特认为两位"精神父亲"的理论各有千秋。而他自己的高明之处，在于吸收了他们的精华并融入到自己的投资实践之中，得到实践的检验。

在知识经济时代，如果你有资金，但是缺乏知识，没有最新的讯息，无论何种行业，你失败的可能性较大；但若你有知识，没有资金的话，小小的付出也能够有回报，并且很可能达到成功。现在跟数十年前比，知识和资金在通往成功路上所起的作用完全不同，知识比资金更重要。

　　知识的海洋从来都是深不可测的，当你懂得一门技术，并引以为荣，你便愈知道它深不见底。只有不断学习，把知识当成创造财富的武器，你才有机会赢得财富。

# 第四章 财富，在自我创造和提升中闪光

## 2. 目光永远向"钱"看

> 任何事业的成功都离不开创新，创新可以不断为事业的发展注入活力。

翻看很多成功者的事例，你不难发现，他们有一个共同点就是勇于创新。只有不断学习，不断创新，才能在你所属的行业里站稳脚跟，才有可能实现自己的梦想。看看皮尔·卡丹的奋斗历程，就知道创新是多么重要了。

"皮尔·卡丹"是品牌，也是一个庞大的"帝国"。这个"帝国"包括服装、餐饮、家具等企业集团，分机构遍及世界各地。它机构齐全，拥有自己的银行、码头、工厂，涉及社会生活的方方面面，一贯实行产、供、销一条龙的经营策略。目前，全世界有90多个国家生产皮尔·卡丹产品，在至少185个国家设有5000多家商店，这一"帝国"在全世界大约有18万名职员。

这个庞大的"帝国"的创立者即皮尔·卡丹。皮尔·卡丹的成功有许多经验值得人们研究，从不安于现状，不断学习进取，是他成功的重要因素之一。

皮尔·卡丹出生在意大利，小学都没毕业，就随父母来到法国。18岁时，皮尔·卡丹只身来到巴黎闯天下，当时他身无分文。他最先在一家服装店当学徒，从此，皮尔·卡丹便与服装结下了不解之缘，并由此改变了他一生的命运。皮尔·卡丹虚心好学，在服装设计上具有特殊的天赋，可以说是一个服装天才。他很快便掌握了服装的设计技巧，在具有"世界时装之都"之称的巴黎服装界有了一点儿名气，一些达官贵人、太太小姐都知道了这个名不见经传的年轻人，并愿意请他设计加工服装。皮尔·卡丹敢想敢做，在设计上大胆创新，赢得了一致好评。

皮尔·卡丹还很有自知之明，他知道自己文化水平不高，所以他一边努力工作，一边利用一切业余时间学习。他有幸接触到一些著名作家、艺术家，使他大开眼界。最大的收获是使他对服装有了崭新的认识和理解。他站在全新的高度上为别人设计服装，使自己设计的服装更加"高尚、大方、优雅"。

1950年，28岁的皮尔·卡丹创建了自己的服装公司，当皮尔·卡丹只身一人闯进巴黎服装界时，面临的困难是相当大的。首先是来自竞争对手的压力：当时的巴黎服装店、服装公司比较多，高级时装公司也有三十几家，皮尔·卡丹的小公司名不见经传，而且又没有雄厚的资金实力。

皮尔·卡丹是一个非常有头脑的人，他从不墨守成规，他敢想敢做，不断谋求新的道路、新的经营理念，始终在开拓创新中迎接挑战。正是凭其独创性和商业天赋，皮尔·卡丹逐步站稳了脚跟。

从1953年开始，皮尔·卡丹便大胆地向女性服装领域进军，皮尔·卡丹专门为女性设计生产了一系列风格高雅、质料价格适中的女式成衣，受到占人口绝大多数的社会中下层女性的欢迎。他的这种营销策略再一次为他赢得了更大的市场和声誉，一时间产品供不应求。但皮尔·卡丹将高级时装平民化在法国社会引起了各种非议，也给皮尔·卡丹带来了一定的损失。但这仅仅是他前进道路上的一个小小的挫折，皮尔·卡丹没有屈服。

皮尔·卡丹不仅没有"痛改前非"，而且在"离经叛道"上越走越远。他在女式服装领域制造的这场风波尚未平息的时候，就把目光转向男装领域。在当时还很少有人涉足男装领域，但从另一个角度来讲，这又是一个前景广阔的市场。皮尔·卡丹生性不怕冒险，敢于开拓进取，把一切陈规陋习抛在脑后，大胆地推出了五彩缤纷的男装系列。

皮尔·卡丹又一次在法国时装界制造了前所未有的轰动效应。在那些往昔曾经是女式时装一统天下的服装橱窗里，男式服装也取得了一席之地，而且影响越来越大。男式服装的风潮迅速在法国乃至欧洲蔓延开来。

皮尔·卡丹并未满足现状，继女装、男装走向大众化之后，皮尔·卡丹又把广大儿童作为服务对象，推出了儿童服装。在不断创新过程中，皮尔·卡丹逐渐形成了自己的时装风格，即色彩明快，线条简洁，具有强烈的雕塑感。1961年，皮尔·卡丹首次推出了"流行装"，又一次轰动时装界。皮尔·卡丹不断开拓，事业规模逐步壮大，他的商业"帝国"就这样建立起来了。

可见，想要成功赚取人生财富，就要敢想敢做，敢于接受新的思想，要有自强不息的精神，永远不要满足现状。成功的人必是勇于创新的人。

## 3. 不断完善自己，才有新的生命春天

> 只有不断完善自我，才能在竞争激烈的社会中占得先机，运用智慧赚取人生财富是商人的最高境界。

只有不断完善自我，才能在竞争激烈的社会中占得先机，运用智慧赚取人生财富是商人的最高境界。达到这一境界需要不断地学习，不断地充实自己。

乔治·索罗斯是一个很有争议的人物，但不可否认的是，他是个奇才，是个成功的富豪。有人骂他是"魔鬼"，也有人称他是"上帝"。不管怎么评价他，从一个穷大学生一跃成为私人财产达数十亿美元的巨富，索罗斯已成为一个令世人关注的金融家。在索罗斯的人生历程中，他吸取了许多人的智慧，最终形成了他独特的挣钱哲学。

1930年，索罗斯出生于匈牙利首都布达佩斯的一个犹太律师的家庭，童年时他是在富足的生活中度过的，受到了匈牙利最好的教育。然而好景不长，第二次世界大战的爆发，改变了他一家人的生活。

第二次世界大战结束后，索罗斯来到了瑞士。1947年他搬迁到英国，随后在1949年进入英国伦敦经济学院的经济系就读。

在伦敦经济学院读书期间，索罗斯对经济和哲学产生了浓厚兴趣。当时的著名哲学家卡尔·波普尔对索罗斯影响很大，这种影响不仅是物质上的，更多的是文化上、精神上的。喜欢哲学的索罗斯选修了研究社会制度的许多课程，他很崇拜波普尔。

有一次索罗斯找到他素未谋面的心中的偶像波普尔，小心翼翼地问："尊敬的波普尔先生，我有个问题想请教您，打扰一下可以吗？"

当时索罗斯正在阅读波普尔的《开放的社会及其敌人》一书，他越看越

觉得这本书写得好。的确，此书让他有了不少体会，也给了他极大的震动。当然，也还有些他一时弄不懂的东西，所以他毕恭毕敬地来请教波普尔。

没想到名气那么大、学问那么深的波普尔却热情地对待他，真诚地听取了索罗斯的问题后，平易近人地和他一起探讨。探讨完有关问题后，波普尔鼓励索罗斯多思考问题，多探索有益的东西。

波普尔对索罗斯的影响是巨大的，当然这种影响不是教他如何去投资，在这方面本来就是学经济学的索罗斯自有他的精明之处。波普尔教会了他站在哲学家的高度，如何全面地看问题，如何从宏观与微观的角度进行分析，如何变抽象的问题为具体等等。也正是从波普尔的社会运行理论中，索罗斯发现了金融市场的运转规律，从而成为震惊世界的"金融杀手"。

大学毕业后，索罗斯在伦敦和纽约默默无闻地做了几年股票分析、推销工作。在积累了一些经验后，1969年他创立了名为"量子基金"的私募投资合伙基金。该基金成立后，经历了大起大落的历程：1981年有近半数的投资者退出了量子基金，但在第二年量子基金的收益率却达57%。

通过深入研究波普尔的《开放的社会及其敌人》，索罗斯总结出了一套所谓的"折射理论"和"走在曲线前面理论"。这些理论的核心是：人们对世界的认识是不完全的，因此要想获得成功，就必须寻找"弱者"作为突破口，并抢在别人前面发起攻击。

作为一个哲学化的金融家，索罗斯运用与发展了波普尔的理论，此后他的一举一动令世界震惊。

1992年索罗斯在英国策划了一次堪称"奇迹"的炒外汇行动，使量子基金一下子获得了天文数字的利润。他以5%的保险金方式从金融机构贷出了200亿英镑，然后又抛出英镑去换马克，导致英镑狂跌，他再买进英镑还债，在短短的一个月里赚了15亿美元。

制造了英国金融风暴后，1994年他在墨西哥用同样的手法，再次向比索发起进攻，通过低进高出，转眼间又狠狠赚了一笔。1997年东南亚爆发了前所未有的金融危机，这场危机延续了很长时间，而制造这一危机的罪魁祸首仍然是索罗斯。

索罗斯的暴富，宣告了哲学化金融家的胜利。他的胜利，与精神贵人波普尔的影响分不开。有人说索罗斯是"金融大鳄"、"坏小子"，但他有了钱后并不吝啬。1994年至1996年的三年间，他先后为设在全球31个国家的各种基金会资助了10多亿美元。取之于社会，再回报给社会，这也是受到了波普尔理论影响的结果。

索罗斯之所以能在金融界里天马行空，是由于他创造性地运用了波普尔的哲学理论，获得了锐利的武器。他对全球经济有了一种俯视感，当一个人对一个领域有了这种感觉之后，在这个领域称王称霸也就不足为奇了。

## 4. 让胆量和谋略为你开路

> 胆识是胆量与谋略的合称，二者是成功商人的左膀右臂，缺一不可。有勇无谋则无异于莽撞，有谋无勇则会成为行为上的懦夫。两者的完美结合才是成功的代名词。

胆识是胆量与谋略的合称，两者的关系是相辅相成的，犹如"艺高人胆大，胆大艺更高"之关系。一个优秀的指挥员，他的勇气与谋算应该好比等边三角形的两条边，应该平衡发展，不可偏废。

胆量大于谋算，会因为轻举妄动而导致失败；胆量小于谋算，会因为保守而贻误战机。商场如战场，所以这个观点同样适合于厮杀在商业战场上的人们。

现任中国杉杉集团董事长兼总裁的郑永刚在1989年接手宁波甬港服装厂时，那还是一个员工不到300人、亏损却超过1000万元的小企业。今天，他领导的杉杉集团已拥有21个服装品牌，两家上市公司，总资产近50亿人民币。

当时的宁波甬港服装厂虽然拥有先进的设备，但主要还是为国外企业做加工。郑永刚的到来，带来了一场翻天覆地的变化。他先注册了"杉杉"等品牌，然后借钱在全国各地做广告，提出无形资产经营理念，构建起当时全国最大的服装市场销售体系，全面导入企业形象识别系统，建成国际一流水准的服装生产基地，成为中国服装业第一家上市公司。为了寻求更大的发展空间，他还把杉杉集团的总部从宁波迁到了上海。

来到上海，郑永刚加快改革的脚步，先后割舍了早期巨资建起的营销渠道，大规模裁减营销人员，撤掉遍布全国的分公司，而代之以特许加盟销售体系。最大胆也是最重要的是，从服装生产加工领域抽身而退，将销售和生产全部外包，只负责品牌的核心运作、推广及服装设计。这种经营模式在中国服装界是超前的、大胆的举动，而且还将市场份额第一的位置拱手让给了竞争对手雅戈尔。

虽然在很多人看来，杉杉把生产和销售全部外包的做法十分冒险，但郑永刚既然有胆量改革，就必然有他过人的打算。他认为，品牌才是第一位的。因为在服装行业，最关键的环节就是品牌营销。生产可以购买，销售可以控制，只有提升品牌这一价值链上利润最丰厚和最关键环节的竞争力，才有可能成为世界级的企业。

精明的郑永刚认为，市场是宝塔形的，量越大意味着档次越低，而他手中的杉杉要想成为走向国际的知名品牌，就要不断提升自己的设计、品质和品位。品牌的提升就注定了杉杉不能以量的扩张为目标，而是要以国际著名品牌集团的经营模式为样板。这种多品牌的集团式经营是一个资本运作的概念，它的品牌都是独立的，是在集团控制下的独立的经营体。于是，在不知不觉中，杉杉已经不再是一个单一的品牌概念了，而是一个拥有21个品牌的品牌团队。

郑永刚知道，要实现总资产达200亿元人民币的现代化、国际化大型产业集团的目标，单靠服装产业显然是远远不够的。于是，郑永刚将杉杉母公司提升为投资控股公司，下设服装、高科技和投资三大板块，力求实现多元化发展。也许郑永刚太大胆、激进了，但他绝不是在盲目地"冒险"。在多元化的道路上越走越顺的他丝毫没有放弃作为根本的服装产业；相反，他坚持杉杉的目标依然是继续从服装板块来做，要踏踏实实地继续把杉杉和它旗下的品牌推向国际，在国际时装舞台上出人头地。

郑永刚过人的胆量与非凡的谋略，造就了一位中国服装业的"巴顿将军"。可见，胆量与谋略是成功商人的左膀右臂，缺一不可。有勇无谋则无异于莽撞，有谋无勇则会成为行为上的懦夫。两者的完美结合才是成功的代名词。

俗话说："冒大险赚大钱，冒小险赚小钱，不冒险不赚钱。"生意人要想赚大钱，首先要使自己成为一匹狼，要具有强悍的斗志和"野兽"精神。成功不在于出身，更不在于学历，而是在于你过人的胆识和谋略。它们能为你的财运开路，能给你创造更多的机会去成功。

## 5. 锲而不舍，自己给自己创造机会

> 作为一个生意人，要想把生意做大，要想干出一番事业，需要的就是那种敢于冒风险、敢于坚持的精神。

富贵险中求。想赚取人生财富，想把生意做大，就要敢于冒风险，敢于坚持。如果迈出了冒险的第一步而中途退出，其结果可能比不冒险更糟糕；只有锲而不舍，将冒险进行到底，才有成功的可能。

安稳谨慎的生意，虽然能赚钱，但都是赚小钱的多，赚大钱的少。因为你追求安稳，就随遇而安，难以看到更高远的利润；因为你谨慎不敢冒险，近在咫尺多跨一步的机会就会错过，你就没有短时间聚集财富的可能。

在生意场上，很多时候风险和利益的大小是成正比的。如果风险小，人人都想追求，这种生意收益也就有限；如果风险大，许多人都望而却步，能得到的利润的空间也就大。从某种意义上说，风险就是利益，巨大的风险可能带来巨大的利益。石油巨头、西方石油公司总裁哈默便是那种敢想敢干、锲而不舍的人。

1956年，58岁的哈默购买了西方石油公司，开始做起了石油生意。当时石油是最能赚钱的生意，也正因为最能赚钱，竞争也最为激烈。而对初涉石油行业的哈默来说，要想建立起自己的石油王国，也绝非易事，他所面对的，是极大的风险考验。

摆在他面前的第一道难题是油源问题。1960年石油产量占美国石油总产量38%的得克萨斯州，几家大石油公司已经营多年，哈默无法插手；沙特阿拉伯是美国埃克森石油公司的天下，哈默也休想染指。

纠缠在哈默心头的是无尽的烦恼。

第四章 财富，在自我创造和提升中闪光

1960年，当哈默用完了1000万美元勘探基金仍无所建树时，哈默再一次冒险地接受了一位青年地质学家的建议，即旧金山以东一片被德士古石油公司放弃了的地区，可能成为大天然气田，西方石油公司应把它租下来。

哈默准备从各方面再筹集一大笔钱来开发那片土地，但是受到公司内部很多人的反对，一致认为这个青年地质学家没有经验，如果再勘探不到石油就意味着又有1000万美元泡汤了，公司所面临的压力将是空前的。

哈默独排众议，立马筹集1000万美元，准备再冒险一次。

钻油的工作是紧张的，当钻井钻到700英尺时，一滴油都还没有冒出来，大家都心灰意冷了。在这时，哈默还是很相信青年地质学家的眼光，叫钻井工人哪怕是钻到1000英尺，也要继续往下钻。这一次冒险总算得到了回报，当钻到860英尺深时，终于钻出了加利福尼亚的第二个大天然气田，估计价值在2亿美元以上。几个月以后，又在附近钻出了一个蕴藏量丰富的天然气田！坚冰终被打破，航线已经开通，哈默开始了自己梦幻般的财富之旅。西方石油公司也因此一跃成为所有石油公司的强大竞争对手。

坚持就是胜利。哈默的成功，无疑是在风险中坚持所获得的回报。如果他在花掉1000万美元的勘探基金后半途而废，那么他极有可能从此一蹶不振，而他选择了坚持，选择了前途未卜的钻探事业，使命运之神最后垂青于他。

作为一个生意人，要想把生意做大，要想干出一番事业，需要的就是那种敢于冒风险、敢于坚持的精神。因为风险有时可以变成压力，压力可以变成动力，动力可以为你创造成功的机会，进而变成效益。现在人们把市场竞争比作战争，商战虽不见战火硝烟，却也是风险遍布，这里容不得怯懦者立足，不敢冒风险，或者中途出局，都不会实现财富梦想。

## 6. 帮人就是帮己

> 真正有涵养的生意人，在别人适逢痛苦或遭遇不幸时，是绝不
> 会冷眼旁观的，而是尽自己的力量和可能给予同情和帮助。

生意人应该懂得积善有善报，帮人就是帮己的道理。尤其是在他人困难的时候及时伸出援助之手，对方一定会铭记于心，并且在关键时刻，还会拉你一把，帮你扭转乾坤。

真正有涵养的生意人，在别人适逢痛苦或遭遇不幸时，是绝不会冷眼旁观的，而是尽自己的力量和可能给予同情和帮助。许多人活一辈子都不会想到，自己在帮助别人时，其实就等于帮助了自己，尤其是在他人困难时候的雪中送炭，慷慨解囊。平时的小小善举，关键时候也许会起到意想不到的作用。

乔伊斯在美国的律师事务所刚开业时，连一台复印机都买不起。在移民潮一浪接一浪涌进美国时，他接了许多移民的案子，常常深更半夜被唤到移民局的拘留所领人。经过多年的努力，他不但扩大了业务，还处处受到礼遇。

天有不测风云，由于投资不慎，乔伊斯将多年的积蓄赔得所剩无几，更不巧的是，移民法又再次修改，职业移民名额削减，乔伊斯的律师事务所顿时门庭冷落，几乎要走投无路。

正在此时，乔伊斯收到了一家公司总裁写来的信，信中说愿意将公司30%的股权转让给他，并聘他为公司和其他两家子公司的终身法人代理。他不敢相信这是真的。乔伊斯决定找上门去问个究竟。"还记得我吗？"总裁是个四十开外的波兰裔中年人。

乔伊斯摇摇头，总裁微微一笑，从硕大的办公桌的抽屉里拿出一张皱巴巴的5美元汇票，上面夹的名片印着乔伊斯律师的地址、电话。对于这件事，

乔伊斯实在想不起来。

"10年前，在移民局……"总裁开口了，"我在排队办理工卡，人非常多，我们在那里拥挤和争吵。轮到我时，移民局已经快关门了。当时，我不知道工卡的申请费用涨了5美元，移民局不收个人支票，我身上正好1美元都没有了，如果我再拿不到工卡，雇主就会另雇他人了。这时，你从身后递了5美元上来，我要你留下地址，好把钱还给你，你就给了我这张名片。"

乔伊斯也渐渐回忆起来了，但是仍将信将疑地问："后来呢？"

总裁继续道："后来我就在这家公司工作，很快我就发明了两项专利。我到公司上班后的第一天就想把这张汇票寄出，但是一直没有。我单枪匹马来到美国闯天下，经历了许多冷遇和磨难。这5美元改变了我对人生的态度，所以我不能随随便便就寄出这张汇票。"

乔伊斯做梦也没有想到，多年前的小小善举竟然获得了这样的善果，仅仅5美元改变了两个人的命运。

人的一生不可能一帆风顺，难免会碰到失利受挫或面临困境的情况，这时候最需要的就是别人的帮助。如果这时你及时向人伸出援助之手，那么你的帮助无疑是雪中送炭，会令受助人铭记一生。

俗话说："积善之家必有余庆，积恶之家必有余殃。"这是在告诫生意人积善有善报，积恶有恶报。在这里我们可以把这个道理理解为做人正直、有爱心、乐于帮助别人的生意人才能得到更多的帮助，否则祸事丛生。

我们提倡真心诚意地帮助别人，不要怀有某种个人目的，因为一旦对方发觉自己是被利用的工具，即使你对他再好，也只会适得其反。带着个人目的去帮助他人，只能得逞一时，终将失掉人心。真心帮助别人，别人对于你的帮助会永记在心，只要一有机会，他们会主动报答的。

真正的帮助应该是不以有无回报作为出发点的，也正因为如此，无私地真诚地帮助别人才是一种最高的助人境界。在我们施予的时候，我们也会感到一种幸福，心灵上也会得到一种安慰、宁静与祥和。

## 7. 充满危机感，迸发创造力

> *成功之后，你所面临的压力可能会更大。你需时时记住，你所取得的只是阶段性的胜利，更大的挑战还在后头。*

说到危机感，可能你会说：那是没有成功的人或失败者才要考虑的，成功者只需尽情地举起庆祝的酒杯，好好享受成功后的喜悦。

如果认为成功后不需要有危机感，那你就大错特错了。成功之后，你所面临的压力可能会更大。你需时时记住，你所取得的只是阶段性的胜利，更大的挑战还在后头。真正的成功者绝不会因为一时一地的成功而沾沾自喜，更不会忘乎所以地躺在功劳簿上睡大觉！

实业家罗忠福曾说过："我愿意给自己出一个又一个难题，我的乐趣就是攻破一个又一个堡垒，我不怕失败，不怕重头再来。"他说："我想我不会失败。"

罗忠福之所以认为自己不会失败，重要的一个原因就在于他始终有危机感，因为有了危机感，他就不断地奋斗，不断进取，为自己实现另一阶段的成功而努力。

从下乡知青到工人再到民营企业家和亿万富翁，从穷山沟到遵义再到珠海，从小商业和制造业到房地产业再到建材业和家私业，罗忠福所走过的每一步，都是在强烈的危机感的督促下不断向更高的目标冲击。

凭借现有的资产，罗忠福每年的利息收益有近亿元，他完全可以坐享清福，他为什么还拼搏不息？一位朋友的儿子曾问过罗忠福这一问题。

罗忠福回答说："我是为人民服务。你可能想不通。'文化大革命'时期，全国上下都在喊为人民服务，那时带有某些虚伪。今天，我是真正地为人民服务。"

罗忠福坦率地说："我人生的追求分为三个阶段和三个层次，创业时，是物质的追求，包括住房、家用电器、吃喝玩乐；当企业走上正轨时，我就有更高的追求——事业上的成功；物质追求和事业成功都达到后，我追求的是更高层次的目的——造福社会，为祖国和社会做贡献。我目前是向第三个层次追求。"的确，罗忠福的进取每一次都能给他带来新的机会，让他的事业进入巅峰。

另外，罗忠福的进取精神，不仅表现在他追求财富上，而且表现在他精神境界的升华上。只有那些有危机感的人，只有那些有着更高追求的人，才不会在成功后空虚颓废，才会取得事业上更大的进步，实现人生的更大价值。

人常说世界上没有常胜将军，但反过来想，世界上同样没有常败将军。你这次成功了，下次完全有可能失败；而另一个人这次失败了，说不定下一次他就成功了。如果你因为这次的成功而沾沾自喜，甚至躺在功劳簿上睡大觉，你恐怕不能成为最终的成功者。

每一个真正的成功者时时都充满了危机感。因为他知道，影响成功的因素是多方面的，其中充满了变数，而这些因素你又不能完全控制。如果你没有危机感，对于可能发生的事情缺少应对的策略，到那时候，你便可能束手无策。但如果你时时处处保持一种危机感，你将更能未雨绸缪，更能站在一个高度去看问题，更能迸发创造力去解决问题，那么成功离你还远吗？

所以，你必须要有危机感，你也应该时刻记住：明天的日子其实不会比今天更好过！

## 8. 勤能补拙是真理

> 你可以没有文凭，也可以没有金钱，但你不能不勤劳。因为天道酬勤。创业路上多艰辛，吃得苦中苦，方得甜中甜。

俗话说："天才出自勤奋。"综观一些白手起家者的奋斗历程，我们就不难发现：他们的创业无不浸透着心血与汗水；他们取得的累累硕果，都是勤劳与智慧的结晶。

农民张某的家乡在一个偏僻的小寨，祖祖辈辈都过着清贫的日子。张某不甘心像父辈那样一辈子受穷，他准备外出开创一番事业。

临行前，父亲对他说："你身无分文靠什么挣钱呢？我们命该如此，你就别瞎折腾了。"

张某说："我靠自己的勤奋和智慧挣钱。"

张某带了些干粮，便义无反顾地离开了家乡，走上了谋生之路。

有一次，他坐在一家工厂门前看见一辆运煤的货车经过前面山路时撒下了许多碎煤块，而且每隔十几分钟就有一辆煤车经过。

张某灵机一动，便想出了一个主意：我何不将每天撒落在此地的碎煤收集起来，天长日久，说不定会积累一笔可观的财富呢！

说干就干的张某，第二天便找来扫帚和竹筐，每天将清扫的碎煤装进竹筐里，然后转手卖给附近的饭店与人家。无论是炎炎夏日，还是寒风逼人的严冬，张某都不改初衷，日复一日、年复一年地在这里辛勤劳动着。

几年时间过去，张某有了一笔可观的积蓄，他看准买卖牛羊的生意，便用积蓄贩卖了一批牛羊，赚了更多的钱。

张某就这样靠自己的勤劳、智慧刻苦创业，最终从一个穷小子变成了一

第四章 财富，在自我创造和提升中闪光

个腰缠万贯的买卖人。

一个人穷并不可怕，可怕的是不勤奋并且缺乏智慧，一个勤劳、智慧的穷人可以变成富人；四体不勤、头脑僵化的富人也可以成为贫困潦倒的穷人。

日本著名企业家见村善三起初也是一个身无分文的"穷光蛋"，然而他却能一跃成为地产开发公司的董事长，这在有些人看来简直是天方夜谭。但见村善三发家的事实却打破了人们的质疑。

一次偶然的机会，见村善三看中了地产这个波澜不惊的行业，很想从中淘得"一桶金"。但是，因当时身无分文，他不得不苦想良策。为了开发地产，他专门对土地做了详细的调查：在工业社会中，一寸土地一寸金，昂贵的地价使许多人望而却步，他也不敢冒然进入。

后来，他惊奇地发现：都市外的土地，价钱并不都很昂贵，也有较便宜的地段。这些地段或是交通不便，或是地理位置不佳，或是不好利用等，然而，这些都是可以开发的良好资源。但是，他便想到一个"白手起家"的高招儿：借用这些廉价土地，建造一些厂房，出租给一些新开办的工厂，然后从中获取利润。

见村善三说干就干，他一一拜访了那些廉价土地的主人，向他们提出了自己改造和利用土地的合理计划：土地不必出卖，见村善三负责在土地上修建厂房，租赁给开办工厂的人。土地主人每月可从他手中收到相当于单纯出租土地5倍以上的租金，土地主人听到这个优越条件后，欣然同意与他合作。

解决了土地问题后，见村善三还要寻找租赁厂房的人。于是，他到处去寻找客源。因为在廉价土地上建造的厂房，租金要比繁华街市少得多，所以客户纷纷而至。

一切准备工作就绪后，见村善三就将自己、土地主人、客户三家的利益分配关系分布了出来：见村善三只从厂房租用主的手中收取租金，将租用土地代办费和厂房分摊偿还金扣除后，所剩的资金均归土地主人所得。也就是说，厂房租金和土地主人租金的差额，再将建造厂房的费用除去，所剩的代办费就是见村善三的收益。土地主人与许多客户都觉得这种分配方案十分合理，所以便高兴地与见村善三签订了协议。

之后，见村善三便向亲戚朋友筹款，开始修建厂房。厂房建成后，一时间便被抢租一空。他这样做，不仅给土地主人、客户、自己带来了很大利益，还为地方经济的繁荣发展做出了贡献，因此得到社会各界的赞助与支持，最终获得了一笔巨额财富。

见村善三白手起家、不怕辛苦，再加上经营有方，最终从一个"穷光蛋"变成富甲一方的大富翁。白手起家需要的是勤劳和智慧，而不是现成的条件和资金。拥有了勤劳与智慧，没有条件可以创造条件，没有资金可以去筹措，从而化一切不利为有利，最终实现致富梦想。

要赚取人生财富就得勤奋，让勤奋为自己创造更多赚钱的机会。生活中的许多富人，创业时都是一无所有，他们都是靠着自己的辛勤努力逐渐积累起财富的。

# 第四章 财富，在自我创造和提升中闪光

## 9. 敢冒险，才能挣大钱

*面包要做大，生意要做强，赚钱要最多，就需要有足够的勇气与智慧。风险与利润是成正比的，风险越大，就越有可能赚到大钱。*

在不确定的环境里，人的冒险精神是最稀缺的资源。冒险精神就是一种敢于承担责任、勇于献身的牺牲精神；是一种勇于创造、开拓前进的表现。冒风险并非铤而走险，敢冒风险的勇气和胆略是建立在对客观现实的科学分析基础之上的。商场中的冒险需要大智大勇，认真分析自己的实力，看清眼前形势，为自己赢得更多的赚取财富的机会。勇于冒险，善于抓住眼前的机遇，你就可以成功。

成都人王先生信奉"胆大走四方，风险出商机"的经营理念，他勇敢地闯出国门，将生意做到了动荡不安的柬埔寨和炮火连天的伊拉克。因为他敢于冒险，所以在不长的时间内便拥有了数千万元的资产。

王先生起初在一家工厂上班，不久，他结婚生子，拥有了一个令人羡慕的家庭。可是微薄的工资难以维持生活，于是，创业的梦想便在他头脑中滋生了。后来，他干脆辞职下海了。下海后的王先生意识到：别人都不愿去的地方，通常蕴藏着巨大的商机。于是，他便决定去柬埔寨做生意。虽然他的想法遭到亲朋好友的一致反对，但是王先生认为"不敢吃螃蟹的人永远发不了大财"，他毅然带着5000美元，和几个朋友共同来到危险与商机并存的柬埔寨。

来到柬埔寨，王先生将经营目光集中在生活用品上。为了节约开支，他每天骑车到处推销，还冒风险赊货给客户，因此，销售额一直上涨。王先生由于敢做别人不敢做的事情，所以，他的生意越做越好。很快，他拥有了自己的小车，这在当时经济落后的柬埔寨是一件不容易的事。打那以后，王先生便开车为客户送货。经过几年时间的积累，王先生的总资产突破了500万美元，但是他并不满足，眼睛又瞄准了战火纷飞的伊拉克。

伊拉克战争爆发的第一天，王先生就开始在成都和伊拉克周边国家往返，不断向伊拉克运送生活物资。在当时，常有流弹从他的身边穿过，爆炸声不绝于耳。当地许多生意人由于经受不住死亡的威胁，纷纷蜷缩起来了，但王先生却一直在炮火连天的地方坚守。有的朋友劝告他："若想发战争财，就在家里等着做战后伊拉克的重建生意吧，战斗打响时做战斗生意岂不是拿生命开玩笑吗？"但王先生却认为，一个成功的商人是不怕风险的，风险越大，机遇也就越大。

在风险面前，有的人由于惧怕风险，而任凭机遇与自己擦肩而过；有的人则以超人的胆略面对风险，顺利捕捉到机遇，从而获得了巨大的财富。

无独有偶，北京西城区的王先生也是一位"敢吃螃蟹"的人，他凭借先机和冒险精神抓住了商机，从而获得了财富。

王先生是一位身无分文的下岗职工，一次与人谈话时，得知其住宅附近有几间待租空房，一共有1000多平方米。业主要租房者每天交房租费500元，租借期限为10年，并要一次付清。由于房租昂贵，人们都觉得在此做生意有很大风险，房屋一时无人租赁。然而，王先生却认为：有风险才有财源。于是，他果断向亲友筹措了一些资金，租赁该空房开了一家中档饭店。有一位朋友提醒他："你借钱开店，难道不怕赔本吗？"王先生只是默默一笑。

其实，王先生是做了一番考虑的。因为店址在住宅区附近，客流量很大，消费群体也很多，虽然需要较大的投资，但是很快就会收回成本，并能获得高额利润。后来的发展，证明了王先生的眼光是超前的，这家饭店的投资在3个月后全部收回，并获得了很高的利润。可见，"幸运喜欢光临勇敢的人"。唯物辩证法告诉人们：冒险与收获常常是结伴而行的，冒险往往能带来无限的机会。

从某种意义上来说，风险有多大，成功的机会也就有多大。由贫穷走向富裕，需要的是把握机遇，而机遇是平等地铺展在人们面前的一条通路，具有过度安稳心理的人常常失掉一次次发财的机会。在我们身边许多成功的人，并

第四章 财富，在自我创造和提升中闪光

不一定是他比你"会"做，重要的是他比你"敢"做。

这是一个赢家通吃的时代，穷者越穷，而富者越富。因为钱能生钱，成功能创造更大的成功。对于创业者来说，正所谓"饿死胆小的，撑死胆大的"，只要你足够大胆，富有冒险精神，善于整合、利用世间有形无形的资源，财富自然也就会聚集到你身边来。

## 10. 没有资金要会"套"

*练就空手道，就是从别人那里弄点钱来为自己造富。这不是让你去损人利己，而是要让你学点技巧，促成双赢的大好结局。*

想做生意赚大钱就要有资金，没有资金可以自己"套"，但想空手套白狼需要的是眼光、勇气和智慧，三者缺一不可，少其一便极有可能被"狼"所伤，而一旦成功则会造就一段经典的商战案例，成为事业的新起点。

在委内瑞拉的石油和航运业中，有一位拥有超过10亿美元以上资产的大亨，他的名字叫拉菲尔·杜德拉。他起家靠的是一桩奇特的跨国生意，这桩生意使这位白手起家的实业家不但赚到了丰厚的第一桶金，而且成为商战经典。

20世纪60年代中期，在一次偶然的机会里，杜德拉获得了一条重要的经济信息，那就是阿根廷打算在国际市场上购进2000万美元的丁烷气。如获至宝的杜德拉，立即打起这笔生意的主意来。

当时杜德拉只是一个制造玻璃的小企业主，一无雄厚的财力，二又不懂天然石油气买卖，三来他是委内瑞拉人，生意却是阿根廷的。成功做这笔生意的可能性并不大。但杜德拉却铁了心，非做成它不可。

他通过关系想办法摸清竞争对手的情况，了解到已有两个财力雄厚的石油公司在竞争这笔生意。他想：两大石油公司承接这笔生意，可以帮助阿根廷解决丁烷气这一个问题，如果我能同时解决阿根廷的两个问题，这笔生意自然就是我的了。杜德拉挖空心思寻找突破口，终于他想到了一个很妙的办法……

杜德拉首先进行市场调查，想找出阿根廷国内急需脱手什么东西。很快，他了解到阿根廷牛肉过剩，急于寻找出路，心里一阵高兴。他想：如果我能帮阿根廷推销牛肉，就可以以此作为条件要阿根廷政府买我的丁烷气了，关键是如何把牛肉销出去。

不管牛肉怎么销，先把生意抢到手再说。杜德拉找到阿根廷政府主管此事的官员，开门见山地说："我想和你们做这笔2000万美元的丁烷气生意。"阿根廷政府官员问他："你给什么优惠条件？"

杜德拉回答说："在丁烷气上没什么优惠条件，但可以在别的方面补偿。"对方又问："怎样补偿？"杜德拉微微一笑，说："我想和你们再做一笔生意。"

阿根廷政府官员觉得这人真奇怪，一桩生意还没谈定，又谈另一桩生意。正当他们疑惑不解时，只听杜德拉说："如果你们向我购买2000万美元的丁烷气，我就向你们订购2000万美元的牛肉。"

阿根廷官员一听，高兴得不得了。一方面他们本来就要购买丁烷气，另一方面又解决了牛肉过剩问题，真是两全其美，何乐不为呢！

杜德拉一举拿下了丁烷气生意，赶紧抓紧时间去为阿根廷的牛肉找买主。经过调查，他得知西班牙的一家大造船厂因为订单太少而处于半停工状态。他想如果西班牙方面同意买2000万美元的牛肉，就可以向这家船厂订购一艘价值2000万美元的超级油轮。

他找到西班牙政府官员，把自己的交换条件说了一遍，没想到这正是西班牙政府求之不得的事，他们当即答应了此事。于是杜德拉通过西班牙驻阿根廷大使转告阿根廷政府，将2000万美元的牛肉运往西班牙。至此，杜德拉把牛肉换成了油轮。

下一步的工作，是如何找丁烷气和卖油轮。采用"空手套白狼"的办法，杜德拉四处搜集商业情报，寻找"进攻"目标。他来到了美国，找到美国太阳石油公司的老总进行游说。

杜德拉见了他们的老总，寒暄了几句后便切入正题。他说："我想从你们公司购进2000万美元的丁烷气。"

美国人几乎不敢相信自己的耳朵，这位委内瑞拉人不但主动把生意送上门来，而且开口就是2000万美元的大生意。他反问杜德拉："您说的是2000万美元的丁烷气，我没听错吧？"杜德拉点点头说："是的，没错，2000万美元的丁烷气生意。"

一般情况下，生意越大，折扣上就越优惠，价格往往也比正常交易优惠得多。美国人试探着问："这么大一笔生意，你有什么附加条件吗？"

杜德拉告诉对方："我不需要你们在价格上优惠什么，但有一个条件，那就是你们要租用我的一条超级油轮。"

太阳石油公司的老板同意了杜德拉的条件，双方签约成交。

杜德拉舒了一口气。这样一来，既解决了油轮问题，又为阿根廷找到了丁烷气，这笔连环套式的总额为6000万美元的生意终于做成了。杜德拉自己没花一分钱，却获得了价值2000万美元的超级油轮的所有权。

从这笔买卖中，杜德拉得到了价值2000万美元的油轮的使用权，并获得了大笔利润。所有的这一切，都是通过"空手套白狼"的方式取得的，若没有聪明才智和足够的胆量，相信杜德拉是绝不敢这样打破常规来经营自己的事业的。

所以，做生意只知埋头苦干，没有点绝招、怪招是很难有大作为的，一个优秀的创业者会给自己创造成功的条件和机会，这样即便空手也能套到"白狼"。

第四章 财富，在自我创造和提升中闪光

# 第五章　把握机遇，收获成功

　　机遇造就成功，但机遇永远留给有准备的人。相信这话没有人会否认。的确，无论你想在哪个行业取得成绩，收获成功，自身的努力是必须的，但机遇也是一个重要因素。不善于把握机遇的人既不懂得努力又不会把握身边的机会，往往一生碌碌无为。而善于把握机遇的人，凭着自己的勤奋刻苦，再加上命运的垂青，总能创造出辉煌人生。

## 1. 一切尽在"现在时"

> 那些遇事举棋不定、犹豫不决的人，他们永远只能做一些小生意，不会赚到大钱。

机遇来了，要有当机立断的魄力，如果犹豫不决，或者决而不行，就会错过最好时机。抓住机会迅速行动，不但是军事上克敌制胜的法宝，也是生意场上赚取人生财富的精髓。

愚笨的商人遇事举棋不定、犹豫不决，他们永远只能做一些小生意，不会赚到大钱。而想成为成功的商人，在机遇面前就该有当机立断、乘机而动的魄力，这样才能捕捉到赚钱的大好机会，在竞争中立于不败之地。

闻名全国的安庆"胡玉美酱园"的老板胡玉美能把一个平常生意做得红红火火，就是得益于他发现商机后迅速决断的能力。

清代中叶，安庆古城是长江的重要鱼虾产区，当时那里出产的鱼虾特别多，人们除了煎煮之外没有更多新鲜的吃法，因此消费量有限，鱼虾的价格十分低廉。胡玉美的本行是经营"蚕豆辣酱"的，他的脑筋比别人动得多、动得快，在别人对着满船便宜鱼虾无动于衷的时候，而他却发现了其中的赚钱机会。

胡玉美用低价大量收购虾子，制成"虾子腐乳"后再高价出售。独家生意，利市十倍，而别人"徒有羡慕之情"，只怨自己的脑子没他转得快、转得活。虾子腐乳推出后不久，胡玉美更加注意观察市场，以求捕捉商机，再做几桩独家生意。

他看到长江的航运越来越繁荣，安庆已成为重要的鱼虾码头，每年都有大量的鱼虾在这里上岸，然后运往外地。鱼虾一多，如果天气再一热的话，

第五章 把握机遇，收获成功

• 125 •

鱼虾极易变质，鱼贩们就要亏本。眼明手快的胡玉美看准这一点后，立马买来制冰机建立造冰厂，大量生产冰块。由于这些冰能够帮助解决冷藏保鲜问题，使鱼贩们的生意更保险，所以他们竞相购买，这又让胡玉美稳稳当当地赚了不少钱。

由于胡玉美酱园在当地声誉日隆，一个浙江商人心里很不服气，准备也在安庆开个酱园与胡玉美比个高低，而且店址就挑在胡玉美酱园的隔壁，要在胡玉美眼皮底下争生意。面对对方咄咄逼人的攻势，胡玉美立即组织反击。他探听到这位浙江商人只是和隔壁的房东谈妥了价格，还没来得及付款，于是他连夜找到隔壁房东，果断地出高价把隔壁的铺面抢到手，使得迟到一步的浙江商人只能望洋兴叹。俗话说"先下米的先吃饭"，先人一步就能胜人一筹。

要想做生意赚大钱，就应该有胡玉美这种当机立断的魄力，这是每一个成功商人必备的素质之一。当然，这种当机立断的魄力绝不等同于随意断言，决断也需建立在冷静思考和正确判断的基础上，否则是赚不到钱的。

可见，把握机遇对于人生是多么重要。要赚取财富，就要有对市场科学的预测能力，就要有果敢的行为，利用好内在外在因素，便手握制胜的法宝。

## 2. 把握契机就是把握成功

> 要做大生意就要先从国家大事中找信息，国家的政治、经济、外交，甚至每一项新出台的政策，都蕴含着赚钱的机遇。

现代社会是信息社会，信息就是赚钱的机会，谁掌握了信息，谁就掌握了赚钱的主动权。商人赚钱应该有眼观六路、耳听八方、审时度势、灵活善变的本领。善于分析信息，才能成为生意场上的常胜将军。

计算商机的理论基础其实就是信息的不对称性，某个信息，甲知道而乙不知道，那么乙就得为自己的不知道付出代价。在市场经济中，交易双方没有义务向对方提供真实的信息及其信息来源。而精明的商人都很擅长于从别人不在意的信息中找到商机，利用信息资源来赚钱。

做小生意同样需要准确地分析商业信息，如果没有前瞻性的预测来指导自己的商业行为，就会犹如黑暗中的远征，早晚会失败的。精明商人能赚钱的原因很多，对信息的分析能力是其中一个重要因素。

20世纪80年代初，温州有号称十万的推销员大军，他们实际上还兼有另一种职责——信息采集员。这批人在温州资本原始积累阶段起了非同小可的作用。他们在跑到全国各地推销产品的过程中，也搜集了很多信息，如什么地方急需什么产品，什么地方哪样东西最便宜，什么地方的人是何种性格……回到家乡后，他们将这些信息互相沟通、整合，一个个赚钱的机会不断地涌现出来了。如此周而复始，形成了良性循环，哪有不赚钱之理呢？

当今世界已步入信息时代，可以说有价值的信息就是财富。信息到处都有，报刊、杂志、广播、电视里的新闻都包含着大量的信息，甚至街头巷尾都有信息，其中蕴藏着潜在的赚钱的机会，关键是看我们有没有发现机会的

第五章 把握机遇，收获成功

慧眼。

　　信息就好像空气一样，无处不在，无时不有。所以如何处理好铺天盖地的信息，是关系到一个商人能不能赚钱的重要因素。

　　如何才能从信息中推算出自己赚钱的机遇呢？首先要提高自己的机会敏感度。生活中、工作中随时都会遇到很多信息，不能听过就算了。当听到或间接地获得一条信息时，要从赚钱角度对它进行认真的分析、论证，然后把不同信息按照不同项目、市场所需情况进行细致的分类，供自己选择利用。依据自身条件，找出信息的生意点，才能捕捉到市场的联动现象，从而做出超前的和富有成效的决策。

　　在赚钱的过程中，商业情报有着举足轻重的作用，甚至是决定性的因素。因为信息蕴藏着商机，而商机就是财富，所以精明的人经常能从信息中找到赚钱的门路。一条重要信息带来巨额效益或救活一家企业的例子举不胜举，这都说明分析信息，就是寻觅商机，就是创造赚钱的机会。

## 3. 机会总是和有头脑的人相遇

> 不要坐等机遇出现，机遇是人创造的，只要你开始努力准备，机遇便会随之而来。

对于赚钱而言，机遇是最稀缺的社会资源，它不会随便地降临到你的头上。机遇只青睐有准备的人，换句话说，只有在万事俱备的情况下，东风才显得珍贵和富有价值。不要坐等机遇出现，机遇是人创造的，只要你开始努力准备，机遇便会随之而来。

我们发现那些成功的商人之所以能够获得命运的青睐，又能在机遇来临之时牢牢地抓住机遇，就是因为他们较常人为此进行了更为漫长和充分的准备。他们就像一颗颗种子在黑暗的泥土中蓄积营养和能量，一旦听到春风的呼唤，就会破土而出，长成挺拔俊秀的栋梁之材。

为什么有的人总能得到比别人更多的机遇？为什么面对同样的机遇有的人赚了钱，有的人却赔了钱？为什么有些资质原本不好的人却能得到命运的垂青，而某些天资甚佳的人却最终庸碌无为？

这些问题的回答可归结为一句话，那就是机遇只偏爱那些为了事业的成功做了最充分准备的人。换句话说，只有在万事俱备的情况下，东风才显得珍贵和富有价值。

那么，想赚大钱的人该如何为机遇的到来做好准备呢？

1. 为了实现自己的理想时刻准备着

机遇是在人们不知不觉中突然出现的，有的机遇甚至永远不为人们所知。正因为这样，要抓住机遇除了随时随地做好准备外别无他途。

2. 认真做好每一件事

由于机遇随时可能出现，所以我们应该做好每一件事。

张洁在一家大企业中当清洁工，在做清洁中，他很快摸索出了一种拖地板的姿势，拖得又快又好，而且不累。老板看见张洁干活不同于一般的清洁工，就注意观察他，观察了很长时间后，断定他是个人才，于是便提拔了他。这样，张洁就从当清洁工开始，一直做到了总经理。

### 3. 不畏艰苦，执着坚持

刘恒从事科研工作，迄今为止最满意的成果，就是他在大连化物所得到的硅烷的局域模振动光谱。当时，全世界有很多人都想得出这种光谱，但均未成功。因为这种光谱极弱，在实验室里要调得恰到好处，每一个环节都要处于最佳状态时才能做出来。有一天晚上，他在实验室做这个实验时，突然调好了，而且发现做得很漂亮，于是他便在实验室里安家，守着那几个机器，等它反应。一有点变化，他就马上把数据存起来。而且那个光谱要扫好，扫一遍就得存一百个数据，万一有一次扫描出了差错，这个误差就可以毁掉整个实验。一次扫描要5分钟，扫一百遍就要500分钟。晚上夜深的时候，由于所有的人都不用电了，电是最稳定的，光谱质量是最高的。他连着在实验室呆了三个晚上，由于晚上蚊子很多，他只得用毯子从头到脚把自己包起来。在这艰难的三天里他终于得到了硅烷的局域模振动光谱，这个光谱发表之后，在国际上产生了极大的影响。

### 4. 不断地提升自己

当今是一个知识型的时代，靠某些非常规和不正当手段做生意来谋取暴利是越来越不可能了。在这个竞争激烈的社会，商人要不断地提高自己的知识水准、综合素质，不断提升自我、超越自我，才能捕获更多赚钱的机会。

生命是有限的，而机遇更为有限。机遇就如天上的流星一样，在漆黑的天空中一闪即过。只有目光锐利、时刻为着机遇的降临而做好准备的人，才能抓住这最绚丽的一瞬间，取得事业上的成功。

## 4. 挖掘商机，抓住机遇

*商机处处有，关键在于你能否发现它、拥有它、利用它，从而去创造自己的未来和人生价值。要想赚到财富，就要处处留心，不能让任何赚钱的好机会从自己的身边溜走。*

一个想要成功的人是不会放过身边任何一个机会的，同样，一个成功的商人是不会放走身边的任何一个商机的。想赚取人生财富，就要随时随刻做好准备迎接商机的到来。

生活中有些商人做生意总是触霉头，于是常常埋怨时运不好，实际上该怪自己没有留心生活，眼光不够。许许多多的商机就在你的眼前，就看你能否发现它们了。前辈们给我们留下了的许多故事就说明了这样一个道理：留心生活，处处都可以挖掘出商机。

1. 亚默尔不爱黄金偏爱水

美国淘金热时，淘金生活异常艰苦，最痛苦的是没有水喝。人们一面寻找金矿，一面不停地抱怨。

"谁让我喝一壶凉水，我情愿给他一块金币。"

"谁让我痛饮一顿，龟孙子才不给他两块金币！"

"老子出三块金币！"

在这种抱怨声中，亚默尔发现了商机，即如果将水卖给这些人喝，比挖金矿更能赚到钱。于是他毅然放弃淘金，用挖金矿的铁锨去挖水渠，将水运到山谷，一壶一壶卖给找金矿的人。一起淘金的伙伴们都纷纷嘲笑他"不挖金子发大财，却干这种蝇头小利的买卖"。后来，那些淘金的人大多空手而回，很多人甚至忍饥挨饿、流落异乡，而亚默尔却在很短的时间内靠卖水发了大财。

亚默尔发财的商机并不是上帝赐给他一个人的，只是他具备了其他人所没有的敏锐眼光。淘金者都深感没水喝的痛苦，可是他们根本没有意识到这是商机，甚至还嘲笑亚默尔的做法。

2. 靠泰森咬耳朵发财

大家都看过关于泰森咬耳丑闻的报道，许多人看过去就算了，然而却有人利用这一新闻发了大财。

美国的一个巧克力商人在咬耳丑闻发生之后，赶紧推出了一种形状像耳朵的巧克力，上面缺了一个小角，象征着被泰森狠咬的那只霍利菲尔德的耳朵，并且巧克力包装上还有霍利菲尔德的大照。此举立刻使这个牌子的巧克力倍受消费者关注，在众多品牌的巧克力中脱颖而出。这个巧克力商人就这样一举发了大财！

3. 少年金庸的经济头脑

金庸在读初三时，和两个同学复习功课，闲谈中突发奇想："初中生为报考高中而天天拼命地做功课，但其中大多数人却很不得法，如果我们能编一本指导书，书名叫《怎样考高中》，相信肯定会受到初中生们的欢迎。"

"这是个好主意。"两位同学一致表示赞同，这个主意不难想到，很多人都可能想到过，然而金庸并不只是想，他马上说："那我们就赶紧行动，一定要赶在中考前出版。"

经过一番紧张的忙碌，这本书终于赶在考试之前出版了。书一问世就受到了初中生的欢迎，十分畅销。自然，这本书给金庸带来了丰厚的利润，而当时金庸只有15岁。比金庸条件好得多的作家、出版家多的是，但他们都未抓住这个商机，而金庸这个才15岁的初生中却抓住了！

4. 抓住机遇，把"危机"变为"良机"

在美国新墨西哥州的高原地区，有一位经营苹果的杨格先生。他种植的"高原苹果"味道好、无污染，在市场上很畅销。可是有一年在收获前下了一场冰雹，把满树苹果打得遍体鳞伤，而杨格已经预订出了9000吨"质量上等"的苹果。这突如其来的天灾给了杨格重重的一击！但是杨格并不甘心，他要把"无利"变为"有利"，把"危机"变为"良机"。他仔细察看了受伤的苹果后，立刻想出对策。他拟定了这样一段广告词："本果园生产的高原苹果清香爽口，具有妙不可言的独特风味；请注意苹果上被冰雹打出的疤痕，这是高原苹果的特有标记。认清疤痕，谨防假冒！"结果，这批受伤的苹果极为畅销，以至后来经销商专门请他提供带疤痕的苹果。

5. 让克林顿"帮忙"赚钱

美国总统的选举是当今世界上影响比较大的政治事件，会做生意的美国商人自然会紧盯着这件事不放，寻觅其中可以利用的机会。

克林顿当选为美国总统之后不久，美国有一家饭店的老板通过仔细调查弄了个克林顿最爱吃的菜的菜单，同时了解到克林顿年轻时有个绰号叫"滑头威利"。于是这位老板先把自己的餐馆改名为"滑头威利餐馆"，接着推出了一系列克林顿最喜欢吃的菜，同时又出钱做广告，宣传本店这些菜是总统最爱吃的，并且还在餐馆厅内塑了一座克林顿与夫人、女儿一同吃饭的雕塑。经过这么一番"折腾"，人们乍一看还真的以为是克林顿在这里就餐。人几乎都有仰慕、趋同名人的心理，都乐意到这里来满足自己的好奇心，尝尝总统爱吃的菜是什么滋味，吃完了饭，又伴着塑像留影，留下与"总统全家"共餐的纪念。这家餐馆的生意因为了有"总统"的帮忙而变得十分兴隆。

可见，生活中不缺乏商机，而是缺乏发现商机的眼睛。不要以为机遇难寻，其实机遇就在身边，甚至就在自己的手上。想要做一个生意人就要有猎鹰般锐利的目光，不放过任何一个赚大钱的好机会。

第五章 把握机遇，收获成功

## 5. 赚钱要长"三只眼"

> 世界上成功的商人为数不少，他们各自的成功之路也不尽相同，但有一点却是相似的，即他们做生意时善于捕捉难得的机会。

世界上成功的商人为数不少，他们各自的成功之路也不尽相同，但有一点却是相似的，即他们做生意时善于捕捉难得的机会。现任海尔集团董事局主席兼首席执行官张瑞敏的成功就证实了这一点。

机遇稍纵即逝，只为有心人而准备。张瑞敏说过，海尔现在还能生存，就是因为具备识别机遇的眼力和抓住机遇超前发展的办法。他认为，搞好企业要悟出一个观念，确立一个思路，把握好一个度数。如果哪一天海尔有了考虑不到的角度和思路，恐怕也就是企业走下坡路之时。

关于抓机遇，张瑞敏有一个著名的"三只眼"理论，这是他多年以来的经验之谈："在计划经济向市场经济转化时期，企业家只有两只眼睛不行，必须要有三只眼睛。要用一只眼睛盯住内部管理，最大限度地调动员工的积极性；另一只眼睛盯住市场变化，策划创新行为；第三只眼睛用来盯住国家宏观调控政策，以便抓住机遇超前发展。"

"三只眼"理论有鲜明的时代特征。张瑞敏说，这一理论主要是说明企业如何把握各种变化，抓住各种机遇。计划经济时期企业只需有一只眼盯着政府，按指令办事就可以了。市场经济发展成熟后只需要有两只眼，一只眼盯着内部员工，以保证最高的工作效率，另一只眼盯着市场，盯着用户，以争取更大的市场份额。而在中国计划经济向市场经济转轨的特定时期，企业必须有三只眼，盯政策和政府的第三只眼尤其重要，不然就会和许多机遇失之交臂。

张瑞敏就是"长了三只眼睛"的企业家，具有超前意识的指挥官，富有创新精神的设计师。他在指挥广大员工不断提高产品质量、不断扩大市场占有率的同时，不失时机地抓住各种稍纵即逝的机遇，发展海尔，壮大海尔。

邓小平南巡期间指出："改革开放胆子要大一些，敢于试验，不能像小脚女人一样。"邓小平同志的讲话，使"长了三只眼睛"的张瑞敏看到了中国经济要大发展的前景，他叮嘱自己绝不能错过时机。因此，在邓小平南巡讲话之后，海尔马上采取行动，仅用了2个月的时间就从银行争取下来了大额贷款。

当年6月份，张瑞敏在众说纷纭的情况下，果断地用较低的价格在青岛市高科技工业园买下了720亩土地，决定筹建中国最大的成片开发的家电生产基地——海尔工业园。1999年，海尔集团又分别在青岛市经济技术开发区征地800亩、在海尔工业园西侧征地160亩建立了海尔开发区工业园、海尔信息产业园。1999年4月30日，海尔更是走出国门，在世界上最发达的美国的南卡罗来纳州建立了美国海尔工业园。

海尔开发区工业园在投资时抓住东南亚金融危机期间日元大幅贬值的机会，大大降低了投资费用，其中仅建设材料一项便节约资金30%。同时工业园所需设备均大量从日本、韩国进口，节省外汇约20%，真正做到了低成本、高产出。

在世界经济论坛中国企业高峰会上，张瑞敏对他的"三只眼"理论做了新的改动。他说："中国企业在发展过程中要长三只眼睛，即第一只眼睛盯住企业内部员工，以凝聚内部员工的才智为上；第二只眼睛盯住用户，以用户利益为上；第三只眼睛盯住外部环境机遇，不仅是国内市场改革开放的机遇，还有世界经济的大机遇，第三只眼对中国企业来说尤为关键。"

张瑞敏认为机遇源于对未来的预测，而预测未来是高级管理人员不可推卸的责任。领导者需要完成的重要工作之一就是预测变化，规划未来。而要做到这一点，领导者必须具备洞察力和趋势分析能力。为此，领导者必须尽其所能地去寻求人才、信息及其他资源，并具有丰富的想像力。仅仅关注工作环境方面发生的新的变化是不够的，领导者还必须洞悉目前环境下尚不可能存在的东西。

对于张瑞敏今天创下的辉煌，无数人都为之赞叹羡慕，却忘了去探讨他成功背后的秘密。对张瑞敏来说也许仅有机遇并不能造就他今日的成功，但他的成功里却有着机遇立下的汗马功劳。

## 6. 在市场的空缺中找商机

"填空当"是一种"见缝插针"的经营手法。这种经营之道既可以填补其他商家经营上的空当以吸引顾客,又避免了同行间的竞争,所以更容易获得成功。

在现代这个越来越成熟的市场上,提供给后来者的机会不是很多,但还是有人可以在激烈竞争的夹缝中找到一些被人忽略的盲点,看准其中蕴藏的商机,果断出击,一跃成为市场上的弄潮儿。

"填空当"就是一种"见缝插针"的经营策略,虽然市场的份额是有限度的,但只要有独到的眼光和精明的头脑,总会找到立足之地。

长沙长富利公司的老板陈子龙被誉为"填空当"的专家,他的成功经验是"人无我有、人有我专、人缺我补"。这套经验是陈子龙在长期实践中摸索出来的。年轻时,陈子龙只是一个小商人,开着一家小副食店,由于实力弱,时时面临着对手的挤压,几番风雨之后,他想出了"填空当"的妙招。

陈子龙对于独门产品,不论挣钱多少,都乐于经营。他不仅注意从市场中搜寻潜在的独特产品,还密切关注消费者的需求变化。对那些大众急需而商场里暂时缺货的产品,他总是早有准备,从外地的商业网点急速调进以满足顾客的需求。例如在1989年初冬,长沙市的气温很低,当地各大商场的软帽都已卖完,而人们的户外活动非常需要这种帽子。对此,陈子龙早留了一手,将积存在外地的软帽迅速调运进长沙,成了冬季商场中的独门生意,很快销售一空。尽管这种帽子的利润很低,但犹如给顾客雪中送炭,商店的声誉因此大增。

有一天,陈子龙来到开在五一路的分店,发现该店生意很不景气,心里很不是滋味。经过了解，原来在离分店100米处新建的一家百货公司客流量大、货源充足，而他的分店在品种竞争、场地竞争等方面都处于劣势。鉴于这种情况，陈子龙决定利用自身"小"的特点去求发展。他注意到那家百货公司的营业时间是早上9时到晚上8时，这使得一些早出晚归的顾客想买临时需要的商品很不方便，于是陈子龙调整了该分店的营业时间，将以前的"早9时至晚8时"改为从早上6时至10时和从下午3时至凌晨2时两段，使营业时间基本上与那家百货公司错开，这种与众不同的营业时间正好满足了那些早出晚归的消费者，起到了"补空当"的作用。

陈子龙的商场不仅从商品品种、货源多少、顾客需求变化上进行考虑，而且注意在时间差、服务手段上突出自身的特点，尤其是别人不太注意的细微之处，他更是通过看、问、比、试，不断发掘可供自己利用的特点，使各家分店在不同的销售环境里勇于创新，不断吸引顾客，提高声誉。

当实力不如人时，不妨换个竞争点，将生意的竞争转变为经营的交错，你在你的时间段赚钱，我在我的时间段收益。只要了解你，不和你竞争也能与你分利。经商赚钱，要观察好竞争对手，然后再巧填空当。"填空当"的要点是填补其他商家经营上的空当，以吸引顾客，占领市场。

在市场经济时代，商家经营产品都有个大概范围。这个范围是根据市场需求量、自身经营实力、商品经营成本、其他商家经营情况等综合考虑后确定的，一般来说只要市场有需求的商品，总会有人经营，甚至有很多人经营。但也有一些商品例外，由于市场需求量不大，进货很不方便，或经营成本太高，无利可图，或信息不灵，未及时引进等原因，这些大家都不经营或极少有人经营的产品就是商机。

另外，"填空当"不仅是填补经营产品的空当，还可以是填补营业时间的空当。作为一个生意人，头脑中时刻都要有填补时间空当这根弦，不仅是在一天之内填补别人的营业时间空当，还可以是一年，这也就是我们常说的反季经销。

"填空当"是一种"见缝插针"的经营手法。这种经营之道既可以填补其他商家经营上的空当以吸引顾客，又避免了同行间的竞争，所以更容易获得成功。市场有许多空缺处，而这些空当其实都有着无限商机，关键在于你能否去把握和利用。把握住了，你的财富梦想就不远了。

第五章 把握机遇，收获成功

## 7. 赚钱就要"眼疾手快"

> 历史上每次宏观调控或市场环境出现波动时都会带来新的契机，精明的生意人往往能凭借敏锐的洞察力，做出准确的判断，抢先一步占有市场。

有人对中国当前生意场上的富豪做了一个统计，发现这些人中大多发迹于20世纪90年代，正是计划经济向市场经济转轨的时期。他们抓住转轨期隐含的巨大商机，经过不懈的努力，成为了今天的富豪。

浙江万向集团董事局主席兼党委书记鲁冠球无疑是商界名人，数次被列入富豪榜，他的传奇式人生轨迹，让人惊叹无比。

鲁冠球当年担任公社农机修配厂负责人，他的作坊生产的是犁刀、铁耙、万向节、石蜡铸钢；10年之后，鲁冠球集中力量生产汽车万向节；1983年，他承包了万向节厂；1988年，他以1500万人民币向宁围镇政府买断万向节厂股权，组建了自己的企业；1993年，"万向钱潮"股票在深圳上市；1997年，万向集团成为向通用公司供货的第一家中国内地企业；2000年至2001年间，鲁冠球一口气吃下了三家上市公司，在中国证券市场悄然构筑了一个"万向系"；2001年8月，鲁冠球又收购了美国纳斯达克上市公司UAI，成就了中国乡镇企业收购海外上市公司的先例。

一个农民只用了20多年时间，使一个农机修配厂变成上市的企业集团，其关键性的因素就是敏锐发现并获取机会的能力。洞察市场变化，在研究其发展规律的基础上，准确地把握目标和发展方向，从而引领市场潮流并抢先占据有利地位，使自己立于不败之地。这就是经商赚大钱的精髓！

说到洞察力，不能不提深谙赚钱之道的一个温州商人——朱张金。

1980年，初中毕业的朱张金开始了贩卖领带、袜子的小买卖，此后他修过电器，还办过针织厂。到了1988年，已有25万人民币积蓄的朱张金借了195万人民币，让村里出面买下了一家制革厂。村里怕以后出问题，坚持"所有亏损与村里无关，所有盈利归朱张金所有"。

朱张金高价买壳经营，很多人并不看好，可是谁又能想到，十几年之后，这家企业不仅没有败落，反而越做越好，成了中国皮革行业中响当当的龙头企业。

从创业时的25万人民币本钱，到2001年朱张金拥有的卡森实业有限公司资本金已达25亿人民币，朱张金靠的不是运气，而是依赖于他对市场敏锐的洞察力以及对机会的准确把握能力。朱张金一年中有几个月的时间都在国外跑生意，其目的就是看看有多少市场机会。

敏锐的洞察力是朱张金最大的本钱，他的成功很大程度上是因为每一次产品调整都比别人快。

1994年，国内皮革业一度走低，许多小企业倒闭，朱张金却反其道而行之，投资1000万人民币扩大猪皮革生产规模。不少人感到惊奇，朱张金说："小企业倒闭了，市场份额让出来了，卡森正好可以抢占市场。"果然，卡森当年盈利750多万人民币，比上一年增长6倍。人们都称赞朱张金是神机妙算！

1995年下半年，朱张金在莫斯科成立了一家公司，当地出现了抢购卡森牌皮衣的风潮，一天可卖几千件，光靠自产的皮衣显然远远不能满足顾客需求。于是卡森在海宁成立检控中心，由卡森统一提供羊皮、款式、辅料，让海宁的60个皮衣加工厂为它定牌加工。那一年卡森在俄罗斯总共销掉了60万件卡森皮衣，净赚1800万人民币。当海宁老乡纷纷北上与朱张金抢着去俄罗斯卖羊皮衣时，他却转身做起了猪皮生意。

1997年4月，朱张金到香港参加皮革展，他发现展会上中国、韩国、斯洛文尼亚的企业展出的都是猪皮制品，而美、英、德等发达国家企业展出的都是牛皮制品。经过一番详细的研究，朱张金开始了又一番算计。从香港回来，朱张金宣布："把猪皮生产线停了，上牛皮生产线。"卡森高管层很不理解，而他却斩钉截铁地摇头说："商机稍纵即逝，如果等每个人都认同的话，太晚了。"

朱张金算准了牛皮市场比猪皮市场大，决意不给自己留退路。有一家公司把两张100万平方英尺的猪皮单子交给朱张金做，如果接这个单子半个月就

第五章 把握机遇，收获成功

可赚100万人民币，但他没有接，事后许多人都说他疯了，要知道当时许多企业正因接不到订单而头痛呢！

从1997年以来，卡森先后到美国、澳大利亚、巴西、德国等国设立办事处，了解市场信息，公司技术中心则根据国际市场需求，及时开发新产品，1999年开发出普通沙发革、全拉面沙发革，2000年开发出双层革，2001年重点开发高科技、高附加值的沙发革和汽车坐垫革。

如今，卡森的牛皮沙发等家具畅销美国。在2003年2月，经美国最大的家具经销商推荐，卡森牛皮革沙发顺利进入白宫。

"现在许多企业看我搞牛皮革赚了钱，开始要跟风了，而我则已经在一年前开始考虑上别的项目了。"对于竞争对手，朱张金十分自信，因为在赚钱的机会面前，只有眼疾手快的人才能得到实惠。

## 8. 你有一双识机遇的慧眼吗

> 生活中处处充满信息，独具慧眼的人总能从别人不在意的信息中，找到赚钱的机遇。

世上不缺少商机，缺少的是发现商机的眼睛。面对每天在眼前溜来溜去的赚钱机会，又有多少人看到了呢？会赚钱的商人常常是那些眼光锐利，能够从"无"中看出"有"的人。

1989年，在山城重庆开着一家小五金杂货店的夏明宪，忽然发现来买水管接头的人多了起来。他觉得很奇怪，这些人买这么多水管接头干什么用？后来一打听，才发现是一些先富起来的山城人出于安全考虑，开始加固家里的门窗。买水管接头就是为了将它们焊接起来做成铁门防盗，那时候还没有防盗门的概念。

夏明宪发现这个秘密后，立即意识到自己的赚钱机会来了。他马上租了一个废置的防空洞，买来相应的工具，就干了起来。一个多星期，他就做了二十多扇"铁棍门"，赚了一大笔钱。后来顺着这个思路不断发展，就有了现在的"美心防盗门"，与盼盼防盗门一起，成为中国防盗门行业响当当的品牌。原来的五金店小老板变成了现在的防盗门大老板，成为山城重庆数得着的一个富豪。

这样的故事有很多，其实面对每天在眼前溜来溜去的赚钱机会，又有多少人看到了呢？会赚钱的人常常是那些能够从"无"中看出"有"的人，商人需要有一双能够捕捉机会的锐利眼睛。

1998年4月的一天，梁伯强在一张别人用来包东西的旧报纸上偶然读到一篇文章——《话说指甲钳》。文章说，1997年10月27日，时任国务院副总理的朱镕基在中南海会见全国轻工企业第五届职工代表时说："要盯住市场缺口找活路，比如指甲钳，我们生产的指甲钳，剪了两天就剪不动指甲了，使大劲也剪不断。"文章还说，当时朱总理还特意带来3把台湾朋友送给他的指甲钳，向与会代表展示其过硬的质量、美观的造型和实用的功能，并以此为例，激励大家要对产品质量高度重视，希望用科技进步和技术创新去开发更多更好的新产品，把产品档次、质量尽快提高上去。

梁伯强读到这篇文章后眼前一亮。他经过了解，得知这件事令当时国家轻工部压力很大，为此成立了专案小组。轻工部还联合五金制品协会在江浙开了几次会议，寻求突破这个问题的方案，但都没有根本解决。梁伯强得知这些情况后非常兴奋，因为他做了十多年的五金制品，这正是他擅长的事情，他知道机会来了。梁伯强的圣雅伦指甲钳就是在这种背景下产生的，现在，梁伯强号称"世界指甲钳大王"。

生活中处处充满信息，独具慧眼的人总能从别人不在意的信息中，找到赚钱的机遇。

第二次世界大战后，美国把制造业的重点放在了军事上，军事工业虽然取得了很大发展，但民用物品方面如电视机、录像机、电脑等家庭日用电器却落后于日本、联邦德国。美籍华裔企业家刘心远看出这一变化，于是他积极利用这一机会于1984年创立了"刘门国际公司"，经销电脑一类的产品，虽然当年营业额不到50万美元，但此后销售额直线上升，到1990年已达1.3亿美元。如今他在华尔街备受瞩目，成了华裔企业家的后起之秀，其成功与他独到的眼光、把握时机的能力是密不可分的。

"几危之动，不可不察。"在瞬息万变的现代经济时代，要擦亮自己的眼睛，时刻注意市场的变化，掌握时机，随机应变，如此方可在激烈的竞争中赚取你的人生财富。

## 9. 看清机遇的七张面孔

> 商机是客观的，没有注定要被谁发现，但也并非无章可循。只要认识了商机的奥秘，并与实际经营相结合，做到"运用之妙，存乎一心"，财富自然就滚滚而来。

商机就是市场机遇，但它又是一种特殊的机遇。要想得到商机，首先必须了解其特殊性，即了解商机的特征。通过对现实生活中大量商机案例的分析，我们发现商机的特征主要表现在以下七个方面。

（1）商机的客观性。商机是客观现实的存在，不是人的主观臆想。

（2）商机的偶然性。商机具有一定的偶然性，它是一种偶然的机遇，常突然发生，使人缺乏思想准备。当然这种偶然性是必然性的表现，只不过是一般人难以预测把握罢了。

（3）商机的时效性。俗话说，机不可失，时不再来，说明机会与时间是紧密相连的，机遇如电光转瞬即失。

（4）商机的公开性。任何商机，由于它是客观存在，所以它是公开的，即每个企业、每个人都有可能发现它。

（5）商机的效用性。商机不是一般的有利条件，而是十分有利的条件。它像一根有力的杆杠，抓住了它，就可以比较容易地担起事业的负荷，失去了它，也许将在事业面前束手无策。

（6）商机的未知性和不确定性。商机的结果在一定程度上具有不可知性和不确定性，要受事物发展的影响。这种影响来自形成商机的条件的变化和利用商机的努力程度两个方面。

（7）商机的难得性。商机是很难碰到的，特别是一些大的商机，更是难以把握。

上述商机的内在特征要求创富者们在全面把握这些特征的同时，须尽力与实际经营结合起来，做到"运用之妙，存乎一心"，从而得到商机，得到财富。

商机一现，财源滚滚。大量的商业案例表明，成功的经营者总能发现商机，捕捉商机，抢得商机，占得先手，勇立商海潮头，这样才会脱颖而出，占据市场主动，从而在商机里发掘无限的财富。

台湾塑胶大王王永庆，就是一个十分善于把握商机的人。当他开始创业时本来计划开一家水泥厂，后来偶然和一位朋友聊天过程中，他敏锐地感觉到塑胶在台湾非常短缺，尽管王永庆一点都不懂塑胶制造，甚至连一个简单的化学分子式也看不懂，但王永庆一点也不畏缩，毅然决定开办塑胶厂。结果，产品一生产出来就供不应求，初试牛刀，王永庆就大获成功。

在北京有一家飞花洗染店，其老板卢飞花也是一个十分善于把握商机的人。1991年，她与名牌服装厂店联手，走出了一条服装、服务共兴共荣的新财路。比如罗曼、蒙妮沙、美尔雅、皮仙娜、海里兰、皮尔·卡丹等名牌厂商都与她有业务关系，卢老板为它们开设专洗业务，既抓住了一大批有高消费能力的顾客，又打消了顾客对于高档服装、浅色服装不好清洗的顾虑，使合作各方皆大欢喜。

说起来叫人难以置信，店里洗涤一件高档服装的价格常常相当于一件中档同类服装的市场售价，可是人们毫不在意，因为服务确实让人满意。为了提高服务水平和劳动生产率，1992年秋卢老板从赢利中划出专款，一次引进了德国博韦和日本东洗的全套干洗、熨烫、整形设备，又投资20多万元对旧有店堂格局按照国际流行式样进行了彻底的改造装修，并配齐20多位专业技师分关把口、各负责一个流水环节，形成一套完整的服务质量保证体系，使她的洗涤店成为当时全市设备最新、水平最高的全功能洗染店。1993年，卢老板的洗染店全年实现利润达200万元，相当于一家中型生产企业的利润水平。

与上述事例相反，一些失败的经营者大部分都对身边的商机视而不见，甚至眼睁睁地看着商机从身边溜走，痛失赚取财富的良机，空留悔恨的叹息。

那么怎样才能成为会捕捉商机的人呢？成功者的经验告诉我们，如果我们把视线从市场的表层扩展延伸到市场需求的方方面面，深入到消费市场，用新的理念和新的眼光细心地去观察、去寻觅、去琢磨、去挖掘，就会欣喜地发现，市场仍然存在着大量商机。

凡是有人的地方就有市场，对于很多人来说不是缺少市场，而是缺少发现市场需求的慧眼。市场商机在表现形式上的这种鲜明的变化，使企业面临着严峻的挑战，势必要求企业经营者换一种全新的眼光去发现和捕捉商机。俗话说："世上无难事，只怕有心人。"在市场经济中，会捕捉商机的人是有心人，他们总有占不尽的市场，发不完的财。

# 第五章 把握机遇，收获成功

## 10. 在机会面前，别做"缩头乌龟"

*上帝是公平的，他赐于每个人以相同的机遇，抓住了它的人飞黄腾达，让它悄悄溜走的人终日庸碌。*

机会在于把握。有灵活头脑的人在面对机会的时候一定会好好把握，绝不会让它轻易地从自己身边溜走。

陆肇天夫妇是20世纪60年代从中国内地到香港的移民，既无第二代创业者家庭的帮助，又无本地创业者已在商场血战多年积累的经验，完全是白手起家，历尝艰辛，闯出道路，最终创业有成。

陆肇天刚到香港时，由于内地资历香港不予承认，所以被迫出卖体力，做小生意。最后他从一笔刀片订单中开始积累了一定的资金，终于办起了陆氏实业公司。

陆氏实业公司第一次腾飞是在1976年。当时正是电子计算器萌芽之时，许多大厂家看到这一新产品，但是拿不准，犹豫不敢上手，想观察清楚再下决心。但陆肇天的小公司却没有那么多顾虑犹豫，看准这是投入电子计算器市场的有利时机，全力以赴，抓紧生产液晶电子计算器。正因为他及时下手，竞争者少，把握了机遇，在市场上放缰驰骋，获得成功。等到群起效尤，市场饱和，陆氏已饱食远飏，积累了经验和资金，为公司下一步发展打下了新的基础。

机遇又一次来临。中国大陆实行改革开放政策，陆肇天得益于来自内地的生活经验，看准了内地市场的巨大潜力和进行合作的有利时机，看到了内地劳工成本低廉和深圳蛇口近在咫尺，以及对外优惠的有利条件，立即与内地开展合作。

陆肇天当时看到电视机是内地人民生活电器化的第一急需品，有庞大的市场需求，便率先生产黑白电视机，大量投入当时的内地市场，从而取得极大成功。等到内地人民生活水平提高，他又及时转产彩色电视机。由于在内地市场建立起的良好关系，公司营业额一直稳步上升。同时还不断在设计上推陈出新，如方形机身、平面直角、立体声等吸引客户，成为较早与内地建立良好合作关系、得到有力支持的香港电子业先驱。他的业绩证明其眼光之准、动手之快。

有人说，香港好赚钱，于是争相来港投资插足。也有人说，香港近20年经济发展、商业繁荣，才智之士，纷纷发达成名，各路英雄占尽关隘要津，各行各业已经"捞到尽"，新人已插足无缝了。这些看法，各有其观察角度，言之成理而又不尽然。因此，这是不同的人对机遇是否存在的不同的看法。

有的人评论陆肇天，说他像个冒险家。但从陆氏的经历可以说明他有敢冒风险的创业者精神，但决不是个冒险家。他的创业精神和鹰一般的眼光是从生活磨练中升华的结果，既得力于先天，更成熟于后天。艰难的生活，海阔天空任其驰骋的环境，最能磨练人，造就人。陆氏实业公司的发展经历是个很有说服力的善于把握机会的典范。

机遇并不是凭空产生的，它是事物发展到了一定阶段所自然而然地发生的一种现象。所以我们不能坐等机遇，守株待兔的方式是注定要失败的。机遇只垂青于那些为了理想、为了成功而执著追求，奋斗不止的人。

机遇固然重要，但具备抓住机遇的能力更重要。因此在平常做事的过程中，一定要多学多干多观察，去寻找机遇，去抓住机遇。机遇的确来之不易，一旦抓到了机遇，一定不能放手，要最大限度地利用其带来的好处。

追溯当今商界巨子的起家，大都是两手空空，白手兴业。于是，人们似乎对他们的财富并不是那么感兴趣，而想去深究的，则是他们何以在短暂的时间内创造出那么多的财富。其实原因很简单：机遇降临到了他们头上，并且被他们牢牢地抓住了。

## 11. 机会无处不在

*著名的成功学家拿破仑·希尔指出，机会到处都有，就看你是否抓得住。*

生活中许多人抱怨没有机会，他们说：我们之所以失败，是因为没有机会。其实，机会无处不在，就看你怎么去抓住它。越来越多的事实已经证明，一个人要抓住机遇，就要善于"见缝插针，匡救一篑"。

雄霸世界饮料市场百余年之久的"可口可乐"，以其诱人的口味，吸引着当今世界170多个国家和地区的广大消费者，每天销售量超过三亿瓶，年营业额近百亿美元，稳坐世界无酒精饮料之王的宝座。

可口可乐的发明者，是美国亚特兰大市一家杂货店的老板约翰·彭伯顿。这位老板是位业余药剂师，有点闲工夫总喜欢摆弄实验用的玻璃器皿和五颜六色的各种药水，期望能碰到好运气，发明一点新的药剂。1886年5月的一天，彭伯顿将几种提神、止渴、清心的药剂糖浆混在一起，又加了一点咖啡因、糖和普通汽水，经搅拌后就呈现出清新的浓绿色，且口感很好，回味无穷，最早的"可口可乐"就在这看似无意间产生了。

可口可乐在发明的那一年定下由14种原料组成的配方，一直被密封在亚特兰大市银行的保险柜里，成为秘不外传的专利。"可口可乐"问世百余年来，五易其主，日趋完美。

仔细研究一下可口可乐长盛不衰的原因，我们会发现，除了以高质量取胜以外，其精美别致的商标、独特的口味和包装、无处不见的广告以及巧妙的市场对策，是可口可乐得以风靡全球并经久不衰的主要秘诀。

可口可乐的第一位主人彭伯顿，对他在无意间发明的这种饮料的销路是非常有信心的，于是，他迫不及待地将其推向了市场。但由于消费者一时难以习惯可口可乐的味道，加上彭伯顿没有及时采取措施加以改进，他仅仅经营了一年便宣告破产。不久，他就在不名一文中郁郁而死。

正值彭伯顿危难之际，药品杂货商阿萨·康德勒以283美元的代价买下了可口可乐的专利，成为可口可乐的第二个主人。康德勒不仅是个药剂师，而且是个善于言辞、经商有术的生意人。他细心分析了可口可乐销路不佳的原因，经过苦心孤诣的反复尝试，在助手们的努力下作了两方面的改革：一是增加原料，把糖浆溶进液体，改变饮料的味道和颜色；二是改变包装，设计出美观大方的细腰身玻璃瓶。经过这些改革，可口可乐的风味适应了消费者的需要，同时，新设计出的别具一格的瓶子，使人一看就知道是可口可乐，而且拿在手中感到很舒适，又不易被别人所仿造。

有道是"功夫不负有心人"，可口可乐很快被亚特兰大市的居民们视为"圣洁的水"，接着在整个佐治亚州都很快地盛行起来。到了20世纪初的1902年，可口可乐的销售量骤增为36万加仑，在世界上许多地区成了最热门的美国货，康德勒也因此迅速地成为了百万富翁。

在可口可乐的发展历史上，起决定性作用的当数伍德鲁福，他也被美国人誉为"可口可乐之父"。伍德鲁福在1921年32岁时，成为可口可乐的第四位主人。伍德鲁福经过六十多年的苦心经营，终于使可口可乐夺得"世界无酒精饮料之王"的桂冠。

在这里，我们有必要特别提一提的是伍德鲁福看准了时机的广告宣传和制定巧妙的市场对策的事情。

第二次世界大战前，可口可乐在法国等欧洲国家的销售量十分有限。二战爆发以后，精明的可口可乐公司总裁伍德鲁福看准了这个廉价的广告宣传时机，他宣布在全世界任何地方为美国三军人员销售五美分一瓶的可口可乐，这一举措就连当时美国陆军总部也深信可口可乐是提高士兵士气的最佳饮品，也使可口可乐达到了世界饮料生产的最高记录。从太平洋东岸到易北河边，美国士兵们沿途一共喝掉了100多亿瓶可口可乐。从此，可口可乐公司一跃而成为世界知名的大企业。

可见，机会无处不在，只要你能"见缝插针"。可插针的"缝"就是我们常说的机遇。机遇不是单纯的幸运，它往往潜藏在平凡的现象背后，被一些

第五章 把握机遇，收获成功

表面的现象所掩盖着。所以，对于一般人来说，即使机遇就在你的面前，你也未必能够发现她的存在。只有精明的有心人才能透过现象看到事物的本质，抓住人们常常忽略的潜在的机遇，在人们所忽视的"缝"中穿插自如。这样幸运之神就可能站到你的一边，那么，你就能赢得财富，赢得成功！

## 12. 失败也是一种机遇

> 挫折和失败中蕴藏着人生无限的机会。想把事情做好、获得人生的成功关键还在于你能否抓住由于挫折和失败给你带来的这次机会！

在创造人生财富的过程中，挫折和失败是难免的，而如何对待挫折和失败就成为成功者和普通人的一个分水岭。有的人遇到失败就被彻底地打败，从此一蹶不振，放弃所有的努力和抵抗。而成功者则不然，他们也担心失败，害怕挫折，但是他们会很快从挫折的阴影中走出，以一种积极的心态去看待失败。他们会积极总结失败中可汲取的教训，并利用这次机会，走上他们的成功之路。

其实，我们每个人在自己的人生路上，都会遇到各式各样、或大或小的机会。幸运女神会叩响我们每一个人的房门。只是有的人抓住了机会，经过自己的艰苦奋斗，他成功了，所以他成为幸运儿。而其他人，当幸运女神叩响他的房门时，他正在呼呼大睡，幸运女神只好离开。这样，机会一个又一个、一次又一次从他的身边悄悄溜走了。

作为一个现代人，在发展的过程中面对机会，不敢选择，不敢尝试，的确意味着巨大的失败；同样，面对机会，我们敢于尝试，敢于拼搏，但是，由于我们自身的原因不能抓住发展的机会，任它从我们身边溜走，这也是人生的一种失败。

有人说过，福特是20世纪初美国创业史上的一个英雄，而20世纪末的创业英雄则当属微软公司的创始人比尔·盖茨。盖茨是一位技术天才，但盖茨更是一位创业天才。迄今为止，盖茨已连续多年荣登世纪富豪排行榜的首位。

更令人吃惊的是，盖茨的财富全部都来自于他的个人努力和奋斗。盖茨在不到20岁的时候就开始创办企业，在1992年成为世界首富，这只用了短短的十几年时间。这不能不说是一个奇迹，一个数字化时代的奇迹。我们可以给盖茨算一笔账，在他短短的不到20年的创业生涯中，他平均每天创造的财富将近1000万美元。

无论我们如何评价比尔·盖茨，他的确是一位发展成功者，而且是超乎寻常的发展成功者。他成功的原因，说得简单一些，就是他抓住了机遇。

其实，比尔·盖茨也犯过错误。

1981年8月，IBM公司正式宣布推出第一代个人电脑产品，结果这种个人电脑一炮走红。上市第一年，约有20余万人购买了IBM个人电脑。而每部个人电脑都使用了比尔·盖茨的微软公司开发的MS-DOS操作系统，微软公司从中获得了巨额利润。而且更重要的是，随着IBM公司微电脑销售量的不断递增，微软的MS-DOS也随着IBM的微电脑，走进了千家万户。在MS-DOS问世以前，微软公司还只是一家很年轻而不被人们重视的电脑公司，但正是这种操作系统把微软公司带上了起飞的跑道，公司业务不断扩大。1986年6月，微软公司公布的会计年度营业额为6000多万美元，但其中一半的收入是来自于MS-DOS操作系统软件。

正是在这个问题上，比尔·盖茨犯过错误。他原来一直认为，微软将只做电脑语言和应用软件，而非操作系统。但自从IBM相容电脑推出后，很多电脑制造厂商纷纷要求与微软合作，这样，MS—DOS的市场份额迅速上升。在这种情况下，比尔·盖茨迅速对自己的错误作出了反应，他不失时机地调整了策略。这时候，比尔·盖茨就表现出来了与众不同的气魄。

首先，比尔·盖茨决定建立全球销售网络，使MS-DOS成为全球产业标准。第二，让大多数电脑用户都能使用这种操作系统，不使这种操作系统价格过高，这样就降低了厂家的安装成本，使这种操作系统更为普及。第三，继续改良MS-DOS，在大多数人以为盖茨正在享受第一版成功的喜悦时，盖茨已经着手进行MS-DOS第二版的研究工作。

在创造财富的过程中，挫折和失败只是暂时的，甚至，挫折和失败给我们的发展又提供了一次机会。而这次机会，有可能使你能取得更大的成功！

# 第六章　良好的人脉带来滚滚财源

斯坦福研究中心曾经发表过一份调查报告，结论中指出：一个人赚的钱，12.5%来自知识，87.5%来自关系。这说明了人脉在一个人的事业中起到的作用是巨大的，甚至可以改变和左右一个人的命运！而每个人都有自己的人际交往圈，人际关系广的人，遇事游刃有余，即便陷入困境也能很快摆脱出来。所以，只有拥有良好的人脉，才能财源滚滚来。

## 1. 多个朋友，多条财路

> 朋友越多，赚钱的门路也就越多，你的钱就会赚得越快，生意自然好做。生意人必须加强交际本领，只有赢得更广、更高层次的关系，才会有更大的赚钱机会。

相信任何人都不想成为最后知道消息的人，但是，很多信息并不都从正规的传播渠道而来，大多是来自你关系网中的某个朋友。也许在这个网中有政府官员、经济专家、法律顾问、企业总裁，他们往往能够告诉你原汁原味的内部消息，让你找到商机。所以说，多个朋友，就意味着多条财路。

做生意的李伟军有一个爱跟别人聊天的习惯，特别是在旅途中无聊的时候。有一次他去广州出差，在火车上和邻座素昧平生的人聊了起来。在攀谈中，他了解到，邻座原来是个大学讲师，干讲师的工作时间长了，逐渐有些厌倦，于是就辞职自己开办了一家公司，自任这家公司的总经理，现在这家公司发展得非常红火。他们聊得很投机而且非常愉快。到广州站后，他们匆匆交换了名片，其实他们只是萍水相逢，谁也没有想到今后可能会用到谁。天有不测风云，没想到过了几个月后，李伟军的公司陷入危机，他急得像热锅上的蚂蚁，有一天他忽然想起了那位在火车上遇到的人，于是就给他打电话，说明了自己的情况，问他们那里有没有适合自己做的生意。那个人回答说，正好他有一批代理加工的货单，正在找合作伙伴。李伟军抓住时机，接过这笔生意，使自己的公司重新走上了正轨。

就这样一个普通得甚至还不能称其为朋友的人帮他渡过了难关，可见人脉关系的重要性。

人脉是公认的成功要素，如果将一个人30年的事业生涯分成三个阶段，那么前面的10年，重点在于培养专业。在这个时间，年轻人并不需要刻意把重心花在建立人际关系上，而是利用每一次机会，先把事做好，附带建立一些人脉。第二个10年，是专业与关系并重的阶段。这时，除了通过工作上的往来建立关系，也可以发展私人的社交圈，这个圈子是学习与不同专长的人如何相处的好机会。在事业生涯的最后10年，关系网络的作用将大大优于专业，因为专业的部分会有你的下属帮你完成，而你的关系网络却成为使这些专业增值的必要手段，它不但有助于你的工作，更有利于你的前途，在这个时候，拥有好的关系网络，做生意才能够左右逢源，水到渠成。

无论在什么时候，你都要有与人为善的态度，对人好是自己的事情，至于别人对你好还是不好，不要去过多的追究，因为那是他的选择。在结交朋友的过程中，很多人常常希望对人家好能够获得对方的回报，万一结果不如预期，马上就会产生心理上的不平衡，感觉自己吃了大亏，有这样的情绪，久而久之，就会丧失对人的热情。而全心全意待人，是你获取朋友和财富的法宝。

所以，朋友越多，赚钱的门路也就越多，你的钱就会赚得越快，生意自然好做。生意人必须加强交际本领，只有赢得更广、更高层次的关系，才会有更大的赚钱机会。当你遭遇人生困境，一筹莫展走投无路的时候，也许一个普通朋友就可以为你扭转乾坤，成为你生命中的贵人。

## 2. "人情投资"不能少

> 做"人情投资"就像往银行里存钱,存得越多,分得的红利就越多。成功商人要懂得把人情生意做得恰到好处,这样才能让自己的事业更顺畅。

想在生意场上搞好人际关系,就必须学会"人情投资",说简单点,就是在生意之外多了一层相知和沟通,能够在人情世故上多一份关心,多一份相助。即使遇到不顺当的情况,也能够相互体谅。

你在生意场上遇到了相互比较投缘的人,有了成功的合作,感情也自然融洽起来,这就是常说的"有缘"的人。有缘自然有情,关系好的时候,互相付出自然不在话下,问题在于如何保护和持续这种关系,继续爱护它、增进它,使其长久地存在下去。

俗话说得好,在家靠父母,在外靠朋友。在外经商就得善于做"人情投资",只有做好这笔生意才能编织好自己的人际关系网。

张新根是杭州一家笔庄的老板。1999年他在杭州开始创业时十分窘迫,穷到买不起煤饼,自己找柴烧饭。即使如此,他也并没有放弃,而是经常出没于杭州的各个画廊、美术院校,只要有机会就给别人看他的笔,正当他四处碰壁、万般无奈的时候,改变他命运的一个人出现了。

某一天,张新根在一个画廊里参观,当时任杭州画院副院长的周文清老师也来画廊参观,张新根看周老师气度不凡,就拿出一支上好的毛笔要送给他,周老师看后感到很惊讶。这次巧遇使周文清老师对他的笔产生了浓厚的兴趣,以笔会友,两个人在研究笔的过程中结下了深厚的友谊。为了让更多的人了解他的笔,周文清决定帮他开一个笔会,并免费提供场地。通过笔会,张新根认识了画院的许多的朋友。时间久了，通过书画家们和顾客间的相互介绍，他的笔庄在杭州渐渐有了名气。

不久后，张新根将他的笔庄开在一个冷清的文化用品市场二楼的拐角里。气氛虽然冷清，但张新根却有他的目的。喜欢毛笔的人都是一些文人，不喜欢很热闹的地方，书法家、画家来这一看就会觉得比较高雅。他还经常给顾客试笔，如果环境很吵闹，试笔就感觉不出来，那么在清静的地方，就不会打断顾客的思路，便能感觉到这个笔质量如何。张新根的生意在后来越做越大，如今张新根已经拥有两个笔庄、一家工厂，每年制作销售毛笔四五万支，成为杭州颇有名气的"文化型富豪"。

其实，做生意投资人情，谈的就是一个"缘"字，彼此能够一拍即合，并能够长期信任、互相关照并不容易。尤其在商场上，各自都为各自的利益，人与人交往不能不防，所以很容易互相起疑心。有时候，原先最亲密的伙伴，到最后反倒成为了最仇视的对手。造成这种结果，归根到底是因为一些生意人忽略了投资"人情生意"，甚至已经忘掉了这一点。

生意场上的许多人都有这种毛病，一旦关系好了，就不再觉得自己有责任去保护它了，往往会忽略双方关系中的一些细节问题。如该通报的信息不通报，该解释的情况不解释，总认为"反正我们关系好，解释不解释无所谓"，结果日积月累，形成难以化解的隔阂。而更不好的是人们关系好之后，总是对另一方要求越来越高，总以为别人对自己好是应该的，稍有不周或照顾不到，就有怨言。由此很容易形成恶性循环，最后损害双方的关系。

所以，投资"人情生意"应该是经常性的。人情如同人际关系中的"盐"，缺之，一切都会淡然无味，更不用谈有很多朋友了。一个成功商人应该懂得把人情生意做得恰到好处，这样才能让自己的事业做得更顺畅。

而做"人情投资"就像往银行里存钱，存得越多，分得的红利就越多。成功商人要懂得把人情生意做得恰到好处，这样才能让自己的事业做得更顺畅，这样才能更顺利地赚取人生财富。

## 3. 天下财富，善"钓"者取

> 天下财富，取之不尽，只有善于放长线钓大鱼的人才能得到远远超出别人的那份。善"钓"者必须深藏不露，用人脉为自己搭起一座成功的桥梁。

一个人若想赚取更多的财富，必须要有一个强大的人脉网，而获取这个人脉网的方法，却与钓鱼有些类似。

钓鱼的基本要领可以分为三步：

首先，做饵与下钩。单从鱼饵的选择或制作而言，需要极强的判断力，如需要弄清楚要钓的鱼爱吃什么样的鱼食，这反映在人际交往中需要了解用什么样的方式能够激起对方的欲望。此外，钓鱼的人还必须懂得下钩要找对合适的"鱼塘"及适宜的时机，这与人际交往也很相似，社交高手从来都会选择合适的场合与时机来进行交往。

其次，钓鱼要学会守竿。守竿第一是要有耐心，不可急功近利地"一下钩就想见到鱼"；第二要冷静，给"鱼"一点点"甜头"还不足以使其上当，因为也许对方是在试探是否安全。社交高手同样懂得用同样的方法维系持久的关系。

最后，收钩是最关键的时刻，要知道"到嘴边的肉却没吃到"的事情大都发生在这个阶段。因此，此时务必要深藏不露，一旦过于急躁，便会功亏一篑。而那些人际交往高手一定会随机收放，张弛相宜，吊足对方胃口。

除了上述的要领外，你还应该注意把钓到的小鱼喂大、放长线钓大鱼等人际交往的策略，同时还不可忽视平时对朋友、同事等身边的人的感情投资，只有这样你才能够渐渐成为一名"钓鱼"高手。

　　善于放长线钓大鱼的人，在看到大鱼上钩之后，总是不急着收线扬竿，把鱼甩到岸上。他会按捺下心头的喜悦，不慌不忙地收几下线，慢慢把鱼拉近岸边。一旦大鱼挣扎，便又放松钓线，让鱼游窜几下，再次慢慢收线。如此一收一弛，待到大鱼精疲力竭，无力挣扎时，才将它拉上岸来。在人际交往中，你也许经常会遇到请求别人的时候，如果追得太紧，别人反而会一口回绝你的请求，在这种时候，只有耐心等待方是最好的应对之道。

　　某小企业董事长王某长期承包那些大公司的工程，对这些公司的重要人物常施以小恩小惠，这位董事长的交际方式的过人之处是：不仅奉承公司要人，对年轻的职员也殷勤款待。

　　谁都知道，这位董事长并非无的放矢。事前，他总是想方设法将大公司中各个员工的学历、人际关系、工作能力和业绩做一次全面的调查和了解，如果认为这个人大有可为，以后会成为该公司的要员时，不管他有多年轻，都尽心款待，这位董事长这样做是为日后获得更多利益而做准备。他明白，十个欠他人情债的人当中有最少九个会给他带来意想不到的收益，他现在做的亏本生意，日后会利滚利地收回。

　　所以，当自己所看中的某位年轻职员晋升为科长时，他会立即跑去庆祝，赠送礼物。年轻的科长自然倍受感动，无形之中产生了感恩图报的意识。而王董事长却说："我们公司有今日，完全是靠贵公司的抬举，因此，我向你这位优秀的职员表示谢意，也是应该的。"

　　这样，当有朝一日这些职员晋升至处长、经理等要职时，还会记着这位董事长的恩惠。因此，在生意竞争十分激烈的时期，许多承包商倒闭破产，而这位董事长的公司却仍旧生意兴隆，其原因就是他平常注意人情关系的投资。

　　综观这位王董事长的人际交往策略，的确能够看出他是一位"钓鱼"高手。从这个例子中不难发现，商人在交友时要有长远眼光，要注意有目标的长期感情投资。同时，想要"放长线，钓大鱼"，还必须慧眼识英雄，才不至于在今后的日子里实施错误的投资，浪费自己的时间与财富。

　　很多商人为了生意忙忙碌碌，没有时间进行过多的应酬，日子一长，许多原本牢靠的生意关系就会变得松懈，这对于事业的长远发展很不利。俗话说得好："平时多烧香，急时有人帮"，"晴天留人情，雨天好借伞"。真正精明的商人都是有长远的战略眼光的,早做准备,未雨绸缪,这样才会得到意想不到的帮助。

可见,人际关系在一个人的事业中扮演着多么重要的角色。而受者无心,"钓"者有意,善于结交广泛人脉的商人,才能在生意场上游刃有余,才能更快赚取属于自己的人生财富。

# 第六章 良好的人际带来滚滚财源

## 4. 结交有志之士，拓宽人际圈

> 生意场上，少个对手便少一分失败的可能，多个朋友便多一分赚钱的希望。

重视朋友，用好朋友，编织好朋友这张人际关系大网，几乎是每个成功商人必须做到的。而利用朋友关系成就一番事业，这在古今中外都不鲜见，美国传奇大亨特朗普就是此中的高手。

大学一毕业，特朗普即进入父亲创建的房地产公司任职。他不愿呆在生活圈子狭窄的纽约市皇后区，而是独自迁居繁华热闹的曼哈顿区，并在高级社交圈结识了不少名流，这对于他日后发展房地产事业，产生了莫大帮助。

1974年，纽约市曼哈顿区的"宾夕法尼亚中央铁路公司"宣告破产，特朗普立刻买下这块地产，并向政府建议在此兴建"市立会议中心"，这个计划在1978年获纽约市政府批准。

1975年，特朗普以100万美元买进邻近纽约中央火车站的一家破旧旅馆，在此后的5年期间，他说服了纽约市政府给予40年减税优惠，并且他还顺利办妥了贷款手续。在一切准备工作就绪后，他亲自监督重建工程，终于在1980年建成"凯悦大饭店"，这是特朗普房地产事业上的重要里程碑。"凯悦大饭店"的成功，彰显出特朗普锐不可当的经营才华，年仅34岁的他已在纽约市颇具名气。

紧接着，他又以2亿美元在纽约曼哈顿商业区兴建"特朗普大厦"。这幢高达68层的综合商业大楼，为高收入阶层提供了宽敞的办公室、精品商店以及豪华公寓，吸引了无数长期租客，他也因此赚进滚滚钞票，并继续攀登更具挑战性的高峰。

特朗普逐渐将投资范围延伸至房地产以外的行业，如开设赌场、经营航运、主掌职业足球队、赞助职业拳击赛等。

凭借多年来在政经界建立的朋友圈，特朗普轻而易举地扩张信用，投资手笔也一次比一次巨大，有数家银行竟然愿意随时为他提供上千万美元的贷款金额。

与特朗普相似的是，新大陆董事长王晶也是成功依靠朋友关系网来实现自己辉煌人生的。

曾经获得"全国十大女性风云人物"称号的新大陆集团董事长王晶并不像其他商界明星一样驰名。在实达集团辉煌时出的一本书里，王晶是作为创业者之一出现在书里的，并且她是创业者当中惟一的女性，虽然她对实达集团当年所从事的POS终端产品一无所知，但她却为实达集团构筑了公共关系网与人力资源平台。

她在这个过程中积累起来的人脉关系和经验，在她与实达第一任总裁胡钢出走实达后的二次创业中发挥了异常重要的作用。在王晶的创业故事里总有许多神奇的事情发生，每当她谈起这些事情时，就必然会谈起她身边众多的朋友，特别是新大陆第三大股东德国人汤姆与她在新大陆创业成长中的故事。

"1992年由于项目合作的原因，我与汤姆认识，此后成为好朋友。新大陆创业时根本没办法从银行贷款，是汤姆每年无息借给新大陆流动资金。后来我们以每股2元溢价出售部分股权给这位德国朋友，由此他成了新大陆的股东。新大陆创立八年，每年增长速度都是接近100%，他的投资也获取了很好的收益，对此他也非常高兴。"

"朋友总是在我最需要的时候出手帮助我。"王晶在回忆起当年新大陆上市时的一些故事时说，"我们一直请求科技部帮我们向中国证监会推荐新大陆。后来在科技部的大力支持下，总共有五家企业成了双高论证准许试点上市企业的高科技企业，新大陆是最后一家带着额度上市的民营高科技企业。"

在王晶成功的道路上，成功的朋友关系网占据了不可替代的重要作用，拥有了朋友的鼎力支助，还有什么事不能办成呢？

生意场上，少个对手便少一分失败的可能，多个朋友便多一分赚钱的希望。多结交一些朋友，拓宽你的人际圈，才能好办事，办好事，有利于你的事业和未来。

## 5. 善待你的对手

> 学会和不喜欢的人相处，是处世的方圆之道。人的本能使自己愿意与自己喜欢、欣赏的人靠近，同样也就远远地躲开那些自己不喜欢、不愿意打交道的人。

生活中很多人做事很有原则，他们的个性使得他们不喜欢的人也非常多。不喜欢有很多原因，如果由于人品问题那无可厚非，如果单是由于做事方式等涉及不到品质的原因就要细细思量一下。很多时候你不喜欢的人对你赚取人生财富也有帮助，所以你也应学会与他交往。

学会和不喜欢的人相处，是想赚大钱的人处世的方圆之道。人的本能使自己愿意与自己喜欢、欣赏的人靠近，同样也就远远地躲开那些自己不喜欢、不愿意打交道的人。然而，生活中没有那么多的随心所欲，由于各种各样的原因，我们经常要与自己不喜欢的人，甚至是与自己相敌对的人打交道，这就需要用到一些技巧，那就是用真诚的态度对待每一个人，包括你不喜欢的人。

哈蒙曾被誉为全世界最伟大的矿产工程师，他从著名的耶鲁大学毕业后，又在德国佛来堡攻读了3年。毕业回国后他找到了美国西部矿业主哈斯托。哈斯托是个脾气执拗、注重实践的人，他不太信任那些文质彬彬的专讲理论的矿务工程技术人员。

当哈蒙向哈斯托求职时，哈斯托说："我不喜欢你的理由就是因为你在佛来堡做过研究，我想你的脑子里一定装满了一大堆傻子一样的理论。因此，我不打算聘用你。"

于是，哈蒙假装胆怯，对哈斯托说道："如果你不告诉我的父亲，我将告诉你一句实话。"哈斯托表示他可以守约。哈蒙便说道："其实在佛来堡时，我一点学问也没有学回来，我尽顾着实地工作，多挣点钱，多积累点实际经验了。"

哈斯托立即哈哈大笑,连忙说:"好!这很好!我就需要你这样的人,那么,你明天就来上班吧!"

在有些情况下,别人所争论不休的论点,对自己来讲反而不那么重要,比如哈蒙从哈斯托口中得来的偏见。这时,我们所需要的不是去斤斤计较,而是尊重他的意见,维护他的"自尊心"而已。

有"心机"的人在对付反对意见时常常尽量使自己作些"小让步"。每当一个争执发生的时候,他们总是在心里盘算着:关于这一点能否作一些让步而不损害大局呢?因此,无论在什么时候,应付别人反对的唯一的好方法,就是在小的地方让步,以保证大的方面取胜。另外,在有些场合,应该将你的意见暂时收回一下。

关于洛克菲勒的一件轶事说的是,曾有一位不速之客突然闯入他的办公室,直奔他的写字台,并以拳头猛击台面,大发雷霆:"洛克菲勒,我恨你!我有绝对的理由恨你!"接着谩骂他达10分钟之久。办公室所有职员都感到无比气愤,以为洛克菲勒一定会拾起墨水瓶向他掷去,或是吩咐保安将他赶出去。然而,出乎意料的是,洛克菲勒并没有这样做。他停下手中的工作,用和善的神情注视着这位攻击者,那人越暴躁,他便显得越和善!

那无理之徒被弄得莫名其妙,他渐渐地平息下来。因为一个人发怒时,遭不到反击,他是坚持不了多久的。于是,他咽了一口气。他本是做好了来此与洛克菲勒做争斗的,并想好了洛克菲勒将要怎样回击他,他再用想好的话语去反驳。但是,洛克菲勒就是不开口,所以他却不知如何是好了。

末了,他又在洛克菲勒的桌子上敲了几下,仍然得不到回应,只得索然无味地离去。洛克菲勒呢?就像根本没发生任何事一样,重新拿起笔,继续他的工作。

不理睬他人对自己的无礼攻击,便是给他最严厉的迎头痛击!成大事者每战必胜的原因,就是当对手急不可耐时,他们依然故我,显得相当冷静与沉着。

与人交往,秉性相投者毕竟是少数,有很多朋友都是表面朋友,甚至有些人你一看就不顺眼。但人的一生当中,不可能只与自己喜欢的人交往,要想成就大事,就得懂得方圆处世之道,就要学会与不喜欢的人相处,并且还要努力相处得融洽得体。只有这样,在赚取人生财富的路途中,你才能少些阻挠,多些帮助,才更容易取得人生的辉煌。

第六章 良好的人际带来滚滚财源

## 6. 善于变通，见机行事

> 兵无常势，文无定法。做人处世要善识时务大局，做到能方则方，能圆则圆，方圆兼济，集百家之长于一身。

做人要圆，做事要方，只有善于变通才能成大事。而商场如战场，这就更需要商人在关键时刻善变通达，能因人、因势、因时而变，这样才能赚取更多的人生财富。

在中国历史上，能把亦方亦圆的处世哲学用到极致的就数方圆大师胡雪岩了。

胡雪岩在晚清混乱的局势中以商业出人头地，红极一时，非有过人之处是难成其功业的。纵观胡雪岩的一生，他能在乱世之中，方圆皆用，刚柔皆施。懂得何时用"善"，何时用"狠"，何时捞一把，何时之财不乱取。总而概括为——圆而通神。圆而通神是胡雪岩处世方式的最好概括。

不管是对抢了他军火生意的龚氏父子，还是对刁钻霸道的苏州永兴盛钱庄，乃至损害了他利益的代办朱福年，胡雪岩对他们的回击都很干脆。但有一条原则总是恪守不渝，那就是：总要给对方留个台阶，留条后路。

他唯一能行得通的，便是那万俗皆走的一个"圆"字。大家怎么说，我就怎么说；大家怎么做，我就怎么做。体察了人心的喜怒哀乐，顺随了人们的爱憎善恶。做到了这两点，万事无不可遂，人心无不可得。

胡雪岩的圆而通神还表现在他有审时度势的独到眼光，深悟世道的权变之理，善于在乱世之中"变"。

胡雪岩这些过人的素质，使他成为一个传统文化意义上的哲商，并在经商的过程中不断感悟，不断升华，他的智慧和商业成就也就不断通向一个炉火纯青的境界。

如何领悟亦方亦圆的做人"心机"，以下几点值得借鉴：

1. 没有规矩不成方圆

在与人相处的过程中最忌讳的是自作聪明，自以为是，好为人师。以平常心待人，不卑不亢，这是成大事者在交际中的规矩，离开这一点是谈不到方圆的。

2. 求大同存小异

每个人都有自己的生活经历、习惯、性格特征等等，在交往中难免会有些摩擦，这就要求我们应该尽量寻找共同话题。但与人相处时也要坚持自己的原则，不要失去自我。

3. 方圆有术，纵横捭阖

交际需要交谈，以传其情，达其意，起沟通、交流之效，从而协调、融洽与交际圈的关系。

所以，想要成就财富人生，就要善于变通，学会见机行事，看什么人说什么话，见什么人办什么事，尽量做到方圆有道。这样才能更快实现自己的财富梦想。

第六章 良好的人际带来滚滚财源

## 7. 在什么山上唱什么歌

在商场对待不同的交际对手时，应该使用不同的应对方法，正所谓"在什么山上唱什么歌"。

要做到"在什么山上唱什么歌"是要用点心思的，无论说话办事还是择词选句，都要做到极致，对待朋友就要有温和的语气，对待敌人就要用尖锐的语气，对待看不起你的人，就要懂得适时反击对方……

纳尔逊·曼德拉是南非著名的政治家、外交家，一生都致力于解放南非黑人的伟大事业。1962年被捕后被判终身监禁。在狱中，他从不妥协，并为将来的斗争做了大量的准备工作。1994年4月，曼德拉当选为南非历史上第一位黑人总统。在那漫长的反种族歧视的斗争中，他的喜、怒、哀、乐都成为世人关注的焦点。

1991年10月，英联邦国家举行首脑会议，曼德拉应邀参加。在一次记者招待会上，一位年轻的白人记者问曼德拉："南非局势那么乱，黑人参政到底有无希望？"

对于这样的提问，本来应很生气的曼德拉竟然十分亲切地回答了他："小伙子，我的年龄是你的一倍还多，但我比你乐观得多，你为何如此悲观呢？"

此言一出，全场哄堂大笑。原以为所提问题会使曼德拉十分难堪的那位白人记者却落得自己难堪起来。

轮到一位黑人记者提问题了，他支支吾吾地说："我的问题被刚才那个人提过了……"

曼德拉紧接着说："那么刚才那个人是把你嘴巴叼走的小狗。"

会场里又是一次哄堂大笑。

这里，针对不同的情况，曼德拉采用了不同的回答方式。对那位首先提出问题的白人记者，作为黑人的他控制住自己的情绪，以一个长者的身份作了非常巧妙的回答；而在回答那位黑人记者时，他又不露声色地以一种幽默机智的方式将自己的情绪发泄了出来。

人际交往中，每个人都有自己的个性、自己的情感和不同的成长环境，所以在人际交往时他们所体现的方式自然也就不同。聪明的人能区别对待这些问题，能以此建立良好的人际关系。

著名人际关系学家兰·勒贝茨先生通过自己多年的人际关系实践，总结出应付各种人的9种策略。他说，与人交往时，他最害怕碰到的是以下5种人：

第一种人是所谓的凶悍派。这种人在人际交往中常用语言或肢体暴力威胁对方。比如"这是什么话"或"我现在就要……"，或者"你要是不……我就……"等等。

第二种人是所谓的逃避派。这种人在人际交往中往往避而不见，或采取拖延战术。他会说："明天再说吧"或"我没时间"或"这不归我管"等等。

第三种人是所谓的龟缩派。这种人在人际交往中通常采取完全逃避的态度。他们总说"我不懂"或"这不行"或"我不知道"等等。

第四种人是所谓的高姿态派。这种人在人际交往时习惯于用极端的要求来恐吓对方。他们往往会说"我只等到5点"或"中午以前一定要成交"这样的话。

第五种人是所谓的两极派。这种人根本不谈，只逼你在"要"或者"不要"之间作决定。

以上所列举的5种人，我们可能在人际交往中经常会遇到。那么，如何对付这几种人呢？兰·勒贝茨先生总结出了9种策略：

（1）对付凶悍派，最有效的方式是引起他们的注意，必须把他们吓醒，让他们知道你忍耐的底线在哪里。当然，我们的目的不是惩罚，而是要让他们知道你忍耐的极限。

（2）指出对方行为的不当之处，并且建议双方应进行建设性的谈话，在这种情况下对方也许会收敛火气。这时最重要的是提出进一步谈话的方向，给对方一个可以继续交涉下去的台阶下。

（3）对付逃避派或龟缩派，要先平定他们的情绪，了解他们恐惧的原因，然后建议更换时间或地点进行商谈，适时说出他们真正的恐惧所在，让他们觉得你了解他们而产生安全感。这种方法对付凶悍派也很有效果，只要他们产生了安全感，自然就不会失去控制。

（4）坚持一切按规矩办事。凶悍派、高姿态派、两极派都会强迫你接受他们的条件，你应拒绝逼迫，并坚持公平的待遇。

（5）在人际交往时，当对方采取极端手段威胁你时，可以请他解释为什么要采取这样极端的手段，并且可以说："我需要更好地了解你为什么会这样想、这样做，以便于我能接受你的要求。"

（6）沉默是金。这是最有力的策略之一，尤其是对付两极派，不妨这样说："我想现在不适合谈话，我们都需要冷静一下。"

（7）改变话题。当对方提出极端要求时，最好假装没听到或听不懂他的要求，然后将话锋转往别处。

（8）不要过分防御，否则就等于落入对方要你认错的圈套。在尽量听完批评的情况下，再将话题转到"那我们针对你的批评如何改进呢"这一方面。

（9）避免站在自己的立场上辩解，应多问问题。只有问问题才能避免对方进一步的攻击。尽量问"什么"，而避免问"为什么"。问"什么"时，答案多半是事实，问"为什么"时，答案多半是意见，就容易有情绪。

良好的人际关系是一个人成大事的资本，"在什么山上唱什么歌"则是财富路上网络人际关系的"心机"所在。

# 8. 小礼物大人情

> 做生意时的小礼物能让别人感到温馨和诚意，让生意时时刻刻都充满人情味，送得恰到好处的时候，能给生意场中的人们带来意想不到的收获。

一个人要成就事业离了关系是不行的，而无论是走关系还是跑关系都离不开一个"礼"字。世界顶尖销售大师乔·吉拉德就是一个能将小礼物发挥出巨大作用的奇人。

乔·吉拉德每次送给别人礼物的方式总是富有创造性的，而且他的礼物也总是很别致很新颖。

有时候，乔·吉拉德会郑重其事地送给客户一枚带有棒球图案的小徽章，上面刻着："我爱你！"他也曾赠送一些心形的玩具气球给他的客户，并且说："您会喜欢和吉拉德合作，对吧？"

人们大多喜欢别人对他们的孩子表示友好，所以吉拉德一般会趴在地板上对小家伙说："小朋友，你叫什么名字？你好啊，约翰尼。你肯定是个乖孩子，对吧？啊！你手里的小喜鹊可真漂亮！"然后，吉拉德会让约翰尼和自己一起爬回座位，而他的父母亲正在一边看着这一切！"约翰尼，我有些小礼物要送给你，猜猜看会是什么？"说着，吉拉德就从座位上的箱包里掏出一大把棒棒糖来。这时候，他依然会跪在地板上，把约翰尼带到女主人身边说："约翰尼，这一块给你；其他的给妈妈，好不好？瞧，这儿还有一些气球，让爸爸替你保管，好不好？你真是个听话的乖孩子。好了，我得和你爸爸、妈妈谈事情了。"在这整个过程中，吉拉德都是双膝着地，这就是吉拉德送的人情礼物，也是他促销手段中的一种。显然，客户怎么可能对一个愿意和他的小孩一

第六章 良好的人际带来滚滚财源

起跪在地上游戏玩耍的人说"不"呢？

客户有时想抽支烟，摸摸口袋却发现已经抽完了。

"请稍等一下，"遇到这种情况吉拉德会这样说，并且很快从他的箱子里拿出十种不同牌子的香烟，"您愿意抽哪一种？"

"就要万宝路吧。"

"那好，给您。"吉拉德会打开一盒万宝路，递一支给他，再给他点燃，然后把剩下的全塞进他的衣袋里。

"吉拉德，真得谢谢你！我欠你的太多了。"

"别，千万别这么说。"吉拉德回答道。

可是，吉拉德都干了些什么？吉拉德就是要让准客户感到欠了他的人情！

实际上，吉拉德的那些人情小礼物和那些巨富比起来，只能算是小巫见大巫。譬如，一些有钱人一掷千金，就为了一张超级杯赛或拳击锦标赛的门票！也许最阔绰大方的例子应该是拉斯维加斯的赌场老板们。他们的附赠小礼品是什么？是一张张头等舱的往返机票，一套套高级豪华的服装，一顿顿让人大开眼界的佳肴美味。一句话，客人们想要什么就有什么。他们把送礼当成一门"科学"来认真对待。而客人们感到体面荣光的同时，自然会掏钱购买大堆大堆的筹码，兴致勃勃地掷下骰子。另一方面，赌场从客人们身上赚回的钱却是付出的许多倍。

一般说来，人情礼物应当相对的便宜一些，否则的话，你的生意伙伴会觉得像是收了什么贿赂。礼物太昂贵，生意伙伴有可能认为你想收买他。送礼就要送到人心坎里去，礼小情意重，让别人真情实意地感受到你的"情"才好办事。

一个人要想做生意赚取人生财富，懂得送些礼物沟通情义很重要。古人云："千里送鹅毛，礼轻情义重。"可见礼物虽小，但送到点子上了，就能增深情义，生意也好做了。生意场中的人应该注意，若想编织自己牢固的人际关系网，巧妙送礼是不可忽略的。

## 9.为他人着想，为自己铺路

*世界上没有卖不掉的产品，只有因不注意细节而推销失败的人。仔细一些，多为别人着想一点，成功就离你近一点。*

做人是一门大学问，人人都需要学会多为别人着想。多为别人着想，你就会豁达超越；多为别人着想，别人就会为你着想，你就能突破现有的格局，看到更宽广的未来。

有一次记者问李泽楷：你父亲李嘉诚教给你了一些什么赚钱成功的秘诀？结果李泽楷说父亲什么也没有教，记者觉得很吃惊，说：不可能吧！

李泽楷回答说，父亲只教了自己做人处世的道理。

记者很好奇地问是什么道理。

李泽楷说：我父亲跟我说，你和别人合作，假如你拿七分合理，八分也可以，那我们李家拿六分就可以了。

这是什么意思？他让别人多赚两分，所以每个人都知道和李嘉诚合作会赚到便宜，所以更多的人愿意与他合作。你想想看，虽然他只拿六分，但现在多了100个人，他现在多拿多少分？假如拿八分的话，100个会变成5个。

哈维·麦凯是一家信封公司的老板，有一次，他去拜访一个顾客。那个经理一看他就说，麦凯先生，你不要来了，我们公司绝对不可能和你下信封的定单。因为我们公司的老板和另一个信封公司老板是25年的深交，而且你也不用再来拜访我，因为有43家信封公司的老板曾拜访过我三年，所以我建议你不要浪费你的时间。

麦凯并没有因此而放弃努力，他开始关注在这家公司里发生的每件事，哪怕是那些微不足道的小事。有一次他发现这家公司采购经理的儿子很喜欢打冰上曲棍球，他又知道这孩子崇拜的偶像是洛杉矶一个退役的全世界最伟大的球星，后来发现这个经理的儿子出车祸住在医院。这时麦凯觉得机会来了，他去买了一根曲棍球杆请那位球星签名送给这个经理的儿子。

他来到医院，这个经理的儿子问他是谁，他说我是麦凯，我送给你一个礼物。你为什么送我礼物？因为我知道你喜欢曲棍球，你也崇拜这个球星，这是一根他亲自签名的曲棍球杆。这个小孩兴奋得脚也不疼了，要下床来。

结果那位经理来医院发现他的儿子很兴奋，整个人都变了，不像原来那样垂头丧气，面无表情。他问儿子是怎么回事，儿子说刚才有一个叫麦凯的人送了我一根曲棍球杆，还有球星签名。

结果可想而知，这个采购经理和麦凯签了数万美金的定单。

信封是便宜的东西，他竟下了这么大的定单。显然，成功有不同的方法，有不同的思维模式。只要你留意身边的小事，就一定会找到解决问题的突破口。世界上没有卖不掉的产品，只有因不注意细节而推销失败的人。仔细一些，多为别人着想一点，成功就离你近一点。

所以，想赚取人生财富就一定要多为别人考虑一下，你想让别人怎么对你，你就要怎么去对别人。真心为别人考虑才是财源广进的真理。也只有这样，才能为自己以后的长远利益铺好路，为以后的成功打好基石，打通关节，那么赚取财富就是顺理成章的事了。

# 第七章　细节决定盈亏

　　"关照小事，成就大事"是周恩来做事奉行的准则。只要不放弃任何一个微小的努力，长时间的坚持就能将你的选择画上完美的句号。生活中的很多事都是看似平凡又微不足道的，但成功就是平凡的积累，一个人的实力往往也体现在每一件小事中。那些想成就财富梦想的人，只要善于把握小细节，处处从小事做起，长期下来就能收获不一样的辉煌。

## 1. 多一点细心，多一次商机

> 生活中有不少人对一些小细节毫不经心，当然也很容易忽略别人究竟需要些什么，最终，导致别人也忽略了自己。自然，这种忽略所带来的损失也是很大的。

不要小瞧细节，它往往就是悄悄来临的机遇。一个注重细节的人必是一个成功的人，所以在与人打交道的时候，必须牢记一点：人的欲求是各不相同的。要努力去考察每个人的特殊需求，哪怕是一些很细微的事情也不要放过。

通过对这些小事情的重视，你能很好地满足别人的自尊心，从而自然而然地获得他们的注意和好感。而对于那些优秀的人物，这种小事情往往能够给他们提供对待别人的有效策略。

安东尼·第莫克是一名新英格兰穷牧师的儿子，当18岁的他从菲利普斯学院毕业后，他所做的第一份工作就是替一名经纪人做杂务。虽然一周只能挣1.5美元，但他仍然十分勤快。经纪人见他是个勤快、可爱的年轻人，便给了他一个销售铁路公债券的机会。

不久，这个满腔热情的年轻人就有了一次接触纽约银行行长摩西·泰勒的机会。但是，究竟该对这位著名的大人物说些什么话，才能引起他对自己的注意呢？正处在一生事业起步阶段的第莫克可真是用心想了一番，要知道，他可不想失去任何结交大人物的机会。

对于这次见面，第莫克后来写道："当我走到他的办公桌前时，他正对一个喋喋不休的人不耐烦地说道：'讲到正题上来，讲到正题上来。'过了一会儿，他摇着头把那人赶了出去。接下来，他向我点了点头，示意我走过去。于是，我便把自己要推销的公债券放到他面前的桌子上，说道：97美元。'"

第七章 细节决定盈亏

"泰勒先生很奇怪地看了看我,一边拿过自己的支票簿,一边问道:'给谁干的?''伯兰克先生'。签好支票后,泰勒先生又问我:'伯兰克先生给你多少回扣?''0.25%''太少了,你让他给1%的回扣,如果不照这个数目付给你,我就来代他付。'"

就这样,第莫克不但成功地卖掉了自己的公债券,而比这更为重要的收获,就是他同时也得到了泰勒先生的注意,为自己赢得这位重要人物的友谊奠定了坚实的基础。

以他敏锐的眼光,第莫克一眼就看出了这位伟大银行家的一个很细微却很倔强的脾气——喜欢简洁的语言,对那些多余的繁文缛节异常地反感。所以,等到自己与泰勒交涉的时候,第莫克不说半点废话,就以极为简单的言语来打动他,这一招果然很适合泰勒的口味。

后来,泰勒不仅继续向这个年轻人买公债券,在别的事情上也给予了他许多实际的帮助。凭着自己这份独到的眼光和机敏,第莫克还不知迎合了多少客人的胃口,并从他们那里得到了无数的帮助。所以,年仅30岁的时候,他就已经是拥有百万家产的巨富了。

第莫克一生的成功,可以说就是因为他很早就懂得了"从细小之处去迎合别人的意志"这一策略的重要性。

我们把这种对于细节的注意,称为机敏、殷勤或者体贴。一切有才干的人,都知道怎样靠这种煞费苦心的小动作去获得人们的信仰及拥戴。

纽约里夫斯食品店的创办人詹姆斯·里夫斯就相信,所有的顾客都可以用这种献些小殷勤的方法招揽到。他说:"除了这个方法以外,我简直不知道还有什么办法能把生意做得更稳妥。"他又说:"这种小殷勤有许多的变化形式。比如,一个母亲让自己的小孩拿着一张清单和所需的钱来买东西,在这种情形之下,聪明的伙计就会找一张纸把找回的钱包好,免得那个小孩不小心在路上丢掉了。"正因为注重细节,这家食品店获得了人们的喜爱,生意也源源不断。

生活中有不少人对一些小细节毫不经心,当然也很容易忽略别人究竟需要些什么,最终,导致别人也忽略了自己。自然,这种忽略所带来的损失也是很大的。

一个在钢铁大王那里工作的年轻人,就曾经因此失去了一个分公司经理的位置。当时,这个职位本来已内定给了他,他也为前去就职做好了心理准备。但后来，就因为他与钢铁大王最后一次见面的时候，"没有穿一套像样的衣服，或者哪怕是把自己修饰一下，像一般人在这样重要的场合自然而然会做的那样"。结果，正由于他一向不拘小节，让自己的上司大为反感，索性收回了对他的任命。

这个年轻人称不上是一个会办事的人，因为他没有注意到自己的上司在衣着之类的小事情上的看重。哈佛商学院院长多纳姆说过这样一句话："虽然没有一本商业书籍会郑重地告诉你：如果说你的老板有一种憎恶打红领结的人的癖性，那么，这就是你所应当知道的事情之一。但是，无论如何，多注意一下别人的喜好和脾性却是很重要的。"

因此可以看出，注重细节对一个人的成功起着很大的作用，只有注重细节才能获得别人的注意和好感，才能为自己的财富人生赢得成功的机会。

# 第七章 细节决定盈亏

## 2. 做好小事，成就大事

> 大事是由众多的小事积累而成的，忽略了小事就难成大事。从小事开始，逐渐锻炼意志，增长智慧，日后才能做大事，而眼高手低者，是永远做不成大事的。

"把每一件简单的事都做好就是不简单"，这是对待工作的态度问题，在工作中，没有任何一件事情，小到可以被抛弃，没有任何一个细节，细到应该被忽略。大事是由众多的小事积累而成的，忽略了小事就难成大事。从小事开始，逐渐锻炼意志，增长智慧，日后才能做大事，而眼高手低者，是永远做不成大事的。

所谓的"小事情"，因其小常被人们忽略了，然而它却常常造成大问题，给人们带来大麻烦，一些聪明人善于从"小事情"做起，从而使局面得到很大的甚至是彻底的改观。

日本的东芝电器公司1952年前后曾一度积压了大量的电扇卖不出去。7万多名职工为了打开销路，费尽心机地想了不少办法，依然进展不大。

有一天，一个小职员向公司领导人提出了改变电扇颜色的建议。当时全世界的电扇都是黑色的，东芝公司生产的电扇也不例外。这个小职员建议把黑色改为浅颜色。这一建议引起了公司领导人的重视。经过研究，公司采纳了这个建议。第二年夏天，东芝公司推出了一批浅蓝色电扇，大受顾客欢迎，市场上还掀起了一阵抢购热潮，几个月之内就卖出了几十万台。从此以后，在日本以及在全世界，电扇就不再是统一的"包公脸儿"了。

这一事例具有很强的启发意义，只是改变了一下颜色这种小事情，就开发出了一种面貌一新、大大畅销的新产品，竟使整个公司因此而渡过了难关。

这一改变颜色的设想，其经济效益和社会效益何等巨大！

在某大型机构的一座雄伟的建筑物上，有句很让人感动的格言："在此，一切都追求尽善尽美。"如果每个人都能履行这一格言，做任何事情，不管是大事还是小事都能竭尽全力，以求得尽善尽美的结果，那人类社会不知要进步多少？！

实现财富人生的惟一方法，就是在做事的时候，抱着非做成不可的决心，抱着追求尽善尽美的态度。许多人之所以失败，就是败在做事不够尽责、过于轻率这一点上。这些人对于自己所做的工作从来不会要求尽善尽美。

有许多人在寻找发挥自己本领的机会。他们常这样问自己："做这种乏味平凡的小工作，有什么希望呢？"可是，就是在这极其平凡的职业和极其低微的位置上，往往蕴藏着极大的机会。只有把自己的工作做得比别人更完美、更迅速、更正确、更专注，调动自己全部的智力，从工作中找出新方法来，这样才能引起别人的注意，从而使自己有发挥本领的机会，满足心中的愿望。所以，不论薪水有多微薄，都不可以轻视和鄙弃自己目前的工作。

许多人做了一些粗劣的工作，借口往往是时间不够，其实按照各人日常的生活时间，都可以做出最好的工作。如果养成了做事务求完美、善始善终的好习惯，人的一辈子必定会感到非常的满足，而这一点正是成功者和失败者的最大区别。成功者无论做什么，都力求达到最佳境地，丝毫不会放松，哪怕是小事都会尽职尽责地去完成。

我们知道，大事件是可遇而不可求的，而小事情却每天都在发生。顺利、妥贴而又快乐地去处理每件小事是容易的，但每天都能顺利、妥贴而又快乐地去处理一件小事却是十分困难的。如果一辈子都无怨无悔、谨慎小心、愉悦欢快地去处理一件又一件小事，那你的人生将到达最辉煌的境界。只有做好一件件小事，才能做好大事，才能成就完美人生。

第七章 细节决定盈亏

## 3. 在平凡中成就伟大

对于每一个成功的企业和个人来说，轰轰烈烈的成功时刻往往是短短的一瞬间，而默默地埋头于细节却贯穿于整个过程之中。

一部名为《细节》的小说，其题记为："大事留给上帝去抓吧，我们只能注意细节。"作者还借小说主人公的话做了注脚："这世界上所有伟大的壮举都不如生活在一个真实的细节里来得有意义。"只要不放弃任何一个微小的努力，长时间的坚持能将你的选择打上完美的句号。

东汉名臣陈蕃，少年时独居一室而龌龊不堪。他父亲的朋友薛勤批评他，问他为何不打扫干净来迎接宾客。他回答说："大丈夫处世，当扫除天下，安事一屋？"薛勤当即反驳道："一屋不扫，何以扫天下？"

陈蕃不愿意打扫自己的屋子，因为他认为那样的小事不值自己去做。胸怀大志，欲"扫除天下"固然可贵，然而却不一定要以不扫屋来作为"弃燕雀之小志，慕鸿鹄以高翔"的表现。

凡事总是由小至大，正所谓集腋成裘，必须按一定的步骤程序去做。试想，一个不愿扫屋的人，当他着手办一件大事时，他必然会忽视其初始环节和基础步骤，因为这对于他来说也不过是扫屋之类。于是这事业便如同一座没有打好地基的建筑一样，华而不实了。

美国一家著名的牙膏公司有一位小职员，每次他给客户开票据、投寄信函乃至自己个人消费签发支票、签收邮件时，总在自己的签名下方写上公司的名字和"每支两美元"的字样。他因而被同事们戏称为"每支两美元先生"，他的真名反倒没有人叫了。

公司的董事长知道这件事后，感到很奇怪："居然有职员能从这么小的事情入手努力宣扬公司的声誉，我可要见见他。"于是邀请小职员一起共进午餐。他们谈得很投机。不久之后，小职员得到了提拔，并一步步成为高级职员，后来董事长因为年老而卸任时，推荐小职员做了他的继承者。

小职员做的事情谁都可以做到，但只有他一个人去做了，而且坚定不移，乐此不疲。嘲笑他的人里头不乏才华、能力在他之上的，但他们不屑于去做。最终，成功的归属说明了问题。也许有人认为这纯属偶然，可是，又有谁敢说偶然之中不包含着必然呢？

事无巨细，小事情也有其一定作用。忽略所谓微小只会让你把握不住大的机遇。注意细节所做出来的工作一定能抓住人心，虽然在当时无法引起人的注意，但久而久之，这种工作态度形成习惯后，一定会给你带来巨大的收益。

对于每一个成功的企业和个人来说，轰轰烈烈的成功时刻往往是短短的一瞬间，而默默地埋头于细节却贯穿于整个过程之中。会做事的人，善于在细节中下功夫，往往能在平凡中成就伟大。

例如，公司老板或业务员要出差，便会安排员工去买车票，这看似很简单的一件事，却可以反映出不同的人对工作的不同态度及其工作的能力，也可以大概测定一下今后工作的前途。有这样两位秘书，一位将车票买来，就那么一大把地交上去，杂乱无章，易丢失，不易查清时刻；另一位却将车票装进一个大信封，并且在信封上写明列车车次、号位及起程、到达时刻。后一位秘书是个细心人，虽然她只做了几个细节处，只在信封上写上几个字，却使人省事不少。仅是按照命令去买车票，这是一个不细心的人完成的工作，但是一个会工作的人，一定会想到该怎么做，要怎么做，才会令人更满意、更方便，这也就是用心注意细节的问题了。

做任何事都是一样的，不管是创业还是工作，都要有这种细心，任何事物的发展都是由小及大，由少到多，这是自然发展规律也是人们做事的准则。

生活就像无限拉长的链条，细节如链条上的链扣，没有链扣，哪有链条？历史就像日夜奔腾的江河，细节如江河边的支流，没有支流，哪有江河？所以，想赚取人生财富不是一蹴而就的，应该从真实的细节做起，从平凡的点滴做起，只有好好把握细节，才能一步一步成就财富梦想。

第七章　细节决定盈亏

## 4. 从细节找财源

> 俗话说"有心遍地财",处处留心,处处有商机;事事在意,随时可发财。从细节入手总能获得惊喜。

对于很多管理者而言,商机何在?在市场上!这是一种答案,还在哪儿?在心里!这是另外一种答案,也是正确的。这就告诉那些想创业挣大钱的人们,请学会留心市场,市场的一个小细节说不定就能成就你的财富梦想!

俗话说"有心遍地财",处处留心,处处有商机;事事在意,随时可发财。可以说在任何市场、任何时间,都有颇多的市场空白等着有心之人去发现和挖掘,这对于任何经营者来说,都是机遇与挑战并存,希望和困难同在的。

从细节上来说,一个市场往往可以细分为多个小市场,公司通过对市场的细分,可以从中发现未被满足的市场,从而也就捕捉到了发展的商机。麦当劳快餐公司被人称之为"最能够着眼未来的速食公司",麦当劳的成功就在于它能够不断从市场中捕捉到商机。例如,在美国,麦当劳最早针对单身贵族和双薪家庭这一细分市场,为愈来愈多的单身贵族和双薪家庭提供早餐;在中国,麦当劳针对儿童这一细分市场,充分抓住中国独生子女娇贵的特点,搞起了所谓"麦当劳儿童生日晚会"等促销活动,并取得了成功。

在市场中,不同的消费者有不同的欲望和需要,因而不同的消费者有不同的购买习惯和行为。正因为如此,你可以把整个市场细分为若干个不同的子市场,每一个子市场都有一个有相似需要的消费者群。例如日本资生堂公司1982年对日本女性化妆品市场做了一个调查研究,按年龄把所有潜在的女性顾客分为四种类型:第一种类型为15~17岁的女性消费者,她们正当妙龄,讲究打扮,追求时髦,对化妆品的需求意识较强烈,但购买的往往是单一的化妆品。第二种类型为18~24岁的女性消费者，她们对化妆品也非常关心，采取积极的消费行动，只要是中意的化妆品，价格再高也在所不惜。这一类女性消费者往往购买整套化妆品。第三种类型为25~34岁的女性，她们大多数人已结婚，因此对化妆品的需求心理和购买行为也有所变化，化妆也是她们的日常生活习惯。第四种类型为35岁以上的女性消费者，她们显示了对单一化妆品的需要。然后，公司针对这些细节，重新制定了正确可行的销售策略，取得了经营的成功，销售额也达到了高峰。

可见，想创业赚钱就要多留一点心，小细节里有大门道。而要从细节看门道，还需要创业者对市场要有灵敏的反应。没有悟性的管理者，反应就不够灵敏，很难把自己的企业办得"火"起来。因此，办好企业，要有一个"灵"字，灵活的策略、灵活的营销，都是必需的。

打个比方来说，运行的市场如同一列不停奔驰的列车，而每一个打算搭乘这列火车的人，要想顺利地攀上它，非要从精神到身体上做一些必要的准备不可，还要在列车到来之前先行起跑，以确保列车从身边飞驰时能顺势攀援而上。而事先对市场的调查、了解和预测便是准备工作的题中之意。

社会上的任何一种潮流或者趋势，都是一些由过去很细微的因素积累而成的，例如今日电脑的应用就不是一朝一夕、一夜间就爆发而成的。我们所见到的一些现象往往是未来的一个大趋势。人们若能确切地预测到未来，就能有办法去按照未来市场的需求，做好思想准备和物质准备，等到时机成熟，就能抓住机遇，成功地闯入商海，扬帆远航。

一般来说，生意人必须要从未来市场的角度，来观察企业内的现有资源，才能在其间寻求达成目标的方案。同时要仔细捕捉市场变化契机，尽可能充分地搜集市场资料，再加以分析。在面对细微的事物所带来的微小转变时，不要嫌它细小而掉以轻心，当转变成了大趋势，企业就可能失去机会。所以企业家应客观冷静地去感受信息的影响力。如果发现里面的潜力，就可以制定计划，抓住机遇，赚取财富。

可见，细微之处大有学问，就看你有没有赚钱的悟性了，千万不要小看细节，能真正从细微处下手做事的人才是最后的赢家。

第七章 细节决定盈亏

## 5. 有积累才有厚积薄发

> 大事能检验一个人的智慧、才能和品格，小事也能。如果每一件小事都做得漂亮、舒心，那你也能得到极大的快乐和对自我的肯定。

成功需要一件事一件事的顺利完成，每一件事都是成功这条"链子"上的环，你只有将每一环做好，一环扣一环，稳扎稳打，才能获得最后的成功。

美国社会工作者海伦·凯勒的老师安妮·沙利说过，人们往往不了解，即便是要取得微不足道的成功，也必须迈过许许多多蹒跚艰难的脚步。

人的一生是由许许多多的偶然的和必然的事件组合而成，有时一次偶然的事件会使某个人飞黄腾达，可有时一次偶然的事情又会使某个人颠沛流离，苦不堪言。

在常人看来，大人物总是和大事件联系在一起，小人物总是和小事件联系在一起。有的人一辈子也不会做成一件大事，但是，无论大人物还是小人物，都会和一件又一件的小事发生关系。因此说，小事情是人一生中最基本的内容，聚焦小事，必能升华你的人生。

大事件是可遇而不可求的，小事情却每天都在发生。顺利、妥贴而又快乐地去处理件小事是容易的，但每天都能顺利、妥贴而又快乐地去处理一件小事却是十分困难的。如果一辈子都无怨无悔、谨慎愉悦地去处理一件又一件小事，那大概要比做一件大事还要难。

积累，一件又一件小事地去积累，直到有一天，你会惊讶地发现，自己是一个多么了不起的人。比如雷锋，他并没有做什么惊天动地的大事，但他珍惜每一件小事，把每件小事都当作一个新的出发点，当做一件大事来看待，倾注全部的热情和心血，谁又能怀疑他的伟大呢——伟大的，其实也是平凡的。

每一年积累，不如每季度积累；每季度积累，不如每个月积累；每个月积累，不如每一天积累。只有积累到一定程度的时候才能厚积薄发，才能实现所想。

一周需要七天才能构成，一月需要四周才能构成，一年需要十二月才能构成。一件事情会影响一个人的命运，几件事情会改变一个人的一生，从搬运工到哲学家，从奴隶到将军，从凡人到伟人，都不是一天、一月、一年就可以达到的，它需要经过长期的努力、长期的追求、长期的积累、长期的磨炼才能够达到。

也许一个穷人，会因为某种机遇而一夜之间成为腰缠万贯的富翁，但一个搬运工成为一个哲学家，一个凡人成为一个伟人举世闻名，绝不是某个机遇的缘故。不断地追求，才有不断的进步；不断地行动，才有不断的成就；不断地积累，才有不断的提高，不断的积小步，才有跨大步的力量。

栽什么树苗，结什么果子；播什么花籽，开什么花儿。积累耕耘的经验就成为农夫，积累砍削的经验就成为工匠，积累贩卖货物的本领就成为商人。这种积累，既是痛苦的，又是快乐的。

想赚取人生财富，就要紧紧地盯着眼前的阶梯，一步一个脚印，只有通过你一点一滴的积累才能登上成功之巅。

第七章 细节决定盈亏

## 6. 小细节成就大梦想

> 一个人要建功立业，要成就财富人生，就需要从一件件平平常常、实实在在的小事做起，正所谓"千里之行，始于足下"。

一个人要建功立业，要成就财富人生，就需要从一件件平平常常、实实在在的小事做起，正所谓"千里之行，始于足下"。那种视善小而不为，认为做小善之事属"表面化"与"低层次"的眼高手低的人，那种长明灯前懒伸手、老弱病残不愿帮的"不拘小节"的人，很难成就大业。

于细处可见不凡，于瞬间可见永恒，于滴水可见太阳，于小草可见春天。说的都是一些"举手之劳"的事情，但不一定人人都愿"举手"，或者有人偶尔为之却不能持之以恒。可见，"举手之劳"中足以折射出人的崇高与卑微。

某公司聘用临时职员，工作任务是为这家公司采购物品。招聘者经一番测试后，留下了一位年轻人和另外两名优胜者。面试的最后一道题目是：假定公司派你到某工厂采购2000支铅笔，你需要从公司里带去多少钱？

一名应聘者的答案是120美元。主持人问他是怎么计算的？他说，采购2000支铅笔可能要100美元，其他杂用就算20美元吧。主持人不置可否。

第二名应聘者的答案是110美元。对此，他解释道：2000支铅笔要100美元左右，另外，杂用可能需要10美元左右。主持人同样没有表态。

最后轮到这位年轻人。他的答案写的是113.86美元。他说："铅笔每支5美分，2000支铅笔是100美元。从公司到这个工厂，乘汽车来回票价4.8美元；午餐费2美元，从工厂到汽车站约0.8公里，请搬运工人需用1.5美元，还有……因此，总费用为，113.86美元。"

主持人听完，露出了会心的微笑。自然，这名年轻人被录用了。他便是后来大名鼎鼎的卡耐基。

卡耐基之所以被录用，是因为他的答案具体而且考虑非常周到，说明他办事仔细认真，说明他态度严谨而不是马虎。

当然，每个人的每一次成功都不是偶然的，成功的背后必然是辛勤的汗水和小事的积累。举个例子，你是一个抱着"马上如愿"思想做事的人，你决定当一个画家，你期望自己一下子就能画出像达·芬奇《蒙娜丽莎的微笑》那样的杰作，期望自己一夜成名。但你不知道自己是该先画蒙娜丽莎的秀发还是先画蒙娜丽莎的额头，你便会认为绘画很艰难，情绪陡变，顿时扔掉画笔，长叹创作之难。因为你相信的是：如果一个人有出息，有才干，想要做什么事，都能一下子如愿以偿，用不着像达·芬奇那样天天画鸡蛋苦苦地做单调乏味的努力，用不着一点点地积累经验，用不着费很多时间去锻炼基本功。这种想法，终将会把你抛入失败的谷底，不堪回首。

所以，想成就大梦想就不要放弃小细节。虽然人生路上谁也无法准确预测我们最终的成功几率是多少，但是，我们却要尽可能地朝着目标前进，只要把握好小细节，确定自己所追求的具体目标，一步一步通过这些小事去接近自己的梦想，就是在向成功靠近，那么你就能实现自己的财富梦想。

# 第七章 细节决定盈亏

## 7. 先做小事，先赚小钱

  *俗话说，万丈高楼平地起。基础是最重要的，小事做不好的人，大事肯定也做不好；小钱都赚不来的人，没有人相信他将来能成为一个有钱人。*

  "先做小事，先赚小钱"可以培养自己诚实的做事态度和金钱观念，这对日后"做大事，赚大钱"以及一生的成功都有莫大的助益。

  然而"先做小事，先赚小钱"这句话许多年轻人都不爱听，因为年轻人往往雄心万丈，一踏入社会就想"做大事，赚大钱"。

  立下"做大事，赚大钱"的志向是没错的，因为这个志向可以引导一个人不断向前奋进。但社会上真能"做大事，赚大钱"的人并不多，而一踏入社会就能"做大事，赚大钱"的人更是需要一些特别的条件：

  (1) 过人的才智，也就是说，是一块天生"做大事，赚大钱"的料子。或者身上天生就具备赚取财富所必备的经营头脑以及很高的天分，能够对市场变化做出判断。

  (2) 优越的家庭背景，譬如说家有庞大的产业或企业，或是有一群有智有谋的朋友。

  (3) 好的机运，有过人才智的人需要机运，有优越家庭背景的人也需要机运。

  谈到这里可以针对自身的情况，好好想一想：

  自己的才智如何，自认是"上等"、"中等"还是"下等"？别人对自己的评价又如何呢？

自己的家庭背景如何呢？它有没有可能助你一臂之力？

对"机运"，你有信心抓住它吗？

不管你的回答如何，现实却是：很多大企业家都是从伙计干起，很多政治家都是从小职员当起，很多将军都是从小兵成长起来的，很少见过一出社会就真正"做大事，赚大钱"的人。所以，当你的条件只是"普通"，又没有良好的家庭背景时，那么"先做小事，先赚小钱"绝对没错，你绝不能拿"机运"来赌，因为"机运"是看不到，抓不到，难以预测的。

此外，"先做小事，先赚小钱"有什么好处呢？

"先做小事，先赚小钱"最大的好处是可以在低风险的情况下积累工作经验，同时也可借此了解自己的能力。做小事既然已经得心应手，那么就可做大一点的事，赚小钱既然没问题，那么赚大钱就不会太难，何况小钱赚久了，也可累积成"大钱"。

千万别自大地认为自己是个"做大事，赚大钱"的人，而不屑去做"小事"、赚"小钱"，要知道，连小事都做不好，连小钱都不愿意赚或赚不来的人，别人是不会相信你能做大事、赚大钱的。如果你抱着这种只想"做大事，赚大钱"的心态投资做生意，那么失败的可能性必然很高。

俗话说，万丈高楼平地起。基础是最重要的，小事做不好的人，大事肯定也做不好；小钱都赚不来的人，没有人相信他将来能成为一个有钱人。所以，任何事物的发展都有一个过程，先从细节开始，从小事做起，才能逐渐壮大，才有可能赚取大钱。

第七章 细节决定盈亏

## 8. 把握细微之处，带来无尽财富

> 能够把事业做大的人，并不是用了什么特殊方式，只不过是善于把握住形势的细微变化，及时调整方向，改变自己的经营策略而已。

能够把事业做大的人，并不是用了什么特殊方式，在别人的眼里，这种人好像有三头六臂，其实他们也是凡夫俗子。而他们之所以能成功，只不过是善于把握住形势的细微变化，及时调整方向，改变自己的经营策略而已。

"小霸王"学习机很有名气，但很少有人知道它的前身却是单纯的游戏机。而它的诞生其实是源于一场危机和挑战，最令人叹服的地方就在于其经营者紧紧抓住这一契机，趋利避害，把挑战转化为机遇，把机遇转化为现实生产力，利用新产品创造新需要，整个过程都闪烁着经营者的经营智慧。

"小霸王"工厂的前身是中山市日华电子厂，1989年由段永平接手后，由生产大型游戏机转向生产家用电视游戏机，由于经营有方，该厂很快进入了高速发展的轨道。他给游戏机命名"小霸王"，创出了一个响当当的品牌；他创造性地第一个使用了"有声商标"，"小霸王其乐无穷"的独特声音从此回荡在消费者耳边。

经过四年的发展，到了1993年，段永平和"小霸王"游戏机已经小有名气了，但这时他面临着一次严峻的挑战。段永平注意到，报纸上开始零星地出现游戏机对少年儿童有负作用的评述：容易上瘾，长时间精力集中造成视力减弱……在这种形势下，有的家长开始到报社诉苦，说自己的孩子因为沉湎于玩游戏机而学习成绩下降……

俗话说：人无远虑，必有近忧。这一微小的市场反馈信息引起了段永平的警觉，引发了他的思考。最后他决定，为了更好地生存，产品必须趋利避害，必须推出一种新产品来满足消费者的需要。

如果等下去，就会出现被动的局面。段永平立即从全国各地招聘来数百名电子机械、计算机专业人才，成立产品开发部，加班加点研制新产品。1993年5月，第一台小霸王学习机问世了。

这次改进的学习机原理与游戏机是一样的，但增加了一个计算机键盘和一个计算机学习卡。"小霸王"当年仅花了20万元就买下了王永民的汉字输入法"五笔字型"，装在新学习机上，从而为它增添了新的亮色。

经过彻底改进的"小霸王"改头换面了。学习机拥有了更多的功能：键盘练习、打字游戏、音乐欣赏、中英文编辑、BASIC语言。这样家长们的后顾之忧被解除了。小霸王学习机有一个响亮的口号：包你三天会打字。这一口号吸引了很多人。有时候，生活中的坏事也会变成好事。小霸王学习机投入市场时，正赶上中国出现学计算机的热潮，从而使它走出了一条超常规发展的道路：1993年产值达到2亿元，1994年产值达到4亿元，1995年产值达到8亿元，产值的成倍增长令人称奇。

如果段永平是一个因循守旧的人，不为市场反馈的信息所动，固守游戏机不动，不会变通，恐怕早已被市场淘汰出局了。

可见，一场挑战变成一个机遇，一个机遇变成一种巨大的生产力，其中关键在于经营者能够把握市场上细微的变化，能够主动出击，瞄准需求开发新产品，以新产品创造新需求。所以只要不放弃任何细微的小事，你就能有机会获得成功。

第七章　细节决定盈亏

## 9. 不要小看微笑的价值

*常微笑的人，总会有希望。因为一个人的笑容就是他善意的信使，他的笑容可以照亮所有看到他的人。只要活着、忙着、工作着，就不能不注重微笑的细节……*

现实的工作、生活中，一个人对你满面冰霜，横眉冷对；另一个人对你面带笑容，温暖如春，他们同时向你请教一个问题，你更欢迎哪一个？当然是后者，你会毫不犹豫地对他知无不言，言无不尽，问一答十；而对前者，恐怕就恰恰相反了。而这一细节，却常为人们所忽略。

微笑是盛开在人们脸上的花朵，是一份能够献给渴望爱的人们的礼物。当你把这种礼物奉献给别人的时候，你就能赢得友谊，还可以赢得财富。

现在的社会，竞争越来越激烈，生活节奏越来越快，人们只顾着忙自己的事，已经很少关心别人了。在这种情况下，人们的内心深处更需要他人的理解和关怀。此时，给他们一声问候和关心，满足了他们情感上的需求，他们就会用热情来回报你。

为什么小小的微笑在人际交往中会有如此大的威力？原因就在于这微笑背后传达的信息：你很受欢迎，我喜欢你，你使我快乐，我很高兴见到你。

微笑是一种细节。一位诗人说："我最喜欢的一朵花是开在别人脸上的。"中国有句古话："人无笑脸莫开店。"外国人说得更直接："微笑亲近财富；没有微笑，财富将远离你。"

纽约大百货公司的一位人事经理曾这样说："我宁愿雇用一名有可爱笑容而没有念完中学的女孩，也不愿雇用一个板着扑克面孔的哲学博士。"

世界著名的希尔顿大酒店的创始人希尔顿先生的成功，也得益于他母亲的"微笑"。母亲曾对他说:"孩子,你要成功,必须找到一种方法,符合以下四个条件:第一,要简单;第二,要容易做;第三,要不花本钱;第四,能长期运用。"这究竟是什么方法?母亲笑而未答。希尔顿反复观察、思考,猛然想到了:是微笑,只有微笑才完全符合这四个条件。后来,他果然用微笑敲开了成功之门,将酒店开到了全世界。

难怪一位商人如此赞叹:"微笑不用花钱,却永远价值连城。"

对我们每一个人来说,微笑轻而易举,却能照亮所有看到它的人,像穿过乌云的太阳,带给人们温暖。让我们微笑吧,微笑着面对生活,面对周围的人;每天早晨上班前对你的家人微笑,他们就会在幸福中盼着你的归来。

每一次奉献出微笑的时候,你就为人类幸福的总量增加了一分,而这微笑的光芒也会返照到你的脸上,给你带来快乐和美好的回忆,何乐而不为呢?

对人微笑是高超的社交技巧之一,是一种文明的表现,它显示出一种力量、涵养和暗示。一个刚刚学会微笑的中年领导干部说:"自从我开始坚持对同事微笑之后,起初大家非常迷惑、惊讶,后来就是欣喜、赞许,两个月来,我得到的快乐比过去一年中得到的还要多。现在,我已养成了微笑的习惯,而且我发现人人都对我微笑,过去冷若冰霜的人,现在也热情友好起来。上周单位搞民主评议,我几乎获得了全票,这是我参加工作这么多年来从未有过的大喜事!"

常微笑的人,总会有希望。因为一个人的笑容就是他善意的信使,他的笑容可以照亮所有看到他的人。没有人喜欢帮助那些整天皱着眉头、愁容满面的人,更不会信任他们。而对于那些受到上司、同事、客户或家庭的压力的人,一个笑容就能帮助他们认识到一切都是有希望的,只要活着、忙着、工作着,就不能不注重微笑的细节……

## 10. 做生意必懂得的七大细节

> 想要赚钱，就要"精明"，生意才能如鱼得水，吃香的喝辣的钱包鼓鼓，算不精，生意不得志，吃苦的喝酸的还要亏本，细节决定成败。

要创业争取财富必须懂得七大细节：

### 1. 要量力而为

公司的生意要量力而为，量入而出。就是说，要根据本身现有的实力去办事情；要根据现有的财力确定支出的项目。切莫心血来潮，想怎么干就怎么干，否则，力不从心，必败无疑。例如，某省万某，发财心切，自己资金不足，技术薄弱，却向银行和信用社贷巨款养鸭，结果负债累累，不可收拾。1993年，某公司向职工集资1000多万元搞房地产，由于没有一支专业队伍，缺乏房地产专业人员，既不懂国土政策，又不懂房地产的行情，结果花了1000多万元买下来的地皮卖不出去，只好空着任其长野草。

实践证明，创业者，切不可将本钱"孤注一掷"，更不可轻易贷款做本，不可脱离实际的能力去办难办或办不到的事情，万一失败了，血本无归，负债累累，到时就难以收场了。

### 2. 小生意能发大财

做生意，勿以小而不为。这是因为：做生意的目的是赚钱，只要有钱赚，不分多和少。俗话说："积少成多"、"集腋成裘"、"聚沙成塔"，世界上许多富商巨贾，也是从小商小贩做起的。例如，美国的亿万富翁沃尔顿，是从零售业起家的；鼎鼎有名的麦克唐纳公司，是生产小小的汉堡包发财的；世界华人首富李嘉诚，开始的时候也是做小小的塑胶花的生意。

在生意项目及数量上，也要注意"勿以买卖小而不为"。看起来似乎是微不足道的小商品、小买卖（例如小百货、小杂货之类），它往往能为你吸引顾客，给你带来兴旺。例如，日本的尼西奇公司，是专门生产婴儿尿垫的小企业，然而，他们的小产品却做成了大生意。在日本，婴儿所使用的尿垫，每三条中就有两条是他们的产品，同时，还远销西欧、非洲、大洋洲、美洲，年销售额高达70亿日元。

3. 最好一手交钱一手交货

做生意经常发生纠纷，甚至闹上公堂。为什么？究其原因，多是双方没有办理公证手续。或者是，即使办了公证，但其中有一方不履行协议，企图耍赖。因此，就要想个办法，避免这种情况的发生。实践证明，最好的办法是：一手交钱一手交货。双方现场交易，谁也不怕谁耍赖。然而，不少人却常常犯轻信人的错误，对那些花言巧语、不讲信用的人过于相信，结果把自己害苦了。例如2003年广州曾某，在未收货款的情况下，轻易相信一张"单位证明"，就将价值3万多元的纤维板让对方提货运走，后来才发现这张"单位证明"是假的，根本没有这个单位。但货物已被人提走，后悔莫及。

社会上那些骗货以及耍赖的单位和个人，不胜枚举，经商过程中切不可粗心大意！古语云"害人之心不可有，防人之心不可无"，应牢记。

4. 要眼见为实

经商贸易，最忌"想当然"和道听途说，尤其是过分相信别人的花言巧语害处更大！俗话说"百闻不如一见"是有道理的。特别是对于那些"皮包公司"以及那些"转手客"，更不能轻易把钱交给他们，也不能轻易相信他们，必须经过银行核实后才可付货。

例如，一位商人曾经历过这么一件事：1997年，内蒙古某单位汇来人民币30万元，托他在广州帮他们代购万宝冰箱（当时货源比较缺）。开始他是托广州市一个私人承包的公司代为购买，可是等了半个月，一台冰箱也没有买到。正在这时，一家国营单位的经理说他有办法，保证能买到万宝牌冰箱。他见对方是国营单位的经理，又是熟人老朋友，便把30万元转到他们公司去。可是，等了一天又一天，足足等了60天，连一台冰箱的影子也没见到。这时候市场价格飞涨，货又没买到，害得他进退两难。托他买冰箱的内蒙古朋友来回跑了好几趟，最后两手空空回去，既浪费了时间，又花了不少开支。

5. 要提防"皮包公司"

"皮包公司"一无资本，二无实物，专从东拉西扯中渔利。凡与"皮包公司"来往，千万要小心。

6. 要随机应变

经商贸易要懂得随机应变。这是因为：市场是千变万化的，市场上的动态，随时都会影响生意，打乱你原先的计划。因此，生意人就必须随机应变，根据当时当地的实际情况，采取应急措施。

7. 要留有余地

做生意不可"孤注一掷"，要留有余地。凡买设备、进货、搞基建或其他开支，都不可将手头上的钱全部花光，否则，一旦超支亏本，那就无法补救了。

看来，想赚取人生财富不是那么简单的事情，要注意的细节也有很多。商场如战场，如果你不注意这些细节，那么迟早会被淘汰，只有处处小心，注重细节，才能拥有财富。

## 11. 别人忽视的地方也能赚钱

*聪明人总是能够发现别人忽略或根本不知道的机会空间，并且善于利用和开拓。他们独辟蹊径，从小路杀到大路上。*

你也许因自己的学历低而感慨万千，那么你不妨在激烈竞争的夹缝中找到一些被人忽略的盲点，看准人们生活习惯中蕴藏的商机，果断出击，一跃而起，你也会成为财富新贵。高学历的人往往会忽视事物的边角，要知道这正是低学历的创业者可以利用的空隙。

聪明人总是能够发现别人忽略或根本不知道的机会空间，并且善于利用和开拓。他们独辟蹊径，从小路杀到大路上。由于少了竞争和阻力，他们往往能比别人更有优势，因此也能更领先一步。

董秀打小就酷爱养花弄草。在他家乡的小镇上，家家户户的房前屋后都种满了花草树木。董秀的父亲更是对种养花草一往情深，把自家院落布置得像个大花园。

在父亲的影响下，董秀开始钻研花卉的培育。他从小就有一个不大的梦想——开一家属于自己的鲜花店。但是，历史的机遇让他的梦想在职业高中毕业后拐了一个弯，他进了一家大型国有商业企业工作。他做过营业员、柜组核算员、柜组长。但繁忙的工作并没有把他的梦想淹没，他时常到花市走走看看，还订阅了一些花卉书刊研读。

两年后，他辞了工作，静下心来调查合肥市鲜花市场的行情。他发现，当地鲜花店越开越多，竞争非常激烈，如果涉足，风险很大，成功的机会很小。于是，她把眼光转向盆栽的绿叶植物，但一番调查后，他得到了盆栽市场与鲜花市场同样存在过度竞争结论。

一个日趋成熟的市场，提供给后来者的机会的确不多。商家最忌讳的就

第七章 细节决定盈亏

是低层次的竞争，干什么都"扎堆"，你有我有大家有。市场的容量始终有一个限度，类似的商家越多，利润越薄，发财机遇也就无从谈起。

有没有既美观大方、有品位，又容易养护、生长时间长的花卉品种呢？正当董秀为此苦苦思索时，一篇关于瑞士"拉卡粒"无土栽培技术及其他一些关于水培技术和无土栽培花卉的文章深深吸引了他，看着图片上那些生长在透明玻璃瓶里，在五颜六色的营养液里伸展着可爱的根部的花卉，董秀的心被触动了："这不正是我日夜寻找的东西吗？"

董秀认真思考起这种花卉的市场前景。不用土、没有异味、没有污染、又不生虫，还能观赏植物从叶到根生长的全貌，正常情况下，半个月左右换一次水就可以了。

现代人生活节奏加快，让人在闲暇之余变得更懒了，对越方便的东西越青睐。这就为董秀那让人不费劲就能享受到绿叶鲜花的"懒人植物"提供了机遇。过去接触过"懒汉鱼"、"懒人发型"等新鲜事物的董秀脑筋一转："我何不尝试把它叫做'懒人花卉'呢？"

带着深深的喜悦和无比的激动，董秀找到研究水培花卉技术的工程师。凭着自己的聪明才智，经过几天的学习，他就掌握了这项少有人问津的新技术。带着"拉卡粒"、"营养液"和胸有成竹的自信，董秀匆匆赶回合肥。

看准了"懒人花卉"的庞大市场，董秀说干就干，在合肥裕丰花市成立了首家，也是合肥唯一一家"懒人花卉"培育中心。这个中心拥有大型苗圃，采取连锁经营的方式，在花草鱼虫市场、超市和居民小区等人口集中地区开出分店，为人们美化居室提供服务。

"懒人花卉"一亮相就受到人们的喜爱，顾客蜂拥而至。位于合肥繁华地带的"轻松咖啡屋"在开业两周年之际，批发了一些"懒人花卉"，放在供客人使用的桌面上。店主说："以前我们像其他地方一样，摆的是康乃馨、玫瑰等鲜花，现在换成能看到根部的紫露草、小天使等，觉得既别致又有品位。"一些宾馆还在客房的卫生间摆上了"懒人花卉"。

一举成功的董秀正计划开展"懒人花卉"出租业务，定期上门为顾客提供精心的养护，让人们花很少的钱就能享受到千姿百态的花卉艺术。她也从中尝到了作为富人的滋味。

有些小事，就发生在我们身边，只是被我们忽视了。机遇总是垂青于有准备的人，其实只要我们相信自己，从别人忽视的地方做起，抓住细微之处，就能成就财富人生。

## 12. 与人方便，自己赚钱

> 当买卖双方无法成功对接时，你就可以适时地去为之"牵线搭桥"，找准两者间的结合点。充分利用自己的智慧，将创新进行到底，想不赚钱都难。

几乎所有的人在买东西时都会遇到回找零钱难的问题，可没有什么人真正去考虑如何解决这个问题。然而，厦门一位普通的下岗工人肖先生却从这一问题中发现了商机，并开创了一个新行当——替人兑换零钞赚钱。现在，他靠"零本钱零风险"的新职业，每月拿着3000元的高薪，过上了舒适的日子。

肖先生原本做的是蜜饯生意，在做生意的过程中，他发现很多时候没零钱找。肖先生为了能做好生意，每天收摊后还得想办法找人帮忙换好零钱。随着生意越来越难做，他有了另谋一份职业的念头，并开始寻找新的商机。

肖先生一次想采购一些海产品，他在一家小商店买了0.5公斤虾仁后，掏出一张百元钞票给商店的售货小姐找零。那位售货小姐打开抽屉，翻了很长时间可就是凑不齐那么多零钱，最后她只好向站在一旁的商店老板"求助"，可商店老板也找不开。最后，店老板只好跑到旁边的一家小吃店，买了一包烟后才把零钱换出来。当他把零钱找给肖先生时，不无感慨地说："现在零钱真不好换，要是有谁专门兑换零钞就好了！"

"以后我来替你换零钞吧。"肖先生听了老板的感慨，便开玩笑地说。"真的！"没想到这位店主竟高兴地把他的话当真了，他说，"你如果帮我们兑换零钱，我们就适当给你一点手续费，省得我经常往银行跑。你可能不知道，我们一天要准备几百元零钞，可还是不够找。弄得有些想买东西的顾客由于等不急，就干脆不买了。"

"你有零钱我也会换，做生意没零钱实在太不方便了！"邻店的一位老板听了肖先生与这家店老板的对话后，也搭过话来。肖先生这时真正意识到，找零对于一个做小生意的人来说，确实是一个很令人头痛的难题，但也有可能是一个新的谋生职业。

第二天，肖先生就把自己的蜜饯摊交给家人照看，他则从银行取出了2000元钱，分别兑换成了1元、5元和10元的零钞。随后，他就去了水产市场，想尝试着看看这一行当有无市场。昨天卖海产品给肖先生的商店老板一下子就认出了他，他开玩笑地说："我还等着你的零钱做生意呢！"

"我现在真的在做换零钞的业务。"肖先生趁机向店老板说出了自己这次来的目的。

"行啊！你想怎么换？"经双方商量，最后肖先生按100元收取1元手续费的方式，给那位店老板兑换了1000元零钱。接着，那位店老板又帮肖先生介绍了其他几家小商店。就这样，肖先生从银行兑换来的2000元零钞，很快就被那几家商店兑换完了。

临走时，肖先生还特意给他们留下了联系电话，让他们需要零钱时给他打电话。那一天，肖先生就挣了20元的"手续费"。

初次交易成功后，肖先生对从事这一行当有了一定的信心。当天晚上他就正式向家人"宣布"：他准备开展兑换零钱这一新行当。

但经营中，他发现有些1元面值的钞票很不好换，但他马上想到，厦门的公交车和小巴收费都是1元，而小巴车主都是个体户，不能像有些单位的车辆那样使用加油卡，所以，小巴加油时用的都是从顾客手中收取的1元零钞。发现这一情况后，肖先生兴奋异常。此后，肖先生就找了几家加油站，并和它们建立起合作关系。肖先生每次给一些店家兑换零钱时都特别小心，为了避免换到假钞，他还特意买了个验钞机随身带着。

肖先生知道，真要靠兑换零钞这一行当谋生，就得把市场做大，要有固定的客户群。为了更好地拓展业务，肖先生特意印制了联系名片，同时对市场进行了调研。此后的业务成功率是直线上升。

现在，肖先生兑换零钱的市场在不断扩大，业务量也在不断增加。而今，他每月兑换的零钞超过了20万元，他的月收入也达到了3000元。肖先生对自己当初的选择有了更强的信心，也看到了自己从事替人兑换零钞这一行业的广阔前景。

　　创意就是金钱，这话一点不假。如果你目前还没有找到好的谋生之道，不妨像肖先生一样，试做一下兑换零钱这个简单的零本钱行当。

# 第七章　细节决定盈亏

## 第八章　赚取人生财富：要新、要快、要准

　　现在的时代是信息时代，人们的创意也层出不穷。没有创意就没有生存是当下的赚钱真理，而创意本身就有一种神秘的色彩。许多人会去崇拜那些伟大的创意大师，觉得他们总有着千变万化的创意，而自己却一个也想不出来，其实原因就在于你是否掌握了创意的方法。宇宙本身是客观存在的，创意的方法也是客观存在的。谁真正地掌握了创意的方法和技巧，谁就掌握了挣钱之道，谁就能源源不断地想出创意来。

## 1. 创新，财富的源动力

> 思路决定财路，有什么样的思路就有什么样的财路。市场经济条件下，只有饱和的思想，没有饱和的市场；钱并不难赚，难的是创造出独具匠心、别具一格的思路。

想尽快赚取人生财富，需要有很好的创新。但由于思维定式的羁绊，很多人都习惯于顺向思维，因而压抑了自己的聪明才智。如果能打破常规，用新的思路去指导自己经商，那么达到的期望值和目标值往往会出人意料。

因为竞争者同样也存在思维定势的局限，如果你能打破这种局限，则可以领先一步，所以商人在捕捉市场机遇的过程中，碰到难以解决的问题时，不妨换一种新的思路来想一想，反省原来想问题、办事情的方向，试试换种新的做法，说不定就会使你茅塞顿开，从而获得意想不到的成功。

有一间酒店的老板，为了宣传和推销自己的产品，他别出心裁地在大街上造了一个非常漂亮的小屋，四周打圆孔，仅挂上一块醒目的大牌子，写着四个引人注目的大字："不许偷看。"但来往的人们耐不住好奇心，都禁不住从小圆孔处偷看。偷看者的眼睛通过小圆孔看到的是"美酒飘香，请君品尝"的字样，而其鼻子所在的位置，恰好是一瓶敞开盖的酒香扑鼻的美酒。当许多人看到后，都会捧腹大笑，他们一笑之后，都为老板的聪明才智所折服，并在潜意识中认为这里的酒必定有与众不同的地方。于是，便信步走进这间酒店里，一饮为快。因此，这家酒店的生意比别家的兴隆，也是理所当然的。

正是"不许偷看"这四个字成功地利用了人们的好奇心和逆反心理，越是不许看也就越好奇、越想看。这一看就正合店主的意，这就是独辟蹊径的创意绝招了。

第八章 赚取人生财富：要新、要快、要准

现今，消费者求新的心理，消费市场日趋激烈的竞争，科技的不断进步，都使创新成为必然之举。作为一个商人，如果总是安于现状，缺乏创新，是很难赚到钱的。

创新的内涵极为丰富，它不仅包括技术、产品，还包含管理模式、营销策略、经营理念等。创意学者奥斯本提出了产品创新的9个关键词，即新用途、模仿、改变、扩大、缩小、代替、转换、颠倒、组合，对于启迪思维、创造发明非常实用。如就新用途而言，典型的例子是探讨发泡技术的新用途。发泡技术最早应用于面包，后来美国商人用之于橡胶，于是橡胶海绵诞生了；德国商人则制造成泡沫塑料；日本的铃木信一则发明了气泡混凝土，隔音保暖性能俱佳；日本一肥皂厂又利用发泡技术制成洗澡时不沉没的"浮游香皂"，被人们争相购买。

美国有个叫杰伊的房地产经纪人，有一次他在一间咖啡屋里喝牛奶，一杯冒着热气的牛奶送来后，他撩起餐巾包着玻璃杯往嘴边送时，不小心打翻了牛奶，溅在腿上，着实给烫了一下。当时他十分恼火，继而突然来了一灵感，他想：就不能给咖啡杯、牛奶杯之类的物品开发生产一种隔热装置吗？每天全国有数以千万的人要喝煮过的咖啡和牛奶，岂不是很有市场？于是他不再做房地产经纪，很快用箔纸板设计开发出一种隔热罩，上市后销路很好，随着广告的宣传，全国各地来订货的客商络绎不绝。

其实，类似这样的事情有很多很多，成功的关键是要有新的思路，敢于创新。身在商场中不懂得创新，不会用新的思路看待问题，显然是行不通的。很多商人的成功并不是用了什么特殊手段，只不过是他们比常人多想了一点点，可就是这多想的一点点让他们赚到大钱。

思路决定财路，有什么样的思路就有什么样的财路。市场经济条件下，只有饱和的思想，没有饱和的市场；钱并不难赚，难的是创造出独具匠心、别具一格的思路。

## 2. 做一个用脑赢别人的人

*做生意要善于变化思维，多动脑子，有时看似不起眼的一个小点子，就可能成为你赚大钱的契机，给你带来意想不到的收获。*

我们常说商场如战场，多少人功成名就，又有多少人"败走麦城"。如何能在商场立于不败之地？如果真像神话传说那样，能有点石成金的法术就好了。其实，要练点金术并不难，只要你善于动脑，从商品或经营策略的某一个点上稍加变化，把平常变为不平常，你就可以因此赚到大钱。

当一件东西已没有什么卖点的时候，用反向思维来做，促使事物发生那么一点点变化，就会是一个新的突破。

朱小姐在多次求职无果一直处于失业状态时，常常和她的女友一起闲逛，绞尽脑汁地想着各种各样赚钱的方法。她们两个人口袋里常常空空如也，就连在路边摆个小摊的本钱都没有。

这一天，朱小姐仍是和女友到批发市场漫无目的地闲逛，突然朱小姐看见一家商铺角落挂着一件处理衬衣，左看右看爱不释手。这件衬衣虽然颜色不错，质地也还行，但肘部不知为什么变色了。老板见朱小姐这样喜爱，就过来搭话说："这衬衣原本卖80多元的，只剩这一件了，因为袖子有些问题，所以折了价15元卖。"朱小姐说："袖子上这么一来，叫人怎么穿？"老板搔搔头皮回答说就是因为袖子有问题才折价卖，否则好好的衣服早就卖完了。"

最后朱小姐软磨硬泡用3块钱买下了这件衣服，当时她俩口袋里加起来的钱可能只有十多元，连饭都快吃不上了。朱小姐诡秘地向女友笑笑，又挤挤眼说："我想到一个办法，你不是会缝纫吗？我们回家去把这衣服改造改造。"这位女友曾学过服装设计，虽然学艺不精，但缝纫还是没问题。

第八章 赚取人生财富：要新、要快、要准

朱小姐拉着女友飞快地回了家，她们在家里一个破布堆里东翻西找，寻出几块灰紫色的绵布往衬衣的肘部一放，拿出剪子把紫布剪出两个圆，让女友把紫布缝在那件衬衣的肘部，然后再在领角细细地缀上一角紫色，朱小姐亲自熨烫后，衣服倒是平整好看，样子也很另类。朱小姐把衣服照原样包好，带女友找到在一家商场租了几个柜台卖服装的表姐。

表姐看见朱小姐拿出来的衬衣，喜爱之色显露于脸。朱小姐说："这衣服是别人送我的，我穿不了，50元拿给你把它卖了吧，多卖的钱是你的。"表姐一口答应，立马就把衣服挂在了显眼处，朱小姐与女友就到别处逛去了。

当她们回到表姐的柜台时，表姐说衣服卖了，一百多元卖的，有三个人来买，其他两人还问有没有这种衣服了。"真想不到这衣服略改改竟然这么畅销！"朱小姐和女友接过表姐递过来的50元，兴奋异常，因为她们的一个创业计划诞生了。

此后的几天里，她们到批发中心一家一家去找老板，与他们磋商，要他们将仓库或铺子里不屑再卖的陈年服装赊给她们。她们没有担保，没有抵押，也没钱，可想而知不少的老板对她们的请求根本不屑一顾。但经过一个多月的努力，仍有不少的店家愿意把压在仓底的陈货以极低的价格赊给她们试试，每天回家的时候朱小姐她们都是大包小包扛着背着，家里也弄得像个废品回收站。

一个月的时间她们收集了几大房间衣服，借了几摞服装书，一堆各种各样的零布头堆积如山，女友负责用缝纫机缝纫，朱小姐则挽着袖子完成服装的熨烫、包装。这样一个月过去了，第二个月底她们则大功告成。

朱小姐决定把这批新潮的服装直接拿到各个店铺去批发，这样可以节约场租费和一些不必要的费用。她们走进一家专卖外贸货的商店，拿出几件衬衣和冬衣，让女老板先看看质量和款式，然后按衬衣每件165元批发给她，女老板一口气就要去了朱小姐三分之一的货物。

朱小姐她们的货物竟然在一天之内就全部出手了，她们数着厚厚的一摞钞票，拿着计算器翻来覆去数着算着，她们竟然赚了将近20万元，兴奋得一夜未眠。

平淡无奇的衣服，甚至带有残缺，经过新颖的设计，巧妙掩盖，就变成了抢手货。头脑灵活的人总能化腐朽为神奇，赚钱也就容易了。看似不起眼的点子，有时在生意场中却起着非同寻常的作用，一个小小的创新可能带来意想不到的收获。

　　"创新者生，墨守者死。"社会是发展变化的，只有变化才能生存，也只有跟上时代的变化才能求得发展。只有赢得发展的机会才有可能拥有财富人生。

# 第八章　赚取人生财富：要新、要快、要准

## 3. 迸发你的想像，捕捉你的灵感

*任何市场就其本身而言都是有限的，但是只要你善于谋划，有限的天地就会成为无限的空间。做生意就是这样，只要肯动脑筋，善于琢磨，垃圾也能变成黄金！*

有这样一个有趣的话题：李嘉诚为什么没有比尔·盖茨富？如果讨论起来，肯定仁者见仁、智者见智。我们来看看李嘉诚自己是怎么说的。

有记者问李嘉诚为何几十年的成功积累还不如比尔·盖茨的几年暴富？他一方面在感慨"后生可畏"的同时，一方面承认比尔·盖茨掌握了这个年代最为稀缺的资源——创新精神。

创新，可以让一个"新品"在一夜之间战胜一个畅销几十年的"名品"，这就是新经济的社会现实。传说中的阿里巴巴用"芝麻开门"的秘语打开了装满金银财宝的神秘山洞，而现代人则需要用创新的思维方式来开启财富之门。一位年轻的打工仔杨子明就是这样成功地敲开了他的财富之门。

最初，杨子明从江西老家来到长沙一家家具厂做业务员，闲来无聊时，随朋友进网吧玩。他在朋友的指点下申请QQ号码，折腾了半天，只申请到了一个又长又不好记的QQ号码。

时间长了，杨子明深深地感到：长而不好记的普通QQ号确实太不方便了。他决定去弄一个短一些的靓号，可他申请了上百回，却一直未能如愿。

后来，湖南大学两位学生到杨子明工作的家具厂做社会调查，杨子明与他们谈得十分投机，说到QQ时，杨子明说到了自己没有靓号的苦恼。大学生听后笑了一下说："你怎么不早点认识我们啊？我们什么都没有，但QQ号却太多了……"说完就给了杨子明一个靓号。

杨子明还得知，这些大学生们大都有近十个靓号，计算机系的人更多，有人甚至拥有二三十个号码，而不少号码他们根本就用不着，大都被闲置。

2001年底，杨子明送了一个靓号给他一个朋友。为此，该朋友花了300多元请他大撮了一顿，而且还不停地说："值，太值了！"

这件事给了杨子明莫大的启发，他想现在腾讯公司已基本上不再提供五六位的免费靓号，而网民却希望拥有一个短位靓号，许多大学生手里握着一大批免费靓号而又不用，为什么不把那些号码收集起来再出售给需要的人呢？

说干就干，杨子明马上走进湖南大学收购QQ靓号。当时大学生们也很少有人意识到QQ号码也可以作为一种商品，觉得这种东西放在手里闲置是浪费，见有人出钱买，也就不在乎价钱了。杨子明相继收购了一百多个QQ号码，其中有不少还是五六位的靓号。

杨子明把这一百多个QQ号按普通号和靓号定了价格：普通号5元一个，靓号50～200元不等。然后走进写字楼和单身公寓一间房一间房去推销，只用了5天时间就卖了80多个号码，共卖了5000元，除去各项成本900元，他在不到一个月的时间里净赚了4100元！

尝到甜头后的杨子明干脆辞去家具厂的工作，专做QQ号码的生意。他在十余所高校总共收集到了260个QQ号，然后到白领人士相对集中的写字楼、公寓楼上门推销，还在网站等媒体打了免费广告。

经电视台报道后，杨子明的知名度大涨，生意也空前火暴。在短短一个月里，他的150多个靓号被抢购一空，其中有一个超级靓号甚至被炒到2000元。这一次，杨子明整整赚了15000元。为了收购到足够多的靓号，杨子明把目光瞄向了邻近的湖北、江西以及广东，他托熟人到这些地方的高校和大型电子企业、网络公司收购靓号。与此同时，他的销售市场也扩大了，每个月的收入都在5000元以上。为了工作方便，他还买了电脑和摩托车。

2003年3月，一个女孩打电话给杨子明，问杨子明手头有没有号码为19790714的QQ号，说只要有，价格高点也无所谓。因为那女孩是1979年7月14日出生的，她想买一个自己出生年月日组成的QQ号。杨子明当时没有这个号码，所以未做成这笔生意，但杨子明却从中大受启发。他分析：有些号码，虽然对大部分人来说毫无意义，但对某个人而言，却十分有意义，这个QQ号可能是她的生日号，也可能是结婚纪念日……

于是，杨子明在卖QQ号码时又加了一条广告语："特别的爱给特别的你，您不想拥有一个特别的生日（婚庆）QQ号吗？"也许是受了杨子明的启发，许多以前没想到这一点的人纷纷致电杨子明，说出他们想买的生日或婚庆QQ号，有些号码杨子明手头没有，他就上网申请，申请不到他就向正在使用这些号码的网友购买或交换……在杨子明的经营下，许多原本平淡无奇的号码因为卖给了特定的人，因此价格打着滚向上翻。本来只能卖2元钱的号码有可能卖2000元。

受此启发，杨子明不久又推出了车牌QQ号、手机QQ号和情侣QQ号，杨子明一下子在有限的QQ市场里寻找到了无限的商机。生意越做越好，每月的收入最多时竟达8000元以上。

任何生意都是这样，只要肯动脑筋，善于琢磨，垃圾也能变成黄金。在看似狭小而普通的市场里，却包含着无限的商机，只要我们有创新的思维、全新的观念，就会在有限的天地里创造出无限的机遇和财富！

## 4. 相信自己，突破常规创利润

> 一个生意人若想在竞争激烈的商场中争得一席之地，就必须敢于打破常规，换种思维和行为方式，这是突破事业瓶颈、缔造辉煌业绩的有效方式。

作为现代创造性思维方式的一种，逆向思维的特点在于改变常态思维的轨迹，用新的观点、新的角度和新的方式研究和处理问题，以求产生新的思想。

瑞士一位杰出的企业家在总结自己的经商经验时，不无感慨地说："市场上，惟一不变的规律，就是市场处在永远变化之中。"一个商人要想在不断变化的市场环境中求得生存与发展，惟一的出路就是不断创新。创新的思维方法有很多，逆向思维就是主要的一种。

日本丰田公司的精细生产方式就是典型的一例。在汽车的生产管理中，他们遇到的最大问题是产品产量如何与市场需求量相吻合，再就是在生产过程中零部件的"过量生产问题"。因为传统的汽车生产方式，都是把零部件加工作为"起点"，前道工序完成后把产品送到后道工序去，一直到总装配线这个"终点"。其结果是前道工序不知道后道工序何时需要多少零部件，很容易造成产品过量生产，使后道工序成为中间仓库，从而加大了生产成本，形成"过量生产"的浪费。如果按照一般人的思维模式解决这类问题，一定是加大市场信息的准确性，加大管理工作中"计划管理"这一环节的精确性。而丰田汽车公司解决这些问题却成功运用了逆向思维和系统思维的方法。其中的关键是彻底改变传统的工艺流程。

丰田公司的副总经理大野先生打破常规，勇敢地采取了"倒着干"的办法，变"终点"为"起点"。即后道工序在需要的时候到前道工序领取所需数量的零部件的方法。最后一道工序是总装配线，市场营销部门只要给总装配线下达生产计划，指出所需的车种、需要的数量、需要的时间，装配线就可以按计划到前道工序领取各种零部件。这样就使制造工序从后到前倒过来进行，直到原材料供应部门都连锁地、同步地衔接起来，从而满足恰好准时的市场需要，既使产品适应了市场，又能将管理工时和生产成本减少到最低限度。

不用实地考察，从中我们也能领悟到这一创新工作的难度。杰出人士大野先生的成功就在于战胜自我，适应市场，而不是去适应原有的思维方式与管理模式。

运用逆向思维进行创新，还要克服"随大流跟风走"的思想方法和工作方法。仔细观察我国的市场，人们不难发现，不少企业缺乏创新，从产品开发到市场营销都存在不同程度的"跟风"现象。生产电视赚钱，都一窝蜂去搞电视生产线；生产VCD时髦就大量引进VCD生产线；人家搞豪华包装，自己也不惜血本豪华起来；人家当标王出了名，自己也花巨资去称王称霸。实际上，如果看人家"进一步"前途光明的话，运用逆向思维，我们"退一步"也可以海阔天空。

河北一家清洁剂厂家的经历可以使我们大开眼界。在日常生活中，清除厨房油污是一件叫人挠头的事情，因为黏糊糊的油污，布擦不掉，水洗不净。于是各种各样的专用清洗剂应运而生，什么去油灵、除油净，有液体的，有粉状的，着实叫人眼花缭乱。仔细看，这些企业的产品无不体现一个"洗"字，就是绞尽脑汁把油污清洗下去。河北某厂沿着去污的思路来解决这一问题，他们从化妆品的面膜中得到启发，把给厨房用具"洗澡"变为了"穿衣"。它的产品没有任何去污功能，而是在"防污"上打主意。只要将其均匀地涂在厨房器具的表面，20分钟后便形成一层透明的防护膜，等到油污积到一定程度，一撕即掉，就像化妆用的面膜。这比起为厨具"洗澡"更省力。上市后，一炮打响。

运用逆向思维获得成功的事例举不胜举。这些事例告诉经商者，如果锅烧开了要止沸，往锅里加水是一招儿，从灶里抽出柴火同样是一条路。面对激烈的市场竞争时，不能一条道儿走到黑，撞了南墙时要换种思维和行为方式，这样才有可能成就财富人生。

## 5. 用创新创造财富奇迹

*赚钱需要有新思路，要敢于做别人没有做过的，赚别人想不到的钱。只要你善于发现市场的空白之处，就可以成为新行业中的领头羊！*

精明的商人不但善于发现市场的空白地带，而且善于以开创性的方式对它进行占领和经营。可以说，最空白的地方正是最适合大显新奇想法之处。只有发现新的领域才能更快走上财富大道。

美国乡下的一个小火车站有个叫理查德·西尔斯的工作人员，曾经为了一点小生意被人追打过，他因此深深体会到了生存的艰难。当他步入商界以后，更是觉得如履薄冰，往往是蚀本而归，令他不胜烦恼。

有一次，西尔斯到田纳西州去采购一批珍珠，碰到几位到镇上的小店买荧光灯的农民。店主搜寻了半天货仓，还是没找到这类商品。这件小事触动了西尔斯的灵感，他只觉得一个大好的商机向他扑面而来：美国的乡村都是远离城市的，乡下人想要买一件东西，就要花许多时间翻山越岭去城市。我要是向他们提供一种中介性质的服务，他们购物就要比以前省事多了。如此一来，我也就可以获得一笔不小的中介费。

想到了就马上去做。西尔斯从铁路运输部门、邮政部门到信息部门都做了一番算计，得出的结论是各种时髦、先进的产品最先在城市使用，散居在各地的农民也会逐步选购，如果能利用中介服务提前引导农民的消费，不仅会使供需双方受益，中介机构也有利可图。不久，西尔斯整理出了第一本邮购目录册，这本小册子成了西尔斯发大财的起点。

刚开始，西尔斯手头的货较少，小册子上打印的商品只有几种，但还是引来了不少农民购买，这对西尔斯是个极大的鼓励。

接下来西尔斯继续对农村市场的情况进行估算，对各种工业产品的生产过程做了许多分析，得知有些生活用品上市的时间不够快，主要是流通不畅，信息不灵。为此，西尔斯印发了大量的邮购商品目录，上面直接印着农民兄弟需要的那类商品的出厂价格，末尾还打着这样的字眼："保证质量，如有质量问题可以退换。"

实践证明，西尔斯这一招是切实可行、有利可图的。没过多久，许多乡村寄来了汇款单，直接买出厂价的产品。

业务扩大后，服务的效率便成了首要问题。如果不能保证及时地按邮购人的要求送去商品，购物中介机构将失去生意。懂得算计的西尔斯看到了大生意降临的兆头，于是借巨款成立了一个速递邮购商品的公司，这个公司像无线电插接件生产线一样实行流水作业和标准化生产，成本低，效率高，投递及时。

慢慢地，良好的服务使西尔斯的邮购生意范围拓展到了全美国，西尔斯也因此成为巨富。

世上只有想不通的人，没有走不通的路。人类最原始的交易方式是物物交换，接着用一般等价物作为交换媒介。一般等价物完全是人进行实践然后自发形成的媒介，虽然谈不上什么理论依据，但它的确解决了一些技术性问题，即它减轻了人们交换时的负担，为人们带来了便捷。

等到后来出现了货币就更为方便了，而邮购在整个交易过程中属于一个中介，简单来看它增加了交易的环节，让交易变得繁琐了，但是从它出现的根源上说，是因为交易双方居住地不同，在空间距离上存在很大的数差，所以邮购业应运而生。因此，这种符合商品流通规律的开先河的方法，从它出现之日起风行至今，也就没有什么可奇怪的了。

所以，只要你敢于开拓，敢于创造，符合市场需求，符合社会需要，你就能拥有财富，就能创造奇迹。

## 6. 创意是通向富有的捷径

*宇宙本身是客观存在的，创意的方法也是客观存在的。谁真正地掌握了创意的方法和技巧，谁就掌握了挣钱之道。*

创意本身就有一种神秘的色彩，许多人都会去羡慕、崇拜那些伟大的创意大师，觉得这些创意大师们总有着层出不穷的创意，而自己却一个也想不出来，难道说这些创意大师都是天才吗？其实不然，原因就在于是否掌握了创意的方法。

这就像在大海里航行，有的人发现了美丽的珊瑚，但有的人却没有发现，甚至永远也不能发现，原因是有的人虽然去了但没有注意到，还有的人是因为知识浅薄、方法不对。掌握创意的方法也就是这个道理。

那么，创意到底是什么？如何利用创意赚钱？

1. 创意的基本特征是打破常规

如果用一句话来阐明创意的基本特征，那就是：打破传统的观念，用辩证的、联系的、运动的思维方式去联想、假设、创造，以求找到新的方法和新的意境。

创意的前提是打破常规、打破传统观念的束缚。创意是科学发明的源泉，联想就是创意的基础。爱因斯坦建立相对论、爱迪生发明电灯、哈默的"点石成金术"、松下的经营管理战略、包玉刚的"傻子挣钱法"等，这些都是在打破常规的基础上，经过联想、假设、实验等过程创造发明出来的。

2. 创意产生的四个条件

创意的产生必须具有充分的、必不可少的重要条件。这些条件包括四个方面。

（1）产生创意的前提。要制造或产生创意，每个商人在主观上首先必须要有一个动机。这个动机也许是有意的，也许是无意的，但这是必不可少的，而且是第一位的。

如一家美国食品公司在参加一次展览会时，由于报名晚而被安排在顶楼最偏僻的角落，光顾者当然少得可怜。于是老板想到一条妙计，在底层撒下许多铜牌，并在铜牌上写着"拾到此牌者，可到顶楼×××换取纪念品"，结果使生意一下子火起来。这个创意的前提就是"怎么去吸引顾客"，而且是有意的，因为它是先有目的的。

(2) 产生创意的基础。这是一个所需材料的积累——即能量的储备和用脑素质的问题。所需材料的积累，它包括专业知识信息的积累、其他学科专业知识的积累、实践经验的积累等一切知识的积累。所说的用脑素质是指智力开发、思想观念、思维方式等。仍以前面那个创意为例，如果顶楼参展的那个老板没有经商的经验，没有其他社会知识的积累，那么他就不可能产生"用铜牌去吸引顾客"的创意。

(3) 产生创意的方法。任何创意的产生都要有一个大脑思考过程，这个过程就是创意的方法。选择不同的创意方法，就有可能产生不同的创意，即使产生的是相同的创意，它们所经过的思考过程也是不同的，因为思考时间的长短、消耗精力的多少等必然不同。所以，选择最佳方法，寻找最佳捷径是产生最佳创意的关键所在，也是产生创意必不可少的基础。

(4) 创意中的智能放大。只有联想、假设而没有智能的放大，那是不可能产生新创意的。仍以上面的创意为例，当那个老板看到生意冷落后脑子里必然产生许多联想、假设，但是如果不把这些假设进行分析、总结、归纳、综合等，就不可能产生出"利用铜牌——在铜牌上写字——把铜牌撒在底层"这样一个完整的、最佳的创意，而这些分析、总结、归纳、综合等一整套过程就是一个智能放大过程。

所以，在产生联想、假设的前提条件下，智能的放大也是创意不可缺少的重要条件。任何创意的产生，都要在产生联想、假设的基础上，用大脑的思考去进行分析、总结、归纳等，只有经过这样的反复论证才能产生新的创意，这个过程就是智能放大。

由此可见，我们只要利用大脑所积累的材料，在动机的引导下，打破传统的观念，用辨证的、联系的、运动的方式去联想、假设、创造，以求找到新的方法和新的意境就可以实现创新，实现财富梦想。

# 7. 做一个不向现实妥协的"叛逆者"

> 对于想要赚取人生财富的人来说，单纯的模仿和跟风无异于拾人牙慧，终究难成大气候。那些亿万富豪、商界领袖，无一不是新潮流的开创者，他们善于在模仿中创新，在创新中成就辉煌。

无论是科学界还是商界，前人智慧和经验的积累是后人成功的基石，没有了这些基石，后来者便会多走许多弯路，经历许多挫折。对于商人来说，善于模仿他人能让自己更快地走向成功，如果在模仿中还能加进自己的创新，则更易让自己脱颖而出，迅速达到事业的巅峰。德国"阿尔迪"的成功便能很好地说明这一点。

在德国有一种这样的说法，德国人中可能有人不知道他们的前总理科尔，但是几乎没有一个人不知道"阿尔迪"。由此可见"阿尔迪"在德国的知名度有多高了。"阿尔迪"是德国最大的零售连锁店，这家零售商店的创始人叫特奥。

1948年，特奥的母亲去世了，留给特奥和他哥哥卡尔的只有一个小小的商店。这一年，特奥25岁，卡尔27岁。两兄弟使出全身解数经营小店，然而年终一算账，除去成本，利润便所剩无几了。两兄弟对这种情况很不理解，常常坐在一起讨论。

卡尔问："同样是开小商店，为什么有的赚钱，有的折本，有的挣大钱，有的挣小钱？"

特奥说："这是因为经营方法不同，所以有的挣大钱，有的挣小钱。"

卡尔点头说："这倒是个道理。只要经营得法，小本钱也可以挣大钱的。"

特奥又说："关键是我们要找到经营的窍门！"

卡尔又问："经营的窍门是什么呢？"

特奥想了半天答不上来。兄弟俩又讨论了半天，还是没有找到经营的窍门。最后他们决定到外面去看看别人是怎么经营的。第二天，弟兄两人骑上自行车，在大街小巷里转来转去，看看别人是怎样经营的。可是一连转了三天，什么有用的经验都没有发现。可是他们并不灰心，特奥认为如果经营的窍门是这样很容易就找到了，天下的人不都成为富翁了吗？

兄弟两个一点也不灰心，继续寻找致富的窍门。

一天，他们来到一家商店，只见那里顾客盈门，很多人的手里都拿着大包小包的东西，好像被这家商店的东西迷住了似的。这种情况引起了特奥兄弟的注意，于是进到店中仔细观察。

在商店的门口，一块精致的告示牌上，清晰地写着这样的告示：凡是在本店购买商品的顾客，请您务必保管好购物的发票，年终的时候可以凭发票免费选取款额3%的货物。

他们把告示看了一遍又一遍，突然间明白了其中的道理。特奥说："这家商店之所以这样兴隆，靠的就是那种'告示'，很多顾客就是希望得到那3%的免费赠物，所以才不断从他们那里买东西。如果我们的'阿尔迪'也采用这种方法，就会很快兴旺起来。"

卡尔说："你的主意不错，但是我们不能照搬，我们应该来点自己的创新。"

特奥说："我们的商店应该从开始的时候就让利3%，这样就比消费商店更便宜了。"

就在第二天早上，"阿尔迪"商店门口就贴上了这样一张大红告示：本店从今天开始实行让利3%，如果哪位顾客发现本店出售的商品不是全市的最低价，可以到本店退回差价，并且给予适当奖励。

这样没过几天，"阿尔迪"商店门口就出现了奇迹，商店生意兴隆，门庭若市，营业额很快就增加了几倍。

可是特奥兄弟对此并没有感到满足，因为他们发现，来"阿尔迪"购买东西的顾客大都是附近的农民，这说明他们的经营范围有很大的局限性，还必须让更多的人都知道。于是他们就在报纸、电台等传媒上做广告，让更多的人都知道"阿尔迪"商店是全市最便宜的。

不久，"阿尔迪"就出现了购物的热潮，仓库的库存几乎为零，特奥兄弟成天都在组织货源，保证供应。他们很快又在城里开了十多家"阿尔迪"连锁店。

为了迅速扩大战果，特奥兄弟把"阿尔迪"连锁店开到了德国各地。由于价廉物美，所以生意特别兴旺，并迅速成为德国第一零售商，并且长盛不衰。特奥兄弟也靠着自己独特的经营方式，迅速成为了零售业巨头。

可见，他们之所以成为零售大王，其起源不过就是看到了那家商店的经营方式。为什么其他商店没有成为"阿尔迪"，而靠模仿起家的"阿尔迪"却成为世界知名连锁企业？这里主要的原因还是特奥兄弟的模仿并不是纯粹的照搬照抄，而是由此及彼，将自己的创新融入到新的思路之中，开创了新的经营模式，从而成就了自己的一番事业。

# 第八章 赚取人生财富：要新、要快、要准

## 8. 经商有技巧，出奇方能取胜

出奇制胜，这是很多生意人的经营绝技。因为只有当你的东西和别人的不一样时，你才有可能开创自己的天地。创造新潮，更新因循守旧观念，在激烈的竞争中就能先声夺人，高人一筹。

在复杂变化的市场中，愚笨的经营者看到的只是经营中的困难和阻力，而头脑灵活的经营者则能透过困难和阻力看到成功的机会，并用智谋克服困难，用创新取得成功。下面是近年来生意人独创的经营技巧，希望你能从中得到启发。

1. 买马送鞍法

有一次，湖南株洲一家商店一口气购进了1万支当时流行的旅游方便鞋油，准备与红蜻蜓皮鞋在当地鞋柜台配套销售，但由于当时市场十分疲软，怎么也销不动。老板不动声色地把方便鞋油的"方便"两字改为"懒汉"，并在商场内张贴了数十张促销广告：随着"懒汉"鞋油的诞生，本专柜特设赠送销售，凡在专柜购买一双皮鞋，免费赠送"懒汉"鞋油一盒。这一方法果然奏效，顾客纷纷慕名而买，每天的营业额翻了两番。不到1个月，1万支鞋油、1万双皮鞋销售一空。

2. 欲取先予法

佛家有句名言：舍得小我得大我。这句话套用在商战中，就应该是：吃得小亏，才能赚大钱。一湖南人开了家小副食店铺，生意一般。他别出心裁，把电视机搬到外面，从市里租来新上映的VCD影碟，每晚在露天场地放大片。从表面看，她又搬电视又租影碟很是麻烦和费钱，而实际上每天在露天场地看录像的人平均都在300人以上，看录像者边看边买些烟、糖、瓜子和其他零食，这样他的小铺生意就比以前兴隆得多了，销售额也有大幅攀升。

3. 高价促销法

三亚一家珠宝店采购到一批绿宝石，由于数量较大，店主担心短时间内销不出去，影响资金周转，便决定低价销售。本以为会一抢而光，结果却事与愿违。后来店老板去外地，临走时留下了一个命令：若仍销售不畅，可按1／2的价格卖掉。几天后老板返回，见绿宝石已销售一空。一问价格，却喜出望外。原来店员们把老板的指令误读成：按1／2倍的价格卖。价格高了，反而销售好了。这也说明，薄利多销未必一贯正确，有时高价策略反倒更能促进销售。

4. 换位倒戈法

四川江口醇酒厂的厂长为了打开销路，喊来一帮朋友，前往该市及附近各县市餐馆，他们要了豪华包间，点了一些名贵菜肴后，厂长忽然想起来什么似的，问服务生有没有江口醇白酒，服务生抱歉地摇摇头。厂长为难地说："我这几位朋友都爱喝这种酒，外地早就流行啦，没有这种酒，我们只好换个地方。"然后，他们又去别的地方如法炮制。这些餐馆便纷纷去打听江口醇白酒，并进行订购，该酒的销路一下子就打开了。

5. 改头换面法

一次周末，深圳姑娘小王到中学同学的服装店去玩，看到了一摞丝制的衬裙，同学说这是积压货，一条进价才2元钱。不过因为衬裙的样式实在陈旧，同学估计卖不出去。可小王却来了兴致，拿了一条回家改造了一下，让同学再去卖。结果被人以90元的价格买走了。同学马上跟小王合作，这一批裙子都交给小王来修改，卖掉后每条按35元跟小王结账。15天后，小王因此获利5000多元，并由此而使她得到创业灵感，开办了一个服装厂。

6. 变废为宝法

呼啦圈作为一种健身运动产品，曾在我国各大城市引起轰动，但流行一阵后就衰落了，结果造成大批积压，连白送人也不要。有一天，有位年轻的江西人去批发农用薄膜，当他看到有个塑料厂有许多积压的呼啦圈时，忽然从中悟出商机。因为他想到了农村竹用顶棚支架。于是，他大量购进十分便宜的呼啦圈，把它一分为二，劈成两半，作为农用薄膜顶棚支架。由于这种聚乙烯树脂材料在土壤中有经久耐用、不腐烂的特点，且又价格低廉，所以很快就取代了过去惯用的竹用棚架。

第八章 赚取人生财富：要新、要快、要准

### 7. 七十二变法

过去每家每户都习惯于厨房里只用一把菜刀，可自从广东省阳江市开发出组合型的、适用于厨房各种使用功能的刀具后，把刀"七十二变"为切菜刀、砍肉刀、切瓜刀、剔骨刀、削皮刀、磨刀柱等，推向市场后改变了人们买菜刀的习惯，成了买刀必买阳江产的"组合刀"，阳江硬是在小小的切菜刀上做文章，创造了一个系列刀的大产业。把卖一把刀变成卖一盒刀具的10把刀，从而产生了多重增值效益。

### 8. 异想天开法

三亚有一家位于旅游景点边的餐馆，老板挖空心思推出一经营绝招——菜肴没有价格标准，游客就餐后，吃得满意，可以多付款；吃得不满意，可以少付款或不付款。此招一出，许多游客对非常稀奇古怪的经营方式很感兴趣，纷纷来该餐馆就餐，而且有好多人是慕名而来。吃完饭后，游客为把握不准"价格标准"而不好意思少付钱。餐馆因此每月获利竟比原来高出一倍多。据后来老板统计，约有90%的顾客超标准付款，4%的顾客按标准付款，而少给钱或不给钱的只有6%。

### 9. 化整为零法

传统意义上的一件商品，现在可以将其"大卸八块"，分开来卖，所产生的价值要比原来高上几倍。比如鸡，就可以将其切分为鸡头、鸡腿、鸡翅、鸡爪、鸡身、鸡内脏等部分来销售。

榨菜原产四川一带，开始用大坛装运，获利很少；上海人买进后，改为中坛，获利很高；香港人更精明，买后以小坛出售，获利翻番；日本人更棋高一着，买后破坛、切丝，装入铝箔做成的小袋中，以高出几倍的价格出售。与四川土生土长的大坛榨菜相比，日本人赚的钱翻了几番。此后小袋榨菜开始流行起来。

### 10. 装腔作势法

台湾曾有一家饮食店开张营业后，由于没有钱可做广告，于是老板就让送外卖的店员，拿着写有自己店名的空箱子，在大街小巷跑来跑去。附近的人看到店员这么忙碌地跑来跑去，就想：这家店生意这么好，味道肯定不错！这种假装忙碌的宣传方式，收到了很好的效果，各地方都有人来订菜，使这家饮食店一时间风光无限。

可见，应对竞争的方法有很多种，但终究离不开创新。唯有创新才能财源广进，立于不败之地，

## 9. 巧用心思，白手起家不是神话

世界上有钱的人总是占少数，而那些一生下来便是锦衣玉食的贵公子或娇小姐的更是凤毛麟角、少之又少。如果你生来就是一个穷小子，你又渴望成为拥有万贯家财的富翁，那你就得多动动脑子了。

许多人在构建创业计划时，总会因为手头拮据而望洋兴叹，以至于不敢跨进"商场"半步，最终在财富的大门外独自徘徊。其实，静下心来想一想，你就会明白：钱不是万能的。对于初次创业者来说，有无学历并不重要，有无资金也不重要，可怕的是没有理想和追求。身无分文时，不要放弃发财的梦想，只要积极追求，时机总是会有的。

日本人会经商是世人皆知的。他们即使在身无分文的情况下，也能找到经商的路子。

日本西部有一个风景优美的小岛，名叫鹿儿岛，由于此岛气温适中、莺歌燕舞，每年都会吸引许多世界各地的游客前去游览。

一位名叫西村的人立志创业，却没有资金，在万般忧愁中度日如年。一次，他到鹿儿岛游览，看中了这块风水宝地，便在这里选择了一块小山坡打算做点生意。由于缺乏资金，他只好向亲友借了一部分钱，然后在鹿儿岛周围捡了一些砖头、木材、瓦块等，随便搭建了一个小饭棚，从事饭菜热卖生意，但饭棚面积小、地理位置不佳，以至于顾客十分少。正当西村惆怅不堪时，有人建议他栽树绿化此山坡，营造好的用餐环境。但西村认为饭棚客流量不多，自己又没有充足的资金，要栽树不知何年何月才能栽好。

不过，西村毕竟是个有主意的人，他脑筋一转，立刻想出一个高招来便在各大报纸上打出一则这样的广告：

"尊敬的旅客，你想在鹿儿岛留下永恒的纪念吗？

那么，你可以到西村饭棚的山坡上栽一棵纪念树，以纪念你的新婚或旅行！"

西村这一招很管用，许多游客很快便积极响应。那些在大都市长期生活的人，非常渴望到大自然中呼吸呼吸新鲜空气。如果能够在这里栽上一棵树，留下"到此一游"的永久性纪念，那是非常有意义的。于是，人们接踵来到鹿儿岛，都到西村的饭棚前栽树。一时间，饭棚生意兴隆。此外，西村还为栽树的游客准备了一些花草、树木、铲子、浇灌用的工具，以及一些为栽树者留名的木牌，并规定：游客每栽一棵树，西村都要收取300日元的工本费，并可在木牌上署名，以此作为留念。这种方法很具有吸引力，到此旅游的人纷纷署名留念。一年过去了，西村净赚了200余万日元。

过了几年，随着栽培的幼树成材，荒秃的山坡得到了绿化，游客越来越多，西村也发了一笔大财。

同样，洛维洛的做法也可以给你指点一二。

洛维洛从小就和船结下了不解之缘，创业之初他就想做船的生意。但他是个穷光蛋，连买一条旧船的资金也没有，怎么办？

他听说有一艘柴油机船沉没在海底，便开始打起这艘船的主意。他找亲戚朋友借了一笔钱，请人把这艘沉船打捞上来，加以修整，然后卖给一家租船公司，除去花费，他净赚了1000美元，初次尝到了甜头。他暗暗想：如果不是亲戚朋友借给自己一笔钱作资本，又怎么能赚回1000美元呢？他深深地感受到了借贷对于一个一贫如洗的创业者有多么重要。由此他想：如果自己能从银行贷到一笔钱，先买下一艘货船，将其改装成油轮，然后自己经营，不是就可以走出眼前的困境了吗？

说干就干，他带着这个想法去找银行洽谈。银行的负责人看了看他那磨破的衬衫领子，问他有什么可以作抵押。洛维洛无言以对，自然得到的答案只有"NO"了。

在多次遭到银行的婉言拒绝后，他又决定采取一个超乎常人思维的举动，去敲开银行的大门。他以最低的租金，租下一条油船，转手又以高于此租金的价格租给了一家石油公司。然后他找到银行，说自己有一条油船租给了一家石油公司，愿以租金合约作抵押，请求银行贷款以购买新船，并许诺用租金偿还银行每月所需的本息。最后，银行答应了洛维洛的贷款请求。

洛维洛用从银行贷来的第一笔钱买了他所要的旧货轮，改装成油船租了出去，然后用合约作抵押，又向银行借了一笔钱，再去买另一艘船。随后，他用同样的方式又到银行去贷款，这种做法延续了几年，随着贷款本息的逐步还清，一条条油船就归他私人所有了。

慢慢地，洛维洛拥有了一支庞大的船队，真正成了举世闻名的船王。

可见，无本并不等于没有资本，远大的理想、聪明的头脑、创新的思维、智慧的眼睛和勤劳的双手都是无形的资本。只要方法得当，白手也能起家。

# 第八章 赚取人生财富：要新、要快、要准

## 10. 给你的产品下一个"新"定义

*在推出产品之前，我们要根据客户的需求找到自己的定位和生存发展空间。用"新"去征服别人，就能赢得财富。*

想做生意赚取财富，就要有自己的资本。你的资本就是你的产品。而在推出产品之前，我们要做的就是先了解客户的需求是什么，然后在所有的客户需求中找到自己的定位和生存发展空间。用"新"去征服别人，就能赢得财富。

一个公司在招聘人员的过程中，经过重重面试最后还剩下三个人，该公司是生产梳子的，最后一道考试题便是谁能把梳子卖给和尚。

半个月后，三个人都回来了，结果分别如下：

甲经过努力，最终卖了1把梳子。在跑了无数的寺院、向无数的和尚推销之后，他碰到一个小和尚，因为小和尚头痒难耐，他说服小和尚把梳子当做一个挠痒的工具买走了。

乙卖了10把梳子。他也跑了很多寺院，但都没有推销出去，正在绝望之时，忽然发现烧香的信徒中有个女客头发有点散乱，于是对寺院的主持说，这是一种对菩萨的不敬，终于说服了两家寺院每家买了5把梳子。

而丙卖了1500把，并且可能会卖出更多。他在跑了几个寺院之后，没有卖出一把，感到很疑惑，便分析怎样才能卖出去。想到寺院一方面传道布经，但另一方面也需要增加经济效益，前来烧香的信徒有的不远万里，应该有一种带回点什么的愿望。于是和寺院的主持商量，在梳子上刻上各种字，如虔诚梳、发财梳……并且分成不同档次，在香客求签后分发。结果卖出了许多梳子。

从三个人完成任务的方式上我们能学到很多东西。

甲是个很勤劳的销售人员，面对困难的时候锲而不舍，最后终于圆满地完成任务。这把梳子的确卖给和尚去使用了，不过是他挖掘了产品的另一个附加功能——挠痒。这不能不说也是他的聪明之处。我们做销售或者做策划的时候也是同样，在把我们认定的主要功能推销出去之外，是否可以迎合消费者其他的需求？

保健品的经典案例里面也有类似的例子：排毒养颜胶囊应该是个传统的润肠通便产品，在此之前尽管很多产品也知道润肠通便可以排除体内毒素，让女人更美丽，但却没有多少产品去过多宣传，只是把它作为一个辅助功能。但排毒养颜胶囊却恰恰做了喧宾夺主的事情，把产品的次要功能提升成主要卖点，从此开辟了一个新的市场。

乙的成绩要比甲好，在销售过程中他也做了更为大胆的尝试。那就是大胆改变了销售人群，让不可能购买的人群去购买给需要的人。买的人不一定用，用的人不一定买。这种情况是现实生活中一直存在的。那么我们是否要盯着我们确定的目标人群不放，并一直抓下去呢？并不是所有勤劳的人都会有回报，关键在于是否能找到正确的方法。

同样举个保健品方面的例子。脑白金应该说创造了保健品方面的销售奇迹，但大家也知道它的功能仅仅是改善睡眠、润肠通便。如果仅仅宣传这些，应该说绝对不会有十几亿的销售额。但大家也同样知道脑白金火暴的原因——今年过节不收礼，收礼只收脑白金。所以说，不一定需要你产品的才是你的目标人群。

还有个例子也能说明问题，大家都知道最需要清肺的是吸烟人群，但大部分吸烟的男性仍然每天看着注明了"吸烟有害健康"的烟盒去吞云吐雾。而清华清茶却大胆地把自己的诉求对象转向目标消费者的老婆——"老公，烟戒不了，喝点清华清茶洗洗肺吧。"这个大胆的创新同样收到了很好的效果。

丙的做法更让人大吃一惊，因为他创造了循环的效益，而且找到了一个崭新的市场。但丙的做法给我们最大的启发却是一个很简单的商业道理——双赢。让别人赚到钱，自己才会赚钱。这是经济学法则中永恒的真理。

2002年中国保健品销售额最高的并不是脑白金，也不是百消丹、太太口服液等知名保健品，而是安利纽崔莱，它以30亿元之巨的销售额荣膺国内保健品销售冠军。而他们的营销方式就是让自己的消费者同时成为自己的销售员，让你在享受好产品的同时也享受财富。这种创新起到了很大的作用。

一个简单的故事引证出很多营销方式，正确的说法应该是营销没有定

第八章 赚取人生财富：要新、要快、要准

式，只要你找到了适合你自己的合理方式，产品就不难销售，就不难赚到钱。但关键一点是要开放你的思维，要时时记住创新才能生存。条条大路通罗马，没有不好卖的产品，只有卖不好产品的人，给你的产品下一个"新"定义就是一个绝妙的办法。

## 11. 一念之差造就天壤之别

> 财富来源于头脑，财富往有头脑的人的口袋里钻，正所谓：脑袋空空口袋空空，脑袋转转口袋满满。

很多人都想拥有财富，但财富究竟从哪里来？成功的奥秘在哪里？许多人百思不得其解。

有些人总喜欢说，他们现在的境况是别人造成的，环境决定了他们的人生位置，这些人常说他们的想法无法改变。但是，我们的境况是不是周围环境造成的呢？

在推销员中，广泛流传着一个这样的故事：

两个欧洲人到非洲去推销皮鞋。由于天气炎热，非洲人向来都是打赤脚。第一个推销员看到非洲人都打赤脚，感觉失望："这些人都打赤脚，怎么会要我的鞋呢。"遂沮丧而回。另一个推销员看到非洲人都打赤脚，惊喜万分："这些人都没有皮鞋穿，这皮鞋市场大得很呢。"于是想方设法引导非洲人购买皮鞋，最后发大财而回。

同样是非洲市场，同样面对打赤脚的非洲人，由于一念之差，一个人灰心失望，不战而败，而另一个人满怀信心，大获全胜。这就是一念之差导致的天壤之别。

财富来源于头脑，财富往有头脑的人的口袋里钻，正所谓：脑袋空空口袋空空，脑袋转转口袋满满。

大多数人靠打工拿工资，用自己的汗水成就老板的事业，用自己的辛勤烘托领导的辉煌。工作二三十年，月工资也不过千把元。回头来，省吃俭用几十年，买个房住还要借钱。头顶同样的蓝天、脚踏同样的大地，一样的政策、

一样的条件，为什么有的人月赚万元乃至数十万元，而有的人却长期徘徊在温饱线上？

人与人的最大差别是脖子以上的部分，有人长期走入赚钱的误区，一想到赚钱就想到开工厂、开店铺。这一想法不突破，就抓不住许多在他看来不可能的新机遇。成功与失败、富有与贫穷只不过是一念之差。

当初只要带几千元进股市，几年后便会成为百万富翁；当初只要带几百元去摆地摊，十年后就可能成为大老板。或许有人说当初我要是做，一定会比他们赚得更多。不错！你的能力或许比他们强，你的资金或许比他们多，你的经验或许比他们丰富，可就是因为你当初的一念之差决定了你在十年后的今天贫穷依旧。

有人面对一个来之不易的机会总是拿不定主意，于是去问他人，问了10个人肯定9个人不相信，于是放弃了！其实机遇来源于新生事物，而新生事物之所以新，就是因为绝大多数人都还没有接受，等形成共识的时候再介入，也就为时已晚了！

第一批下海经商的人——富了，第一批买原始股的人——富了，第一批买地皮的人——富了。他们富了，因为他们敢于在大多数人还在犹豫不决的时候就做出了实际行动。先行一步，抢得了商机，占领了市场。

说到底，如何看待人生由我们自己决定。只要你稍微改变自己的想法，随时都会有一条大道在你面前。因此，你要适时纠正自己的想法与观念。冷静分析自己现今所处的情况，并且细心列举出自己的长处与短处，这样你就可以发现自己过去不曾注意到的优点了。失败者与成功者的关键差别就是自己的心态。任何人都很难改变社会，改变世界，改变别人，只有用改变自己的心态，去适应社会，适应别人，因为不同的心态会导致人生惊人的不同。

天高任鸟飞，海阔凭鱼跃。不要怨天不够高，不要怨地不够宽，首先要问的是这鸟有没有比鹰飞得高的愿望，这鱼有没有敢跃龙门的志向。成功不是将来的事，而是你决定去做的那一刻开始累积而成的！

所以我们务必谨记，在这个竞争激烈而又千变万化的世界上，我们必须有新的观念、新的方法、新的发明、新的创造、新的赚钱之道、新的理财技巧……我们才能立于不败之地！

## 12. 变则通，通则赢

"变则通，通则赢"，是千古不变之理。这一哲学思想体现在生意人的追求和奋斗上，就在于审时度势，善于调整，不断理顺和规范成功所必需的各种要素。

在生意场上，应该审时度势，灵活应对，要随时间、环境的变化而灵活应对。

斯堪的纳维亚民航联运公司（北欧航联）是瑞典、挪威和丹麦三个北欧国家将其航运公司合并联营而成立的，自1946年联营以来，历经了不少风风雨雨。

从20世纪60年代开始，民航的客运量保持了稳定的增长，那些沉迷于斯堪的纳维亚半岛秀丽风光和良好滑雪场地的游客，络绎不绝地带来了财富。

然而好景不长。自70年代末始，客运市场突发大变，北欧联盟也和其他国家的航运公司一样，逃脱不了一连串的经济打击，在经济上蒙受了重大的损失。1979年至1981年，北欧航联从每年盈利1700万美元变为亏损17万美元，这种翻天覆地的变化令人瞠目结舌。

由于世界范围内的民航业普遍萧条，致使欧洲各国的航空公司不得不展开激烈角逐。

北欧航联一开始采取的一些措施却不尽如人意。乘客继续下降，亏损仍然持续不断，看来公司为减少成本采取的若干措施都进了死胡同。无奈之下，公司董事会对公司的领导班子进行了全面的调整，航联下属的瑞典国内民航公司的总经理，41岁的杨·卡尔森被任命为航联的总经理。卡尔森是瑞典著名的企业家，他主管瑞典国内民航公司期间，一年就使公司扭亏为盈，利润丰厚。

卡尔森上台之后，针对北欧航联的状况，推出一整套革新方案。他认为，要改变公司的现状，实现经济的根本好转，立足点不应该放在缩减、压缩成本上。削减、压缩成本是有限的，是在激烈竞争中采取的消极措施。要在乱中求胜，在竞争中脱颖而出，必须采取积极的手段。在卡尔森看来，这种积极手段就是努力开拓财源，"招徕顾客，高于一切"，只有拥有一大批稳定的顾客，才有在竞争中取胜的基础，因此，为缩减成本而吓跑顾客的做法纯粹是买椟还珠之举。

卡尔森要做的，不是去"杀鸡取卵"，而是在招徕顾客方面大量投资，借鸡生蛋。

当时北欧航联的乘客，大致可分为两大类：一类是由于商业需要，往返于欧洲各地的商人；另一类是到北欧游玩、滑雪和登山的旅客。由于北欧各国大力扶持旅游业的发展，对那些前来旅游的旅客给予各方面优待，游客可以通过旅游公司预订客机的座位，并且购买机票可以享受50%的价格优惠；而那些商人则需花两倍于旅游者的价钱，享受与旅游者相同的机上待遇。

尽管北欧航联的乘客中，旅游乘客占绝对多数，商业乘客只是一小部分，卡尔森却敏锐地发现了这一特点。他决定抓住这为数很少的乘客，以此为突破口，开展他的工作，以期恢复公司信誉，招徕更多的顾客。

经过与董事会的再三协商，卡尔森终于得到一批资金并用它开设了欧洲商业旅客专用舱，取名"欧洲舱"，也就是取消头等舱，而把商业乘客集中安置在与二等舱隔开的机舱前部。

"欧洲舱"的设立，给商业乘客带来了许多方便，赢得了这部分乘客的好感。而航联针对商业乘客职业特殊性所采取的一系列措施也为越来越多的人所知道，从而吸引了越来越多的商业乘客。

在卡尔森的努力下，航联的困境终于过去了，但他仍未满足。

为吸引更多的乘客，卡尔森把北欧航联的旧客机整容更新，把内部设施也加以更换，并且让机组人员改着时髦新装，使得乘客们顿觉耳目一新，精神也为之大振。

1982年，法国航空公司亏损1亿美元以上，经营较好的瑞士航空公司完税前盈余额也只有1900万美元，而北欧航联不仅扭转了1981年的亏损，而且创利

7100万美元。

在危机来临时,变化也许不能马上找到一条光明大道,但不变则永远没有出路。经商不能按照教科书去做,必须灵活变通,敢舍敢放,这样才能盘活自己的生意。商人的脑子最值钱,就在于此。不守死法,求变求通,以最有效的方式做生意。这也印证了那句古话:变则通,通则赢。

# 第八章 赚取人生财富:要新、要快、要准

## 第九章 困难失败再多,一样扭转"钱"坤

生活告诉我们这样的哲理:"在人类历史上成就伟大事业的人往往不是那些幸福之神的宠儿,反而是那些遭遇诸多不幸却能奋发图强的苦孩子。"其实人生的每一次失败和挫折都是一次考验,你经受住了考验,那成功和财富离你就不远了。如果半途而废,则永远到达不了成功的彼岸。想拥有财富人生,首先就要经受住磨难!

## 1. 只不过是从头再来

> 现在许多人总希望在创业时，事事都顺利才好，其实不然。只有经历过各种挫折和危机的企业才能更好地向前发展。

人的一生不会一帆风顺，同样在赚取人生财富的路途中，困难和挫折是难免的，失败也是一种考验。只有经历过风雨，才能看到彩虹。在新希望集团董事长刘永好眼里，他所经历过的磨难与挫折实际是企业成功的秘诀，他常说："小时候患些感冒，大了就有免疫力。"

刘永好预见到了我国改革开放的大好前景，一个"猛子"就扎到了改革开放的大潮中，冲到了市场的最前沿，但在刘永好丝毫没有经验，缺乏资金，又无靠山的情况下，他取得了成功。这其中所经历的各种困难与阻碍，恐怕连他自己都数不清了。

多年以后，刘永好提起创业所经历的风风雨雨，似乎早已云淡风清了，曾经的艰难、荆棘都被他当做了成长过程中所必须的经历。

正是这些坎坷才为刘永好铺就了一条通往成功之路，才使刘永好有机会成为中国大陆首富。

的确，就如同一个人生病一样，很多种病在得过一次之后，便不会得第二次，这是人体的生理反应。而同样，刘永好在建立新希望集团的过程中曾经遇到过各种困难，他强调的一点就是：相同的错误不会犯两次，而相同的困难也不会重复出现。因为企业的机体里早已有了抵抗力，有了应对的好办法。

刘永好曾说："有些企业家总希望自己的企业顺顺利利，没有波折地发展。其实，这对企业丝毫没有益处。"

因为种种原因或许会有一些企业发展得很顺利，很快就形成了规模，很快就得到了市场认可，很快就轰轰烈烈、继往开来。但往往这样的企业都不会长久，也许是一笔贷款，也许是一次纠纷，就会使它迅速沉沦，一蹶不振。它们往往一跃而起，一帆风顺，一往无前，随后它们一蹶不振。这一切纵然有市场不成熟的原因，恐怕更多的还是这些企业在成功道路上太顺利，经历得太少了。如同在温室中的玫瑰娇艳无比，搬到室外，却迅速地被无情地风干了。

刘永好从良种场出发一步步地走了近20年，其间经历了无数动荡，但他沉着地走到了今天。他与三个哥哥一起互相扶持，坚韧不拔，他们用实践检验着每一条真理，在摸索与磕碰中，渐渐由内而外的强大起来。刘永好已将他和企业的根稳稳地扎在了广袤的中国大地上，经历的越多，站得就越牢。

在经过了20年的考验之后，刘永好与他的新希望集团一起成熟，一起成功，从而换来了他当仁不让的大陆首富之位。只有经历过风雨的人才能成大器，就像刘永好。同样，只有经历过挫折和危机的企业才能更好地向前发展，就像今天的"新希望"。

在一次次的风雨洗礼后，刘永好与他的企业却愈加坚强。他曾告诫过其他企业家们，顺利不一定是好事。在他与史玉柱的一次对话中，他的话一针见血地剖析了这个曾经的"东方巨人"轰然倒塌的原因，"你们一直很顺，突然来了个大感冒就顶不住了"。

其实，做任何一件事情都是一个过程，在这个过程当中，碰上这样那样的困难是难免的，关键是你要挺得住。比起事业的长青树，小风小浪只不过是考验你能力和耐性的试金石罢了，有什么受不了的呢？不患过感冒，怎能有免疫力？

现在许多人总希望在经营企业时，事事都顺利才好，这样就能顺利赚取财富。其实，这对企业毫无好处。只有经历了各种风雨的人才能成大器，同样，只有经历过各种挫折和危机的企业才能更好地向前发展，才能为你的财富人生打下基础。

## 2. 财富路上，越挫越勇

> 天下哪有不劳而获的事？如果能利用种种挫折与失败，来驱使你更上一层楼，那离实现你的理想又将更进一步了。

如果你看过"美国名人榜"中很多名人的生平，你就会知道，这些功业彪炳史册的伟人，都受过一连串的无情打击。只是因为他们都能坚持到底，才终于获得辉煌成果。

有一个非常有名的管理顾问，你一走进他的办公室，马上就会觉得自己"高高在上"似的。

办公室内各种豪华的摆饰、考究的地毯、忙进忙出的人们以及知名的顾客名单都在告诉你，他的公司的确成就非凡。

但是，就在这家鼎鼎有名的公司背后，藏着无数的辛酸血泪。

这位管理顾问在创业之初的头六个月就把自己十年的积蓄用得一干二净，并且一连几个月都以办公室为家，因为他付不起房租。他也婉拒过无数的好工作，因为他坚持实现自己的理想；他也被拒绝过上百次，拒绝他的和欢迎他的顾客几乎一样多。

就在整整七年的艰苦挣扎中，谁也没有听他说过一句怨言，他反而说："我还在学习啊。这是一种无形的、捉摸不定的生意，竞争很激烈，实在不好做。但不管怎样，我还是要继续学下去。"

他真的做到了，而且做得轰轰烈烈。

朋友有一次问他："把你折磨得疲惫不堪了吧？"他却说："没有啊！我并不觉得那很辛苦，反而觉得是受用无穷的经验。"

天下哪有不劳而获的事？如果能利用种种挫折与失败，来驱使你更上一层楼，那离实现你的理想又将更进一步了。

爱迪生夫人说："爱迪生不断使用消去法解决问题。如果有人问他是否因为太多的途径行不通而感到泄气，他一定答道：'不！我不会泄气。每抛弃了一种错误的方法，我也就向前跨进了一步。'"

一旦经历挫折失败后就界定自己为"一个失败者"，那么，我们就已经丢掉了成功的可能性。曾经失败过并不是问题的所在，而是我们怎么来看待失败。一个乐观的人可能会说"我还没有成功"。

也许最足以代表这个原则的例子就是爱迪生。虽然爱迪生被认为是一个发明家，但他从不沉浸在这种身份所带给他的喝彩与尊重中。当拿破仑·希尔第一次采访他时问："爱迪生先生，你对于发明灯泡的过程中所产生无数次的失败有什么样的看法？"

爱迪生回答："对不起，你说什么？请再说一遍。我从来没有失败过。我有过无数次没有成功的学习经验，而我必须积累足够的学习经验来找到成功的方法。"对于爱迪生来说，他的每次失利都是一次收获，因此也就无所谓失败。我们都有无数的学习经验，就像学习走路，我们不断地尝试，因为我们看到别人成功地学会走路。

可见，每一次失败和挫折都是一次吸取人生智慧的过程，战胜挫折就是增加你所做之事的"附加值"。虽然挫折越大，越会使人感到沮丧，但若战胜了它，我们会发现，我们所做的事显得份量沉甸，因为，我们从失败和挫折中挖取了更多的智慧。

世界上有无数人，一辈子浑浑噩噩，碌碌无为，他们对自己一直平庸的解释不外是"运气不好"、"命运坎坷"、"好运未到"，这些人仍然像小孩那样幼稚与不成熟；他们只想得到别人的同情，没有一点主见。由于他们一直想不通这一点，才一直找不到使他们变得更伟大、更坚强的机会。所以，千万不要把失败的责任推给你的命运，要仔细研究失败的原因。如果你失败了，那么继续努力吧！只有不放弃才能实现梦想。

## 3. 奋力一搏还是弃械投降

> 永不向命运屈服，就能够激发自己奋斗的勇气，就能够找到摆脱困境的道路和方法。

人生中的困境与挫折如影随形，困境会折磨人的身体和意志，但它更是一种推人奋进的动力。每个人都不能避免挫折和失败的出现，关键看你如何将令人沮丧的困境转化为顺境。显然，刘云霞就是一个成功的例子。

1981年，初中毕业的刘云霞在一家街道工厂工作。后来这家民办小厂越来越不景气，刘云霞不得不回家待业。初涉人世的她仿佛是在风雨中迷路的孩子，一时间看不清前行的方向。她一次次在黄昏里徘徊，一次次质问如血的残阳，这世界为什么如此不公？当看到昔日的工友下班回来，她既羡慕又嫉妒。人家为什么能留用，而自己就不行呢？刘云霞开始反省自己，别人留用并不是靠后门，自己下岗实在是能力欠缺，贫乏的专业知识已经成为自己再就业的障碍。为此，刘云霞拟订了自学计划。她开始一步一个脚印地学财会、公关、微机、汽车驾驶。她认识到，机会总是为有头脑的人准备着的。

20世纪80年代正是建筑行业快速发展的时候，高楼大厦鳞次栉比，而与建筑业配套的运输业却没能跟上脚步。刘云霞看准这个市场空档，毅然说动了竭力反对的父母，拿出2000元积蓄并借了4000元买了一台旧货车跑运输，对男人来讲这都是一种极艰苦的活计，何况一个女人？凌晨三四点就得爬起来，晚上不到八九点钟不到家。刘云霞先是拉沙子，后来运砖瓦，有时跑长途好几天在外；饿了啃块硬馒头，吃口咸菜，困了在车上打个盹。一年多的时间里，刘云霞累瘦了，脸晒黑了，但辛苦也得到了回报，由最初的1台车发展到了5台，由建筑运输发展到粮食、蔬菜、旧货运输等多方面。下岗后的刘云霞正是用坚强不屈的意志战胜了困境，积极努力用知识武装了自己，靠学得的一技之长创造了成功的机会。

经过一年多的时间，刘云霞已经完全摆脱了困境，开始了创业发展。善于把握商机的刘云霞又把目光投向了饮食业，经过一段时间的努力，于1991年3月建立了沈阳陵东消费品采购站，从许多食品、饮料厂家以出厂价进其产品，然后在陵东市场对外批发。刘云霞抓住消费热点薄利多销的举措颇受欢迎，采购站的生意越做越红火。很快采购站又增加了酒水批发业务，并于1993年成立了亨通食品经销公司。

虽然刘云霞致富的梦想一个个地变成了现实，但她仍不满足。1994年初，她得知位于皇姑区华山路一个商店要转兑，刘云霞决定买过来。可是卖方说已有了买主，刘云霞当机立断，以高出对方的价格买了下来。她要把它改建为酒店，经营餐饮业。当时的市面上，餐饮酒楼林立，竞争激烈残酷，不少酒家纷纷倒闭，而且各种纷繁复杂的社会关系令许多有经验的商家都难以应付。然而钱越难赚，越有人能赚钱，只要有良好的管理和优质的服务，在低潮中一样可以闯出新天地。1994年3月，经过一番扩建装修，"金运"大酒店在鞭炮声中正式营业，刘云霞和员工热情地迎送着八方来客。

管理酒店，不仅是一种尝试，更是一种挑战，刘云霞明白要想在商海中站稳脚根必须有一支高素质的员工队伍。对招聘来的员工进行岗位培训，都是她亲自制定培训计划，编写教材，给员工授课。针对员工文化底子薄的状况，她亲自去新华书店购回有关书籍，免费发到员工手中。她说金运的员工不仅仅是端盘子的服务员，更是一支文化含量高的服务队伍。她还制定了服务员提升大堂经理制度，激发了员工的竞争意识。

大酒店程序复杂，如何提高效率，让顾客放心，这关系到酒店经营的成败。为此，刘云霞实行了以酒店为主体的微机联网控制系统。顾客结算时用微机把菜单价格打印出来，让顾客过目签字，服务员不可涂改。节省了时间，提高了工作效率。顾客对这一举措十分满意。他们说，到"金运"吃得放心，高兴而来，满意而归，归了再来。

十余年的时光在不断竞争中悄然逝去，吃尽酸甜苦辣的刘云霞所经营的亨通食品经销公司和金运大酒店已经拥有300名训练有素的员工，营业面积由过去200平方米的规模发展到4000平方米，由起家的2000元发展到上千万元的固定资产，利润额年均百万元。

刘云霞的奋斗历程实在值得人们深思。也许你正处在困境中，也许你想挣很多很多的钱，然而你若不能正视自己，不能不断地提高自己，学得一技之长，不能及时把握市场竞争中的赚钱时机，不懂科学管理，不善经营，如何能走上成功之路？

# 第九章 困难失败再多，一样扭转『钱』坤

## 4. 用理性的乐观面对困境

*人生有乐也有忧，谁都不会一帆风顺，当你面对挫折，不放弃自己，永不屈服，那么，逆境真的成了一种祝福。*

谁的人生之路都不会一帆风顺，成功是由无数次失败构成的，正如美国通用电气公司创始人沃特所说："通向成功的路即把你失败的次数增加一倍。"但失败对人毕竟是一种"负性刺激"，总会使人产生不愉快、沮丧、自卑。那么，如何面对，如何自我解脱，就成为能否战胜自卑、走向自信的关键。

受到挫折时要学会思考反省，在沉默中给自己定位，在沉默中撞击新的火花。获得成功时更需要思考，在思考中冷却，在探索中寻找新的起点，确立新的目标。往往上帝向你关闭这扇门时，同时为你打开另一扇窗。

人生有乐也有忧，谁都不会一帆风顺，当你面对挫折，不放弃自己，永不屈服，那么，逆境真的成了一种祝福。所以是成功还是失败，就在于面对挫折的不同态度。大浪淘沙，优胜劣汰，成功只能属于那些在挫折面前顽强坚持到底的人。

一位泰国企业家玩腻了股票，转而炒房地产，他把自己所有的积蓄和从银行贷到的大笔资金投了进去，在曼谷市郊盖了15幢配有高尔夫球场的豪华别墅。但时运不济，他的别墅刚刚盖好，亚洲金融风暴出现了，他的别墅卖不出去，贷款还不起，这位企业家只能眼睁睁地看着别墅被银行没收，连自己住的房子也被拿去抵押，还欠了相当一笔债务。

这位企业家的情绪一时低落到了极点，他怎么也没想到对做生意一向轻车熟路的自己会陷入这种困境。

他决定重新白手起家，他的太太是做三明治的能手，他建议丈夫去街上叫卖三明治，企业家经过一番思索答应了。从此曼谷的街头就多了一个头戴小白帽、胸前挂着售货箱的小贩。

昔日亿万富翁沿街卖三明治的消息不胫而走，买三明治的人骤然增多，有的顾客出于好奇，有的出于同情。许多人吃了这位企业家的三明治后，为这种三明治的独特口味所吸引，回头客不断增多。现在这位泰国企业家的三明治生意越做越大，他慢慢地走出了人生的低谷。

他叫施利华，几年来，他以自己不屈的奋斗精神赢得了人们的尊重。在1998年泰国《民族报》评选的"泰国十大杰出企业家"中，他名列榜首。作为一个创造过非凡业绩的企业家，施利华曾经倍受人们关注，在他事业的鼎盛期，不要说自己亲自上街叫卖，寻常人想见一见他，恐怕也得反复预约。上街卖三明治不是一件多么惊天动地的大事，但对于习惯了发号施令的施利华，无疑需要极大的勇气。

在挫折面前不屈服，要有一个前提，这就是从中吸取教训，总结经验，才能够避免失败走向成功。在挫折面前只是一味的坚持而不总结经验、不引以为鉴，那他还会遭遇挫折，那种不服输只是有勇无谋。失败与成功没有必然的因果联系，如果你不能总结教训，你会永远生活在逆境中，逆境也自然成了一种人生诅咒，而不是祝福。

在前进中没有平坦大道，而只有崎岖之路，也许你已经获得某种程度上的成功，而命运之神再次跟你开玩笑，你又跌到比成功之前更深的山谷深渊。而此时，你永远不知道命运将用他的哪副面孔对准你，但只要坚持下去，好运总有一天会被等到。坚持奋斗，永不气馁是成功的必要因素。

人的一生会碰上许多挡路的障碍，这些障碍有的是别人设置的，比如金融危机、灾祸、失业，它们成为障碍并不以你的意志为转移，有些是自己放的，比如名誉、面子、地位、身份等，它们完全取决于一个人的心性。生活最后成就了施利华，它掀翻了一个房地产经理，却扶起了一个三明治老板，让施利华重新收获了生命的成功。

第九章　困难失败再多，一样扭转『钱』坤

## 5. 善胜不败，善败不亡

> 人生好比演出，当然有演砸了的可能。演砸了，天也不会因此塌下来，只能以此吸取教训，在忍耐中不断进取，保证下次登台时能成功。

"善胜不败，善败不亡"，经得起失败，耐得住寂寞才会有胜利。失败不可怕，怕的是败后一蹶不振，缺乏不屈不挠的精神。

王永庆的企业在20世纪50年代曾经到了快要破产的边缘，由于技术落后，又无贤才，造出的产品成了一堆堆无用的废物，于是股东纷纷退股，他将所有的家产变卖，做了最后的一搏，但是又失败了，他被逼上了绝路。他冷静下来认真地总结了失败的教训，终于深刻地认识到：自己虽然有出色的管理和经营才能，但对技术却是一窍不通。为此，他以重金从国外聘请了工程师，委托他们解决一切技术问题。从此，王永庆的企业摆脱了困境，走上了正确的发展道路。

忍耐是一种精神，在处于困境时的忍耐则是对未来的希望和信心。摆脱困境，靠的就是乐观忍耐的精神，在这种精神的感召下不断努力拼搏，总有起死回生、东山再起的机会。

陈冠圻是广州人，两岁那年，他在一次高烧中留下了终身残疾。父亲早逝，母亲一人工作抚养6个孩子，家庭十分困窘，陈冠圻10岁才读上小学，在这种环境下长大的陈冠圻，从小就比别人懂事。

或许是清楚自己身体的缺陷，因而他比别人更努力地学习，学习成绩在班里总是非常拔尖，同学们都尊敬他，老师也喜欢他。1982年，陈冠圻高中毕业，尽管成绩非常优秀，但没有一所大学肯要他，他去找工作，人家一看他的腿瘸得这么严重，都纷纷摇头。

找不到工作，陈冠圻决定自己创业。他先是借来2000元做实验，几个月后终于研究出第一桶洗衣膏。为了推销方便，他又借来700多元，买了台残疾人专用的二手电动三轮车，踏上了推销之路。第一次使用这种三轮车，由于对车的性能不太了解，有时候在半路上蓄电池就没电了，他只好用手摇动轮子，累得满头大汗。

灾难还在后面，一天早上，陈冠圻上班后惊奇地发现办公室空空荡荡，所有员工不知去向，所有的资料全部不见。原来，他的一位合作伙伴挖走了所有员工，卷走了全部资料，那人临走前还打烂了车间里所有装着洗衣膏的缸缸罐罐，而那人曾是陈冠圻的中学同学！陈冠圻对他一直都很好，甚至把自己的配方毫无保留地传授给他。这件事对陈冠圻打击非常大，至今想起来仍非常痛心。

生活的磨难只能使强者更坚强，1993年，陈冠圻建立了属于自己的奇易化工实业有限公司，生产出一系列酒店用的专业洗涤用品，手下员工很快发展到100多人。后来，他又在全国开设了20多个分公司和办事处，销售网络迅速遍及全国。在洗涤行业站稳脚跟后，他开始把经营触角伸向其他领域。2000年底，他斥资数百万元创建根雕艺术品商行。2001年，他再接再厉，击败了几家实力强大的竞争对手，取得了一种新型灭蟑螂药的广州总代理权。2002年，他成立奇易汽车美容护理用品公司，然后又办起驰善汽车美容连锁管理公司，同时成立文化传播资讯公司，取得了一个又一个的成功。

而今，拥有六七家公司的陈冠圻，已在广州最繁华的天河北路购买了属于自己的豪华写字楼，他的主打产品——"奇易"牌专业洗涤用品成为全国知名品牌，昔日的手摇三轮车也早已换成皇冠小轿车。

作为一个残疾人，肯定会在创业的起跑线上输给正常人。但陈冠圻不怨天尤人的人生态度和自尊自立、自强不屈的奋斗历程赢得了所有人的敬佩。

可见，失败并不可怕，可怕的是失去了奋斗的勇气和决心，失去了前进的目标和斗志，那么这样下去只能一无所有。只有历经磨难再爬起的人才能拥有属于自己的财富。

## 6. 没有人永远失败

> 励志大师陈安之说过:"成功者从来不半途而废,成功者从来不投降,成功者不断鼓励自己,鞭策自己,并反复地去实践,直到成功。"

社会上想干一番事业的人很多,可是敢创业的人却不是很多,因为创业是风险高负担重的路,没有良好心理素质的人是不适宜创业的。想创业的人不仅要有坚持的勇气,还要有面对失败的心理承受能力。

人生没有常胜将军,谁都会经历失败。面对一次次失败,不是每个人都能够认准自己的目标继续奋斗,一直坚持到成功那一天。许多人心灰意懒、消极颓废,最终选择了放弃,而此时他们离成功也许只差一步。经得起失败的人才容易拥有财富,才可能成大事。

有容德乃大,有忍事乃济。大凡志向高远的人,都能够保持一种不变的勇气和热情,养成坚韧的习惯,从容不迫地处理事业中的各样难题。只有经得起考验,才能走过大风大浪,最终成就大事。

下海之前,王勇在重庆一家公交公司做秘书,后来发现很多昔日的同行都已自立门户下海经商,于是他也蠢蠢欲动了,承包了公交公司下属的一家贸易公司。

那时重庆的房地产业刚刚红火,对建材需求量一天天增大,他拿到了不少单子,便有了最初的财富积累。钱来得很轻松。可是从1996年下半年起,随着市场的规范和大量建筑材料的上市,他的生意是王小二过年,一年不如一年。

但王勇坚信自己不会输给别人,于是他在城南租了一个门面,搞涂料批发，同样以失败告终。

涂料生意的失败让他开始真正静下心来反省自己。王勇发现，当初自己是在利用"人情网"做生意，其实自己对商业与市场的理解是一窍不通，没有雄厚的资金，不懂管理，甚至连基本的财务知识也少得可怜。

于是他作出了一个非常理智的决定：回到企业去打工。他在一家大型的建材公司找到了一份销售的工作。由于事事留心，王勇很快熟悉了公司的管理流程，信心也似乎恢复过来。

一年之后，王勇的一个朋友介绍说有一个建筑工程准备分包，想与他合作。于是他找到一家施工队合作，他出项目，对方出人和设备，双方按相应比例分成。然而世事难料，原本8个月应该完工的工程最后竟拖了3年！工程款不能按时结算，合作伙伴还时常拿着刀子带着家伙上门逼债！王勇再次变得一无所有。

两次生意的失败，仍然没有动摇王勇干事业的决心，他在等待中认真寻找机会。后来他发现，户外运动在国外非常普及，在国内却是一种很贵族化的运动，尤其是登山。

2001年初，王勇在南滨路上创办了"普兰卡"酒吧，那段时间他将所有的钱都投了进去。他相信，只要沿着自己认定的方向，坚定不移地往前走，一定可以成功！不久"普兰卡"就在喜欢户外运动的朋友中出名了，利润开始慢慢增长。10个月后，他还掉所有债务还赢利5万元。一年之后，他以20万元卖掉"普兰卡"后注册成立了重庆"天晴拓展"户外运动有限公司，第一次在这个城市打出了以户外运动为经营项目的招牌。

王勇说，"天晴拓展"这名字使他感到天空变得晴朗。回首8年风雨创业路，他终于找到了自己有兴趣终身从事的事业，也第一次有了脚踏实地的感觉。和很多人一样，王勇遍尝了成功的喜悦和失败的痛苦，回想整个创业的过程，他最深的感触是：一个人在开始创业的时候，一定要清楚自己要干什么，最适合干什么。然后不断地尝试，不断地失败，不断地总结反省，再一直坚持下去，就能找到成就事业的真正起点。

励志大师陈安之说过："成功者从来不半途而废，成功者从来不投降，成功者不断鼓励自己，鞭策自己，并反复地去实践，直到成功。"想要创业成功的人一定要记住：这个世界上没有永远的失败者，坚持下去，终有一天你会成功。

第九章 困难失败再多，一样扭转『钱』坤

## 7. 冲破樊篱，在艰难的环境下崛起

> 孟子说过："天将降大任于斯人也，必先苦其心智，劳其筋骨，饿其体肤，空乏其身，行拂乱其所为。"只有经历过苦难的洗礼才能见到彩虹。

西方的哲人说：伟人源自苦难。艰难的环境可以磨练一个人的意志。宜家的崛起和腾飞就在于卡普拉德的坚强意志。

卡普拉德创办宜家时恰逢二战结束，他所在的国家瑞典由于在战争中处于中立位置而免遭战火的洗礼，但它也同样面临着百废待兴的局面。可以说，这是卡普拉德创业的最佳时期。

在这样的关键时刻，卡普拉德敏锐地看到了家具市场发展的巨大潜力。1953年，卡普拉德放弃了所有的其他行业，专门从事低价位的家具经营，由此开创了宜家家居时代。但是，当时瑞典国内家具市场几乎被制造商卡特尔和零售商卡特尔所垄断，这种垄断局势对宜家的经营和发展极为不利。如果按照当时的游戏规则，宜家无法挤入家具业，即使已建立起家具公司，最终也难以逃脱夭折的命运。

卡普拉德，这位5岁时就表现出颇有天分的生意人没有理睬这种游戏规则，而是另辟蹊径，以家具制造商身份直接卖家具给消费者，同时又以零售商身份直接向独立生产厂家采购家具。

卡普拉德开创的融制造商和零售商于一体的经营方式大大地降低了家具产品的终端价格，深受消费者欢迎。然而，宜家独特的经营手法触动了竞争对手们的既得利益，激怒了那些谨遵游戏规则的同行们，他们很自然地联起手来抵制宜家，家具行会立刻宣布禁止宜家在家具展上直接展销家具。形势对宜家

极为不利，但脾气倔强的卡普拉德并未因此而退却，他一怒之下找了一间废弃的旧厂房，并把它改造成第一个宜家仓库，仓库兼用于家具展厅，从此第一间"宜家专卖店"正式诞生了，周围的居民们排着队到这里购买家具。

生意日益红火的宜家，使得那些心存嫉妒的竞争对手们恼羞成怒，他们一不做二不休，继续联手挤压宜家，拒绝向宜家销售家具，打击那些敢于向宜家提供商品的制造商。在这种艰难的情况下，卡普拉德并没有屈服，更没有退缩，他信奉"只要我们动手去做，事情就会好起来"，凭着这种愈挫愈坚的意志，卡普拉德一步一步地向着既定的充满阳光的方向前进。

宜家在卡普拉德的带领下步步扩张，任何对手都不能让他退步。正在公司发展起步时期，卡普拉德做出了人生最富有意义的决策：走出国门。卡普拉德带着公司设计的大样，跑到当时信奉共产主义的国家波兰寻找机会，并与波兰的低成本家具生产厂家建立了良好的关系。宜家不仅与这家波兰家具厂保持着买卖合同关系，而且还帮助对方建立起现代化的生产体系。这种现代化生产体系一方面有利于提高家具产品的质量，另一方面还能降低生产成本，因而宜家才能以长久的"大众价格"的经营理念在市场中生存。

卡普拉德的波兰之行成功催生了宜家第一家海外生产基地，为他带领宜家进军国际市场开了一个好头。在大多数人还缺乏全球化意识的时代，卡普拉德就已经开始进行了不同国家市场的尝试。1963年，卡普拉德首先在挪威奥斯陆开了第一个瑞典境外的分店，而后很快便发展到丹麦和瑞士。1974年，宜家开辟了全球最大的德国家具市场，然后挥旗进军北美大陆——加拿大，继而转战荷兰。1985年和1987年，宜家分别成功打入美国和英国市场，并将其发展成为宜家在全球的第二和第三大市场。

有人说，宜家是在一次次国内同行的抵制下成长和发展起来的，并已名副其实地成为世界家具龙头老大。更准确地说，宜家的崛起与腾飞在于卡普拉德——这位宜家创始人临危不惧的顽强性格、独辟蹊径的创新精神及其与众不同的经商头脑，所有这些都是缔造宜家王国的真正根基。

所以，我们在羡慕那些成功商人的同时，也要仔细想想要怎样做才能赚取属于自己的人生财富，相信答案就是不怕逆境，勇敢面对苦难。

## 8. 给你的车轮打打气

> 在生活的长河中，不可能不遇到险滩和暗礁。但险滩和暗礁，对于弱者是不可逾越的障碍；对于强者则是磨砺意志的砥石。所以说，要想成就大事，除了有自信外，还要有坚强的勇气和毅力。

人需要有信心和毅力，就像骑自行车，打足了气的车轮才能跑得快，这个"气"就是信心和毅力。

弗兰克·伍尔沃斯在1919年去世时，他的公司已经成为美国零售业里无人置疑的中坚力量。如果有人看到早年他如何遭遇一个又一个挫折，艰难地摸索道路，现在一定无法相信自己的眼睛。

当伍尔沃斯还是个小孩时，他喜爱的游戏就是"开商店"，玩起来全神贯注，乐此不疲。他16岁中学毕业后，就开始在父母占地108亩的农场里干活。他觉得农场里的生活太枯燥无味，便开始在当地大学里修一门商业课，准备另干一番事业。

快到21岁时，他在纽约州水城的奥格斯勃利—穆尔街角商店干学徒，每周6天干84小时，每小时的报酬只有不到4分5厘钱。

在奥格斯勃利—穆尔商店干了两年，伍尔沃斯又来到布什奈尔合伙公司。开始时，这家杂货和地毯店的老板对伍尔沃斯工作能力的评价，还不如他的第一家老板。因为销售量太少，伍尔沃斯的每周工资从10美元降到8美元。伍尔沃斯没日没夜地拼命干，想证明自己能做好这份工作，结果累垮了身体，丢掉了工作。他不得不花了半年时间养病，才算恢复了健康。伍尔沃斯和照顾他养病的缝纫女工珍妮·克赖顿结了婚，婚后生了3个女儿。

伍尔沃斯原来的老板穆尔怜悯他，让他回奥格斯勃利—穆尔街角商店干他的老本行，这时，这家商店已经更换合伙人了，成为穆尔—史密斯街角商店。这一次，伍尔沃斯通过橱窗展出商品，表现出自己的商业才能。而且，他很快就找到了充分发挥的机会。1878年，穆尔面临一个大难题，他积压了太多的存货，同时又有越来越多的货款没有收回。他让伍尔沃斯想办法搞个新形式的商品展示。当时，美国中西部地区商店里的"5分钱货柜"很受顾客欢迎。伍尔沃斯就在商店门外安放了一张长条桌，上面摆满了别针、梳子、钢笔、肥皂和其他小商品。在他的这些商品上方，写了一幅大大的通告，告诉过往的人们桌上所有东西都可以用5分钱买到。

穆尔并不真的认为这么便宜的小商品能卖多少钱，但他想至少可以吸引顾客到他的商店来。只要他们进了商店，就有可能买点贵的东西。伍尔沃斯很用心地经管这个货柜，确保及时添货，顾客也开始络绎不绝。看到这种货柜如此受欢迎，伍尔沃斯想到可以做5分钱货柜的大生意，他认为能够靠满商店不值钱的小商品赚大钱。

让伍尔沃斯感到庆幸的是，他的老板愿意帮他的忙。1879年，当伍尔沃斯找地方开自己的商店时，穆尔答应赊给他315美元的货物，好让这个年轻人开张。伍尔沃斯开设了他的第一家商店。他的店名很有特色，叫做"伟太的5分钱商店"。伍尔沃斯在第一个星期卖出了244.44美元的商品。然而，只有一间小屋的商店，在吸引大量顾客方面无法同城内的大商店相比，"5分钱商店"的赢利很快下降了。当伍尔沃斯赚到的钱达到250美元时，他决定关掉这个店。伍尔沃斯伟大的商店只经营了不到4个月。

伍尔沃斯关掉商店时，从容而果断。他坚信5分钱商店是个好点子，他没有为这次失败扼腕叹息，而是发誓下次要干得更好。

一个月之后，按照一位朋友的建议，伍尔沃斯在宾夕法尼亚州兰凯斯特又开了一家商店。开张那天正赶上城里举行游行，整整一天，无人光顾他的商店。在焦急和无奈中，他的商店突然挤满了游行回来的人。在短短的几小时里，他的商品卖掉了1/3的存货。他的这个商店位置很好，所以人潮不断。在3个星期内，他的全部货物卖完了3次。没过多久，伍尔沃斯最关心的已经是找不到足够的货源保证他及时添货。兰凯斯特的商店开张一年后，伍尔沃斯把价值10美分的小商品引进他的商店，扩大了营业规模，这个店很快成为闻名遐迩的"5和10"商店。

第九章 困难失败再多，一样扭转『钱』坤

然而，还有失败的考验在等着伍尔沃斯。由于前面成功的激励，他决心把他的商店扩展为连锁店。不久，他又在宾夕法尼亚的哈里斯堡和约克建起了"5和10"商店，但这两个商店都失败了。原因是他在这两家店增添了25美分的货柜。

靠一个店的赢利已足够伍尔沃斯生活，毕竟到1882年，他的5美分和10美分商店每年可以给他赚回2.4万美元。但伍尔沃斯执意要实施他的连锁店计划，他认为小商品的利薄，成功的关键在多销。为了多销，他要有上百个商店才行。

伍尔沃斯找到了愿意投资并参与管理的合伙人。到1886年，在宾夕法尼亚、新泽西和纽约，他建起了7家伍尔沃斯商店。从1888年起，伍尔沃斯有了足够的钱来开新店，不再需要合伙人的投资。同时，他开始雇用经理替他管理商店。

伍尔沃斯王国越来越庞大，1909年打入了英国，3年后又同他的5个竞争对手——多年来在其他领域经营"5和10"商店的老朋友联合成为一体。

伍尔沃斯在1919年去世，在他死后很长一段时间里，伍尔沃斯公司坚守他的既定方针，不卖价格超过10美分的商品。此时，公司已经成为美国零售业里无人置疑的中坚力量。如果有人看到早年他如何遭遇一个又一个挫折，艰难地摸索道路，现在一定无法相信自己的眼睛。

## 9. 即使失败也要试试看

> 与其不尝试而失败，不如尝试了再失败，不战而败如同运动员在竞赛时弃权，是一种极端怯懦的行为。作为一个成功的经营者，必须具备坚强的毅力，以及"即使失败也要试试看"的勇气和胆略。

很多时候，失败并不可怕，怕的是没有再爬起的勇气和信心。《当幸福来敲门》这部电影里的主人公加德纳，他身上那种在困难挫折面前从不低头、肯干努力的精神就像一剂精神良药一样刺激着每一个渴望财富人生的人。

《当幸福来敲门》改编自美国著名黑人投资专家克里斯·加德纳出版的同名自传。这是一个典型的美国式励志故事。作为一名单身父亲，加德纳一度面临连自己的温饱也无法解决的困境。在最困难的时期，加德纳只能将自己仅有的财产背在背上，一手提着尿布，一手推着婴儿车，与儿子一起前往无家可归者收容所。实在无处容身时，父子俩只好到公园、地铁卫生间这样的地方过夜。

为了养活儿子，穷困潦倒、无家可归的他从最底层的推销员做起，最后成为全美知名的金融投资家。回忆起自己的这段过去，克里斯·加德纳表示："在我20几岁的时候，我经历了人们难以想象的各种艰难、黑暗、恐惧的时刻，不过我从来没有放弃过。这本自传还有一层深意，那就是即使在最最艰难的时刻，父亲与儿子也是不可分离的。"

20来岁的加德纳读书不多，任职医疗物资推销员，还要照顾妻子和年幼的儿子。1981年，他在旧金山一个停车场看到一名驾着红色法拉利的男人正在找车位，他回忆道："我对他说：'你可用我的车位，但我要你答两个问题：你做什么工作和怎样做？'"对方自称是股票经纪人，月薪达8万美元，比加德纳年薪多一倍。

加德纳于是辞职转行，成功获得证券公司聘请，但还未上班，请他的人被解雇，新工作泡汤了。应征新工作前，他和妻子吵架，惊动警员上门调停。他还被警方追讨1200美元的违例停车罚款，因为无力还钱，被判入狱10天。但噩梦还未完，出狱后他发现妻子同儿子都消失了，他变得一无所有。几个月后，妻子再次现身，但不是想重修旧好，而是她不想带着儿子。加德纳需要抚养孩子，不能再住单身宿舍，被迫流浪街头，廉价旅馆、公园、地铁卫生间、办公室台底，都成了父子俩的栖身之所，一年后他才存够钱拥有自己的小窝。

加德纳努力赚钱，当上股票经纪后，事业一帆风顺。1987年他在芝加哥开设经纪公司做老板，成为百万富翁，近年致力于南非扶贫。他出版了自传，就是《当幸福来敲门》。

每一个成功的人物背后都有一段类似于传奇的故事，而且每一段传奇都会给我们留下一个印象：成功不是偶然的，你必须历经艰难而仍然怀有信念顽强拼搏，幸福才会来敲你的门！

为什么幸福还没来敲你的门？是因为你付出的还不够多，是因为你在困难面前放弃了继续追求的勇气，是因为你没想过为了成功放下你的尊严、你的傲气甚至你的小聪明。成功不需要太多的聪明和技巧，决心和忍耐比这些更重要。

印度诗人泰戈尔说："如果你因为失去太阳而流泪，那么，你也会失去群星。"如果只感伤失去，那么就会一无所有。只有敢于去品尝"失去"的乐趣，才能真正品尝人生的幸福。当然，人也不能失去一切，不能失去道德、不能失去理智、不能失去人性。否则，什么幸福和乐趣也都无从谈起了。

失败是成功之母，是我们增长才干的最佳途径。失败在悲观者眼里是灾难，在乐观者眼里却是生活的浪漫。有失败的痛苦，才有成功的欢乐；有失败的考验，才有做人的成熟。失败会使生活波折，从而增添生活的情趣。

《当幸福来敲门》中的主人公加德纳，他不但是一位事业上的成功者，也是一位很成功的父亲。我们的人生也并不平坦，然而与片中的主人公相比，我们的处境显然要比他好得多。他的成功无疑给我们一个启发：无论人生的路有多难走，坚持就是胜利。

成功很简单，就是不要为自己找借口，成功与借口不能共存。不为生活做过多的抱怨，而是用双手去创造同样的传奇，幸福就会来敲门，财富就会来拜访！

## 10. 跌倒的地方也有美丽风景

*在这个世界上，从来没有绝对的失败，有时只须稍微调整一下思路，失败就有可能向成功转化。*

在人生和事业中遭遇了失败，在一个地方跌倒之后，不少人往往会做出这种选择：迅速逃离失败，换一个领域、环境从头再来。其实，跌倒的地方也有风景，不必急于走开。

连自己名字都不会写的田中光夫，曾在东京的一所中学当校工。尽管周薪只有50日元，但他十分满足，很认真地干了几十年。就在他快要退休时，新上任的校长以他"连字都不认识，却在校园里工作，太不可思议了"为由，将他辞退了。

田中光夫恋恋不舍地离开了校园。像往常一样，他去为自己的晚餐买半磅香肠。但快到山田太太的食品店门前时，他猛地一拍额头——他忘了，山田太太已经去世了，她的食品店也关门多日了。而不巧的是，附近街区竟然没第二家卖香肠的。忽然，一个念头在他幽闭的心田一闪——为什么我不自己开一家专卖香肠的小店呢？他很快拿出自己仅有的一点积蓄接手了山田太太的食品店，专门经营起香肠来。

因为田中光夫灵活多变的经营，5年后，他成了名声赫赫的熟食加工公司的总裁，他的香肠连锁店遍及东京的大街小巷，并且提供产、供、销"一条龙"服务，颇有名气的"田中光夫香肠制作技术学校"也应运而生。一天，当年辞退他的校长得知后，便十分敬佩地打电话称赞他："田中光夫先生，您没有受过正规的学校教育，却拥有如此成功的事业，实在是太了不起了。"

田中光夫却由衷地回答："那得感谢您当初辞退了我，让我摔了个跟头后，才认识到自己还能干更多的事情。否则，我现在肯定还只是一位周薪50日元的校工。"

田中光夫的经历再次告诉我们一个朴素的真理——跌倒的地方也有风景。

同样，美国人约瑟夫·霍希哈在第一次世界大战即将结束时，用低价买下了雷卡瓦那钢铁公司，结果战争结束时雷卡瓦那钢铁公司的股票狂跌，他也赔得只剩下4000美元了。本想做一次聪明的投资生意，不料聪明反被聪明误，约瑟夫已趋于破产边缘了。但他并没有放弃股票生意，而是分析失败的原因，寻找新的机遇。

1924年的一天，他很偶然地发现未列入证券交易所买卖的某些股票实际是有很大利润可图的，而这些股票并不被金融大亨们所看重，但风险却极小。于是，他立即放弃了证券的场内交易，开始做起未列入证券交易所买卖的股票生意来。

经过一年的努力他终于开办了自己的证券公司——霍希哈证券公司。到1928年，约瑟夫已成为了一个成功的股票经纪人，他的公司每月利润都能达到20万美元左右，在当时的美国金融界拥有了令人羡慕的一方领土，并由此最终成为世界金融领域的骄子。

在这个世界上，从来没有绝对的失败，有时只须稍微调整一下思路，失败就有可能向成功转化。失败和成功之间有时只有半步的距离，只要我们从跌倒的地方向前跨出了那正确的半步，成功就唾手可得。但是，要记住的是，跌倒的地方也有风景，关键是要爬起来才能看得见。

所以，遇到挫折和失败并不是一件极其可怕的事，只要你勇敢去面对，在哪跌倒就在哪爬起，你就能看到更美丽的风景，就能赢得自己想要的人生。

## 11. 财富需要不断地雕琢

> 毅力是成为有钱人的必备条件。缺乏毅力，做什么事情都不能成功，只有毅力才能帮助人们不断冲破难关，并最终发家致富。

很多做生意成功赚钱的人，并非第一次做生意就赚钱，一般都要至少经过两次失败才会发达起来，因为生意能力是不可能从书本上学习的，很多时候是需要自己去经历体验的，经验是非常重要的。一个普通人经过两次失败后，才会知道做生意是怎么回事。

你能否禁得起折腾，这真的是一种能力。如果你禁不起到处借钱、被人追债、失败后的绝望，劝你真的不要去创业经商。因为只有那些禁得起折腾的生意人，最终才会赚到钱。

20世纪80年代后期，任月明、白翠玲夫妇二人相继下岗，在朋友的鼓动下，任月明和人合伙花了一万多元买了一辆旧车跑出租，结果钱没挣着，车最后以1800元的低价卖了出去，一家五口人每月只好守着200多元的生活费勉强度日，日子异常艰难。

1993年秋，夫妻俩通过熟人关系，利用贷款在种子公司旁租了间门面和人合伙开了一家粮油店，丈夫跑外，妻子经营。

刚开始，生意还凑合。但一次葵花生意，使他们的小店永远翻不起身来：小店雇用的一辆车外运时发生了车祸，货款全部用于支付车祸损失，一万多元的葵花血本无归。这样折腾了一年多，粮油店仍旧没有起色，夫妇俩只得另做打算，再次贷款买了一辆旧中巴跑起了中阳到太原的客运。

那时候，跑太原还得走薛公岭山上的弯路，一趟六七个小时，任月明就这样每天跟着跑，做妻子的白翠玲，为了不使丈夫身体累垮，每天5点多就起来做饭，一年下来，她瘦了一圈。但一年坚持下来，总算有了两万元的回报。

第二年，他们把旧车卖掉又和妹夫合伙买了一辆9万多元的中巴继续做客运。这辆车却没有那么幸运。在一次修车时，电焊火花迸发出来溅到车内，引起了一场大火，好不容易才灭了火。可是，修好之后不到半年，又着了一场火。这两场火，使他们在客运上赚钱的生意经全部化为泡影。

随后，他们又买了一辆解放141做起货运，辛辛苦苦干了一年多，但终因经营不善而败北。

1998年，通过朋友介绍，丈夫任月明花了19000元买了一辆二手五十铃跑货运。真是屋漏偏逢连夜雨，一个寒冷的清晨，货车出了毛病停在天津的一条路边，一个小伙子骑着摩托一头撞在车尾，震破了肝，在医院躺了22天，这一次又白白花费14000多元。

这一年，是他们家生活最困难的一年。大年夜，债主还一次次地光临他们家，过年成了痛苦不堪的事。但一次次的挫折、磨难并没有击垮夫妇二人创业的意志，他们决定抛开过去失败的阴影，从零开始重新创业。他们相信只要坚韧不拔地向前拼搏，就总有成功之日。

在经过考察和了解市场后，白翠玲萌生了卖旧货的念头。这年秋季，她用姨妈的3000元存折作抵押，到银行贷款2000元，从太原旧货市场买了10台旧彩电，放到一家电器商店，不长时间，彩电就一销而空。于是，她又求亲托友，在商贸市场门口的办公室开了一间很小很简陋的旧货铺。

开业初期，困难重重。一个月100多元的房租都是赶在月底才交，每天卖个五六块钱就庆幸着一天能把开支挣出来。每次到太原进货，白翠玲总得赶着和丈夫的送货车一道去，有时凌晨两三点钟就得起身，常常半夜才能赶回来。但就这样咬紧牙关，他们凭着不怕苦的拼劲儿和争口气的精神，把小店办得红红火火。一年到头，靠小打小闹也有个两万来元的收入。

第二年，商贾市场要出售，旧货店搬到了北环路。因为白翠玲诚信善良，加之丈夫人缘好，许多买旧货的人都从大老远的地方跑了过来，看她家有没有货，没有才到其他地方去买。这一年，小店不但卖些旧货，又增加了新货，生意做大了，北环路已放不下所有家当。2002年，他们又搬到了中阳县火车站对面。正赶上这两年全县民营经济发展迅速，许多新企业盖房子，大部分门窗、楼板、旧床等能用得上的货都是从她这儿拿，小店的业务蒸蒸日上。

经过几年的艰辛努力，如今，白翠玲的旧货店比过去扩大了十倍多，已有几十万元的家底。

凡是发家致富的商人，都有一个共同特点：坚忍执着、不达目的誓不罢休。而那些今天干这个，明天干那个，"三天打鱼，两天晒网"，或遇到一点小挫折就退缩不前，缺乏毅力和意志的人往往是什么事情都做不好的。

由此可见，毅力是成为有钱人的必备条件。缺乏毅力，做什么事情都不能成功，只有毅力才能帮助人们不断冲破难关，并最终发家致富。

# 第九章 困难失败再多，一样扭转『钱』坤

## 12. 让希望做你的精神脊梁

>   人因希望而存在，希望因成功而等待。人是精神动物，希望是精神脊梁，脊梁垮了，人也就垮了。

希望是催促人们前进的动力，也是生命存在的最主要因素，只要抱有希望，生命便不会枯竭。在心里种下一颗财富种子，说不定以后的某一天你就能收获丰厚的果实。

有这样一个农家女子，她生长在偏远的小村子里，过着日出而作日落而息的生活，她喜爱一项传统工艺——剪纸，并且具有比较高的水平。

这个女孩子不知从哪里道听途说这么一个消息：一些外国人喜欢中国的工艺品，大老远跑到山西的农家小院去买老太太做的虎头鞋，一双十美元，值好几十块钱呢。她想，北京是首都，外国人多，如果把自己的剪纸拿到那里一定能卖个好价钱。

18岁那年，她为自己的剪纸作品进行了第一次尝试，她带着省吃俭用攒出来的路费，满怀希望地到了北京。但是她没有想到，北京艺术品市场里的剪纸那么便宜，她带去的作品，一块钱一张都没人要，险些连回家的路费都成了问题。这次尝试得到的答案是——此路不通，不仅没挣到钱还赔上了一笔路费。此时，这位女孩应当把什么放在第一位？女孩选择了坚持，她坚持继续学习剪纸艺术。

22岁那年她为自己的剪纸进行了第二次尝试。她苦苦哀求、软磨硬泡，拿到了父母为她准备的一千元嫁妆钱，交了省城一家美术馆的展览费。这一次更惨，她不仅赔上了自己的嫁妆钱，还欠下了一大笔装裱费，而且成了乡邻茶余饭后的笑料，这样的后果她已经无法承受了，只好一走了之，为还钱跑到深圳去打工。打工的那段日子尽管她过得很艰难，但她除了每天在流水线上拼命工作外，还挤出时间去上晚间的美术课，处处留心实现自己剪纸梦想的机会。

　　后来，她做了一次又一次尝试。随着年龄的增长和人生阅历的增加，她将自己所能了解到的途径一一尝试。到艺术学校自荐、参加各种各样的评比和展出、给报纸杂志寄作品、报名参加电视台的参与节目、想方设法接触记者、联系赞助搞个人展、请工艺店和市场代卖、去印染厂推销自己的图样设计……她的尝试有许多都失败了，但她勇敢地承担每一次失败带来的后果，曾被中介骗子骗走了所有的作品，也曾被债主逼得走投无路。每失败一次都要狼狈不堪地善后，但她每一次在面临选择的时候，始终把酷爱的剪纸艺术放在第一位。后来，她有了自己的一个小小剪纸工作室，靠剪纸维持自己的生活。她满足了，快乐地认为自己获得了成功，因为日夜与她相伴的是她最爱的剪纸艺术。最后农家女终于成了远近闻名的"剪纸艺人"，她也因为剪纸而成为当地有名的富人。她不仅实现了自己的剪纸梦想，也成就了自己的财富人生。

　　农家女就是这样每天给自己一个小小希望，生活便充满无限活力。

　　人因希望而存在，希望因成功而等待。"哀莫大于心死"这句话谁都理解，这里所说的"心死"就是"绝望"。人是精神动物，希望是精神脊梁，脊梁垮了，人也就垮了。

　　所以，面对生活，不论希望大小，只要值得我们去期待、去完成、去实现，都是美好的，而在我们进行的过程中，必然会有失败和挫折，只要不放弃就能体会到其中的快乐，生命便也因此更丰盈，财富也将来的更有意义。

第九章　困难失败再多，一样扭转『钱』坤

# 第十章　和气生财，"心富"方能财富

　　做生意赚大钱应该是每一个想赚取人生财富的人的愿望，但做生意是门大学问，生意场上既有一进一出的赚与赔，也讲究一进一退的人情世故。只一味地考虑赚钱，很容易得罪别人又给自己带来麻烦。其实做生意就是做人，"和气生财"永远是赚取人生财富的法则，历数那些世界首富，无一不是心胸开阔的人，所以想赚大钱就要有大气度，唯有"心富"才能财富。

## 1. 大事化小，财富路上尽量避免诉讼

*在机会转瞬即逝的商界，个人和企业一旦陷入官司中，很容易分神而使自己身心疲惫，从而错过发展的好时机，所以生意人应尽量避免诉讼。*

商场上，不论是大公司还是小公司，几乎都有过打官司的经历，可以说打官司是一种自我保护行为，可以保护我们的权益不受侵害。但远离诉讼更是一种自我保护，生意人应尽量避免诉讼。

百龙绿色科技所（集团）总裁孙寅贵闯荡北京之前，曾在湖南家乡做了两年兼职律师。据孙寅贵讲，这段经历对他产生了很大影响。他觉得自己懂法，这绝对是比一般人高深的地方。在以后的那些年当中，一遇到什么不好解决的事，他的律师情结便会萌动，动不动就想打官司一决输赢。

事实上，在他经营百龙矿泉壶的那几年，大大小小的官司始终伴随着他。那么，企业从这接连不断的官司中得到了什么呢？

孙寅贵与别人打的大官司共有三个，一是与富豪牌矿泉壶的专利权官司；二是与德国大众的官司；还有一个是跟消费者韩成刚的官司。1992年，矿泉壶市场突然出现一匹黑马——"富豪"，它对百龙矿泉壶构成了极大威胁，孙寅贵想把它"灭掉"。他发现富豪矿泉壶不仅在原理上有仿造百龙壶之嫌，而且在外包装上直接印上了百龙壶图案。1993年，他在北京市中级人民法院告富豪矿泉壶侵权，要求立即"停止侵权"，并赔偿百龙经济损失300万元。这场旷日持久的官司，最终是孙寅贵打胜了，可胜诉完全是精神安慰，至今孙寅贵没有得到一分钱的经济赔偿，还付出了近百万元的其他费用，包括诉讼费、审计费、代理费等。这场官司打得他满身疲惫，到后来只有一个愿望，就是法

庭赶快宣判，回到正常的工作和生活秩序当中。

与大众的官司，对孙寅贵在经济上和声誉上都没有什么大的影响。接下来与韩成刚的那场官司，简直就是赔了夫人又折兵。当时整个矿泉壶行业在宣传上大话讲得不少。1993年，山西一位叫韩成刚的消费者，不断在报上撰写文章批评矿泉壶企业的做法，其中不少话对矿泉壶行业来讲是致命的。其实，这件事情眼看就要过去了，因为读者已经对他的文章没有什么兴趣了。可孙寅贵偏偏想告他，这一告，就把事情弄得复杂了。在新闻界的关注下，矿泉壶行业里的种种"内情"，都被公之于众，消费者对矿泉壶的信任降到了最低点，仅百龙在山西省太原市的直接损失就超过300万元。一审孙寅贵虽然胜了，但是虽胜犹败——整个矿泉壶市场已经无可救药。此后，韩成刚上诉，而孙寅贵已经没有打这场官司的心情了，二审仅判韩成刚言词失当。

现在对企业打官司这件事，孙寅贵的想法改变了，懂法和懂得用法律武器保护自己并没有错，相反还值得在企业大力提倡，但因此而认为诉讼是解决一切矛盾的根本之道则走入了另一个极端。

百龙的经历证明"法庭上见"是要付出代价和风险的，无论胜败都将精疲力尽。孙寅贵觉得，打官司是一种自我保护行为，远离诉讼更是一种自我保护，尤其对那些规模不大、时间不长、涉世不深的中小企业来说，更经不起诉讼的折腾。如果有一天企业间的诉讼少了，那将是中国企业走向成熟的一个标志。处理任何事情，不可轻起事端，最好是采取中和的方法，或者在诉讼初起时就中止，或者请德高望重的人来予以调解。

在机会转瞬即逝的商界，个人和企业一旦陷入官司中，很容易分神而使自己身心疲惫，从而错过发展的好时机，所以生意人应尽量避免诉讼。

## 2. 利益均沾，切忌"窝里斗"

> 生意人要大度，不能见利忘义，更不能看到了一点赢利便和合作伙伴"窝里斗"，这样只会"斗"死自己的企业，让自己无财可享。

做生意的人要有长远眼光，放大度点，不能盯着眼前利益，过于斤斤计较。尤其是涉及利益格局和利益分配的时候，更要心平气和，与合作伙伴一起均分利润，不能施尽各种手段将其占为己有。

广东爱多电器有限公司正式成立时公司有3个股东，胡志标和他儿时的玩伴，也是他的好朋友陈天南各占45%的股份，另外10%的股份由中山市东升镇益隆村以土地入股获得。据说胡志标和陈天南当时各入股公司的本金只有2000元。

胡志标是一个经营的天才，而他主打市场的手段便是广告，他所有的智慧和创造好像也都体现在广告上。1996年11月，爱多以8200万元人民币出价获得了中央电视台广告招标电子类的第一名。过了一年，1997年11月，爱多又以2.1亿元的出价获得了中央电视台第四届广告招标的"标王"，全国轰动。那时候是爱多最兴盛的时候，也是胡志标最得意的时候。爱多日进斗金，胡志标喜不自胜。

然而，后来胡志标失败了，爱多没落了。原因是什么？失败不仅仅是因为对于标主的争夺超过了自己的资本承受能力，更多的是"窝里斗"带来的恶果。当初爱多赚钱了，胡志标的烦恼也就随之而来了。爱多公司在胡志标的巧手经营下获得成功，赚到很多的钱，而爱多公司另一位与胡志标并列的大股东陈天南，从来不过问公司的事，却以2000元的出资，每年坐收其利，获得爱多

45%的红利。这使胡志标心里很不平衡。

于是胡志标指使他的总经理助理，当时兼管爱多财务、后来成为他的妻子的林莹封锁财务，不让陈天南查账。后来又在中山市成立了几家由自己担任大股东的公司，这些公司与广东爱多电器公司毫无关系，却盗用"爱多"的招牌，连注册资金也是从广东爱多电器公司挪用的。胡志标成立这些公司的目的不言自明，利用关联交易转移资产。

这些做法引起了陈天南的强烈抗议。陈天南先是发"律师声明"，后又与益隆村联合起来进行逼宫。1999年4月，胡志标被迫从广东爱多电器公司董事长和总经理的职位上"下野"。但富有戏剧性的是，在将胡志标拉下马来以后，陈天南和益隆村却因不懂经营，同时迫于经销商的强大压力，仅仅过了20多天，他们又将胡志标扶上马。经此一变，爱多元气大伤，最主要的是，坏了爱多的声誉，伤了经销商的信心。

2000年4月，胡志标以空头支票诈骗的罪名，被汕头一家公司举报被捕。2003年6月，胡志标被中山法院以"票据诈骗罪"、"挪用资金罪"、"虚报注册资金罪"三罪并罚，判处有期徒刑20年。没有人会想到一代标王竟落得这样的下场。

胡志标聪明反被聪明误，他只看到自己付出和所得的不公，但却忘了团结协作、利益均分，才能和合作人一起延续企业的生命，获得更长远的利益；太注重眼前的利益，只会让自己失去更多。

可见，生意人要大度，不能见利忘义，看到了一点赢利便和合作伙伴斤斤计较，甚至使用各种手段来侵吞利润。"窝里斗"的最终结果，只会"斗"死自己的企业，让自己无羹可分。

虽然生意场上竞争无比残酷，单是企业外部的竞争就够经营者应付得焦头烂额了，但是如果经营者自己内部还搞"窝里斗"，不用别人来挤兑你，自己也会先整垮自己，失败是必然的结局。

## 3. 退一步海阔天空

> 退一步海阔天空，做生意要懂得退让，这样才能为自己争得更多有利的条件。

与人合作做生意，要懂得变通退让之法。如果一味地强硬，不会变通，只会招来不必要的敌人，让自己四面楚歌。唯有适时懂得退让，你的生意才能顺畅通达。

三井银行在日本明治维新时期是一家著名的大银行。1891年，中上川彦次郎在政府高官井上馨的帮助下出掌三井银行，他被井上馨赋予了全盘改革三井银行的大权。

中上川彦次郎在认真分析、研究三井银行情况的基础上，订下了几项重要的方针：录用新式学校毕业生，为职员增加薪水，清理不良贷款，推掉官方托管资金，进军工业。中上川彦次郎首先让年老而无能的职员退休，大量聘用新式学校的毕业生。这些生力军给三井银行带来了勃勃生机，一扫旧日对官场唯唯诺诺的风气。但由于人事改革的动作过猛，牵涉面太广，虽然中上川彦次郎以坚定的改革态度取得了胜利，可得罪的人太多了，除了新进的毕业生，其他员工几乎都站在了他的对立面，这为后来中上川彦次郎四面楚歌的境遇埋下了伏笔。

接着，中上川彦次郎开始依靠他提拔的新人，风风火火地清理死账。他专门设立了"贷款整理股"，以集中力量解决不良贷款问题。这一举措遭到了几乎所有的高层管理人员的反对，其中最为强硬的就是代理总裁西邑虎四郎。反对派认为中上川彦次郎清理死账必然招致政府高官反对，结果是政府抽回官方资金，而三井银行也会由此垮掉。

但中上川彦次郎理直气壮地反驳他们:"三井银行经手官方资金,已形成了难治的顽症。如果继续经手,银行的业绩会落后。现在正是大好时机,干脆和政府高官一刀两断,再去追求健康的经营,若不如此,今后只有死路一条。"

这番话使西邑虎四郎等无言以对。中上川彦次郎乘胜追击,把政府高官借款的数据登记造册,作为放出的款项预备追讨回来。他还任命高桥义雄为大阪分行行长,要求他把放给东本愿寺的款项收回来。东本愿寺与明治政府关系密切,长期以来,共向三井银行贷了大约100万日元(相当于现在50亿日元)的款子,但东本愿寺从未偿还过。中上川彦次郎要高桥义雄以扣押寺产相威胁收回款项。

东本愿寺得知后,甚为震惊,立即派执事长到东京与中上川彦次郎交涉。但中上川彦次郎异常强硬地表示三井银行是不得已而为之,必要时不但要扣押寺产,还会扣押大殿的佛像。在中上川彦次郎的紧逼下,东本愿寺只有发动募捐来还债了。在中上川彦次郎的强硬态度下,100万日元的不良放款渐渐收回来,而且他还命令各分行拒绝高官的贷款。

应该说,这一措施是正确的。但过犹不及,中上川彦次郎在1893年竟一口回绝了日本首相伊藤博文的借贷要求,这立即使中上川彦次郎的处境艰难起来。包括原先看重并极力推荐他的井上馨,如今也对他不满。于是,一场倒中上川彦次郎的运动开始了。

这时的中上川彦次郎自我感觉良好,完全未察觉四周的暗箭。由于他的计划虽有阻力,但最终都实现了,致使他忘乎所以,以为自己是战无不胜的超人了,他仍在为三井银行的发展而殚精竭虑。

1900年4月,中上川彦次郎的敌人之一——秋山定辅办的报纸《二六新报》,以《三井一门的滥行》为题,报道了三井银行的总裁及部属在京都日以继夜地召妓豪游,令三井银行狼狈不堪。接着《二六新报》又开始报道"三谷事件",指责三井银行采用非正当手段鲸吞了市价100万日元的房屋与土地。这些报道,引来了对中上川彦次郎的纷纷指责。

以往,当三井银行受攻击时,会得到井上馨等高官的保护,但这次井上馨无动于衷。更严重的是,《二六新报》还指出三井银行的各个企业经营不善,银行现金余额已不足一亿日元了。这使得中上川彦次郎和三井银行的名誉大受打击,并引发了挤兑风潮。内部的反对派又开始四处活动,要求撤换中上川彦次郎。内忧外困之下，中上川彦次郎病倒了，此后被夺了权，在1901年10月7日凄凉地告别了这个世界。

中上川彦次郎的教训在于，无论你是多么才华横溢，都不能一意孤行。有时一项正确的意见和措施可能会招来众多的反对，一味地强硬只会招来不必要的敌人，这时不妨采取变通的策略，尝试一下以退为进。

忍一时风平浪静，退一步海阔天空。做生意和做人本质上是一样的，该退让的时候绝不能贸然前进，这样才能为自己争得更多有利的条件。如果你自恃有理，事事都非得和别人斤斤计较、争个面红耳赤，那又有谁愿意和你做生意呢？生意人一定要懂得变通，切莫因不知道深浅进退而祸及自身，这是商战与人生都应时刻警惕的。

# 第十章 和气生财，"心富"方能财富

## 4. 良性竞争，和谐共处

> 俗话说，"和气生财"。与其相互结怨因争斗而导致双方受损，倒不如化解矛盾彼此相安共存。竞争是难免的，但盲目树敌则是愚蠢的。

在市场竞争中，很多企业视竞争对手为敌人，大有"不是你死，就是我亡"之势。于是不计代价打压对手，最后形成过度竞争，大家都没有好日子过。正所谓杀敌一万，自损三千，过度竞争的结果就是大家都无法获得持续成长。

俗话说，"和气生财"。与其相互结怨因争斗而导致双方受损，倒不如化解矛盾彼此相安共存。竞争是难免的，但盲目树敌则是愚蠢的。我们说，商场如战场，但毕竟不是战场。战场上敌对双方不消灭对方就会被对方消灭，而商场竞争则不一定如此，为什么非得争个鱼死网破，两败俱伤呢？

几年前，格兰仕与美的因小家电收购一事大打口水战，引起一段商界恩怨。说起两家恩怨，可谓源远流长，当年格兰仕进军空调行业，并且宣布要做中国空调的制造大王，而空调恰恰是美的的拳头产业；同样，美的小家电也进入了微波炉领域，并且做到了全国市场第二，紧跟在格兰仕之后，而微波炉却是格兰仕的核心产业。两家都把对方进入自己的核心产业领域看作是对自己的侵犯，于是他们之间的恩怨就此形成。

其实，不光是格兰仕与美的之间互相视为仇敌，青岛的海尔和海信之间，合肥的美菱和荣事达之间，都发生过类似的不惜代价、不择手段，必欲除之而后快的恶性竞争。

同行相争只是一个极端的表现，实际上更多的现象是在同一行业内，大家都寸土不让，有的不仅是要挤垮主要竞争对手，还要消灭一切对手，一统天下。20世纪90年代的彩电价格大战，在某种程度上，就是大家为了争霸而起，当年的长虹举起价格屠刀，大杀四方，随后创维、TCL、康佳等企业也不甘示弱，纷纷跟进，一时间烽烟四起，最后，大家都无钱可赚，彩电行业也逐渐成为夕阳行业。

我们可以看到这样一个现象：有肯德基的地方，基本都有麦当劳，它们是竞争关系，但是我们没有看到什么时候肯德基发动个什么"战役"把麦当劳给消灭了，相反它们在互相竞争中促进彼此的进步，同时共同培育了市场。相似的情况也出现在可口可乐和百事可乐身上。可口可乐和百事可乐互相视对方为主要竞争对手，但是两家企业却从来不搞恶性竞争，甚至连促销活动往往都有意错开。

也许，我们能够从蒙牛的发展中参透商业的大道。短短6年，蒙牛就崛起为中国乳业的领袖型企业，获得中国成长最快企业的称号。1999年，当时的蒙牛还名不见经传，但是蒙牛没有像其他企业那样，拼命打压竞争对手，相反蒙牛几乎投入血本，通过公益广告的形式，打出了"中国乳都呼和浩特"的旗帜。在它的广告里面，有其重要对手伊利，还有众多其他竞争对手。这样做的结果是，内蒙古的乳业整体发展迅猛，确立了中国乳都的地位，而蒙牛也借乳都之势迅速崛起，乃至最后与伊利双雄并立。

蒙牛和伊利就是"同城相生"的典型范例。"同城相生"的本质，就是一种共存共赢。在现代社会，很多行业，都可以通过大家一起努力，造就一个大的产业。现代商业社会讲的是在竞争中合作，最后大家一起成长。企业要获得持续的发展，必须懂得共存共赢，这才是中国企业发展的大道。

市场虽有竞争，但各公司之间并非一定是敌人。同行间为了各自的利益而互相妒忌，似乎已是常情了，但由妒忌到倾轧，相互诋毁、相互拆台、大打出手、你死我活，那就显得较为愚笨了。如果过度地打压对手，只会耗损自己，让大家都无法获得进一步的发展。做生意要想做得持久，必须懂得共存共赢，这才是企业发展的大道。

"同行不妒，什么事都可以成功。"清代大生意人胡雪岩曾这样说过。精明的生意人之间在生意往来时，往往能够通过巧妙调整而取得双赢的效果。市场竞争是激烈的，但竞争对手在市场上是相通的，不应有冤家路窄之感，而应友善相处，豁然大度。这好比两位武德很高的拳师比武，一方面要分出高低胜负，另一方面又要互相学习和关心，胜者不傲，败者不馁，相互间切磋技艺，共同提高。

## 5. 以柔克刚，化解顾客的怨气

> 以顾客为本，这是赚钱的最高理念。高明的生意人能把顾客的怨气化为一团和气，这样不仅能博取顾客的好感，更是将生意做大的基础。

以顾客为本，这是赚钱的最高理念。精明的商人懂得"和气生财"，会以理智的方式善待顾客，将顾客的不满化为无形，从而博取顾客的好感，将生意越做越大。

库特从年轻时起就开始从事旅馆服务业，并摸索出了一套招揽客人的经验。凭着这套经验，他步步发展，终于创办了世界闻名的东方饭店。库特的这套经验很管用，说出来却很简单，那就是："博取客人的好感，让别人来宣传你。"

怎样才能博取客人的好感呢？库特认为来自世界各地的游客，生活风俗各异，性格爱好不同，旅店再有多少种服务措施，也满足不了他们的特殊要求，惟一的法宝是灵活应对，以柔克刚。

有一次，从欧洲来的几位客商在泰国曼谷机场下飞机，准备按原计划坐东方饭店的轿车前往旅店。客商们听说曼谷的交通要道时常出现塞车现象，就对前来接送的饭店侍者说，他们要改乘小船，从湄南河口进东方饭店。此时的旅游船早已开走，再说饭店已按客人原来的要求在房间备好晚餐，现在这么一折腾，计划不仅被打乱，接待人员还要晚下班。何况，接送方式是事先约定的，中途变更计划，未免太没道理。但侍者没有半句怨言，满脸笑容地接送这几位客商到码头，出高价租了一只小船，送他们到饭店后，又重备酒菜。欧洲客人对东方饭店的服务赞不绝口，逢人便夸库特的管理一流。

库特也很重视广告宣传，但他对广告宣传有自己独特的看法。他认为，最好的宣传是让每一位来过东方饭店的旅客称心如意，时过境迁后仍能记忆犹新。要做到这一点，光靠提供美味佳肴、豪华客房是不够的，因为物的接触对客人的影响有限，何况这些都是最起码的。关键要靠人的接触才能加深客人的印象。

库特给东方饭店的每个客房配备了多个服务员，平均每两个服务员负责解决一间客房的临时性问题。库特为饭店制定了长达141页的《工作条例》，内容几乎包括各种可能出现的问题。他还很重视人员的培训，尤其重视老职员对新职员的帮带工作。由于培训工作做得好，饭店的每名员工都训练有素，绝无差错。

有一次，一位客人被安排在临街的房间，嫌大街上的交通警察吹哨子影响休息，大发脾气，摔烂了两个花瓶。服务人员毫无怒气，含笑递上一杯冰镇的桔子汁，连说"对不起"。等客人安静下来后，又迅速为他调换到靠天井一侧的房间，满足了他的需求。这位客人感激之余，主动赔偿了花瓶的价钱，并且长期预订了酒店的豪华房间。

库特的以柔克刚之计，使东方饭店10多年来一直名列世界十大佳绩饭店龙虎榜。

很多中国企业也说"顾客就是上帝"，但实际上只是一句空洞的口号，并没有把它落实到实处，因此顾客经常对他们提供的产品或服务不满意。有些中国企业的服务质量上不去，大概是个"面子问题"在作怪。因为没有服务意识，更没有平等概念，总想做人上人，将为他人服务当成一件很低下、很没面子的事，平时心里还难受，顾客若有个言高语低，就更受不了。其实，真正有面子的是像上例中的库特这样，将生意越做越大。如果倒闭了，又有什么面子呢？

有一家五金电器店，生意做得很红火。有一次，该店进了10台劣质冰箱，由于价格低，很快就卖完了。过了一个多月，有位顾客发现冰箱质量有问题，要求退赔。店主想，这批冰箱有10台，退了1台，万一那几家也来退怎么办？因此他坚决不退。当时两人在店里吵起来，引得路人纷纷围观。这位顾客去找工商所，店主赶紧去工商所打点，于是工商所以没有发票为由拒绝受理此事。

顾客一气之下，邀了一伙人，用一条写有"假冒伪劣"四字的大条幅将五金电器店封了起来。虽然这群人很快被店主请来的公安驱散，但这件事闹得满城风雨，该店的生意因此日益冷落。在"关门大吉"那天，店主后悔莫及地说："早知这样，还不如将那10台冰箱全扔到垃圾堆里去。"

可见，以顾客为本，这是赚钱的最高理念，这一宗旨已被应用数千年，并且从未过时。如果想赚取自己的人生财富，首先就要懂得真心站在顾客的立场去看问题，只有真正为他们考虑才会有滚滚财源。

## 6. 化敌为友，和气才能生财

> 冤仇宜解不宜结，唯有和气才能生财。同在商界谋生，低头不见抬头见，少结冤家才会有利于自己今后的发展。

一般来说，商场上很容易为了各自的利益争执不下，甚至争斗不休。或者因为一笔生意受到伤害，从而耿耿于怀。但是，无论如何，和气才能生财，用和善的方式消除对方的敌意，比结成死敌更有利于自己生意的顺利进行。

美国总统富兰克林年轻的时候积蓄不多，为了使自己很快获取更多的资本，他利用为数有限的资本进行投资，与人合伙开了一家小印刷厂。因为印刷厂的规模很小，承揽的活儿不多，作为股东，为了使印刷厂能够承揽更多固定的工作，他便努力地去争取当上了费城州议会的一名文书办事员。这样一来，他就可以获得为议会印文件的工作，可以借工作之便为他的印刷厂承揽更大的业务，获取更大的利润。

在他的努力下，事情很快有了起色。就在前景看好的时候，却出现了一件对他十分不利的事情。议会中一位最有钱又最能干的议员对他产生了厌恶的情绪。这位议员非常不喜欢富兰克林，还当众斥骂他。富兰克林对他的无理和专横几乎无法忍受，但此时他想到的是自己的投资，想到的是那家印刷厂的命运，想到的是自己的前途。

就在事情朝不利的方向发展的时候，富兰克林采取了一种能够让对方乐于接受的方法，使矛盾产生了变化。他去请求这位议员帮自己一个小忙。富兰克林知道该议员的虚荣心很强，于是很巧妙地向他表示对其知识和成就的仰慕。

富兰克林后来回忆说："听说他的图书室里藏有一本非常稀奇而特殊的

书,我就写了一封便笺给他,表示我欲一睹为快,请求他把那本书借我几天,好让我仔细阅读一遍。他马上叫人把那本书送来给我。过了大约一个星期,我把那本书还给他,还附上一封信,强烈地向他表示我的谢意,于是当我们再次在议会里相见的时候,他居然打破惯例,跟我打招呼。这一次,他很有礼貌。"

从此以后,富兰克林得到他的帮助,印刷厂承揽的生意越来越多,富兰克林也因此赚了大钱。这位议员也成了他终身的好朋友。

可见,温和与友善总是比愤怒和暴力更有力。而对于经商赚钱来说,防止与人争斗,是赚钱者的优良习惯。生意人必须重视人与人之间健康而友善的关系,和气能使人人得益,也是生财之道。生意人要把人际关系搞得融洽和睦,在和和气气的氛围中赚钱,"和"为原则,"善"为宗旨,避免引起矛盾冲突,先做朋友后赚钱,从而为自己招来无穷的财富。

罗伯特是加州一个水泥厂的老板,由于经营重合同守信用,所以生意一直火爆。后来另一位水泥商莱特也进入加州进行销售。莱特在罗伯特的经销区内定期走访建筑师、承包商,并告诉他们:"罗伯特公司的水泥质量不好,公司也不可靠,面临着倒闭。"

对于莱特这样四处造谣、损害自己声誉的做法,罗伯特虽然很生气,但他的做法却出乎常人的意料。

罗伯特在一个星期天的早晨听牧师讲课,主题是"要施恩给那些故意跟你为难的人"。他当时把每一个字都记了下来,但也就在那天下午,莱特使罗伯特失去了9份5万吨水泥的订单。可是牧师却叫他以德报怨,化敌为友。

过了一段时间,罗伯特在安排下周活动的日程表时,发现自己住在纽约的一位顾客正在为新盖一幢办公大楼要一批数目不少的水泥。而顾客所需要的水泥型号不是他公司生产的,却与莱特公司出售的水泥型号相同。同时罗伯特也确信莱特并不知道有这笔生意。

"我做不成你也别做!"商业竞争的残酷性本就是你死我活,理所当然应该保密。这是生意人的普遍心态,更何况莱特还无中生有、四处中伤罗伯特。但罗伯特却遵循牧师的忠告,打电话给莱特,告诉了他这一重要信息。我们可以想象莱特拿起话筒瞬间的惊愕与尴尬,他发自内心地感激罗伯特的帮助。

从这以后,莱特不但停止了散布有关罗伯特的谣言,而且同样把他无法处理的生意交给罗伯特做。现在，加州所有的水泥生意已被他俩垄断。

所以，冤仇宜解不宜结，和气经商才是持久的发展之道。毕竟是同行，都在为着同一目标而奋斗，只要矛盾并没有发展到你死我活的境况，总是可以化解的。这样才能保证自己财运亨通。

# 第十章 和气生财，「心富」方能财富

## 7. 万事以和为贵，不要轻易得罪人

*多个敌人多堵墙，多个朋友多条路。万事以和为贵，你才能赢得更多的赚钱机会和财路。*

商人在做生意赚钱的过程中，一定要避免伤害别人，不然自己也会受其害。在生意场上有朋友，也有对手，任何人都不能回避这一现实。有的人自以为只要过自己的生活，走自己的路，便不容易树敌，但是事情往往同他们的愿望背道而驰。因为，依照自己的理想走完一生，你绝不可能随便与他人妥协；就个人来说，"独善其身"是一种高尚的品德，对别人来说，并不见得不是虚伪。

所以，在现实生活中，不管你说得多么正确，仍会有人持相反论调，倘若你不理会他们，一味坚持己见，你与他们之间必有摩擦，而且这种摩擦还会日益增加，很有可能最后导致你们反目成仇。

你若想依自己的信念去经商，那么不论身处何地，你的四周一定会有敌人。

某公司的董事长，是一位正直而又富有经验的人，最近听说辞职不干了，使人大为惊讶。原来这家公司在讨论放弃一项工程竞标时，想以某种缓和的方法来解决。但是这位董事长却不赞成。他的理由是这样做会对不起与之有良好协作的公司甚至整个社会，他提出开明价单，实现公开竞标。这次"缓和"会议，正由于他的正义言辞而告吹。这位董事长也被看成是"异端分子"，遭到了大多数人的抵制。迫于压力，这位董事长只好辞职。其实，他的遭遇可以概括为树敌太多，受到抵制。

这件事告诉我们在现实生活中，切勿锋芒毕露，得罪太多人。无论什么

人，都不要得罪，不指望他能帮我们什么，但也不至于害我们，因为任何人都会有用得着别人的时候。

做生意是一个细水长流的过程，不要指望一单业务赚很多钱，也不要想着一夜暴富。万丈高楼平地起，基础打好了，业务自然会源源不断地堆起来。

在世间，人是靠彼此互助才能够得以生存的，哪怕是流落荒岛的鲁滨逊也都要有一位名叫"星期五"的伙伴，更何况身处这一竞争激烈、社交往来频繁的环境，所以"得罪人"是一种剥夺自己生存空间的行为。

（1）得罪一个人，就如同为自己堵住了一条生路。世界虽然很大，但有时却会因得罪人而显得很小，甚至有时连走在路上都会有仇人相见，更何况同行做生意？同行有同行的交往圈子，彼此碰面的机会很大，如果碰到你得罪的人，那会显得非常尴尬，而且多么不利。本来你可以和他合作获利，却因得罪他而失去赚钱的机会。

（2）得罪一个小人，就如同为自己埋下一颗不定时的炸弹。在生活中，得罪君子，了不起大家不讲话，各干各的，但要是得罪了小人，事情可就没完没了。就算他不采取报复，也要在背后对你造谣中伤，为你制造许多恶舆论，使你有理也会变成无理，多不值得。

因此，当你感到自己的利益被侵害时，得不到他人的尊重时，请先冷静思索一下，切勿轻易动气。此外，也切记不要气焰嚣张、盛气凌人，这种只有自己而没有别人的态度也很容易得罪人。

对生意人而言，还有最重要的一点就是，得罪人会变成一种习惯，如果你老是压不住怒气，改不了个性，便会说"反正我就这样"，那就只能自己将自己推向狭窄的死胡同了。

多个敌人多堵墙，多个朋友多条路。很多人做生意时过于坚持己见，进而不必要地得罪人，这是经商的大忌。反过来说，多得罪一个人就少一条财路。经商的人一定要谨记这一点。万事以和为贵，你才能赢得更多的赚钱机会和财路。

## 8. 笑脸迎人，巧妙地"推销自己"

*在经商的过程中，要笑脸迎人，用善意温和的态度与人交往，从而达到推销自己产品、做成生意的目的。*

如果与犹太商人打交道，你会发现他们总是呈现一副笑脸，不管生意是否做成，甚至为合约而发生不同意见，他们总会以笑脸说出其否定的态度。有时对方发脾气，双方不欢而散，犹太人还是会心平气和地和对方说声再见。要是第二天他再遇上你，仿佛昨天没有发生过不愉快，仍以微笑脸孔问候你"早上好"。这就是所谓的"生意不成仁义在。"

这种和气的态度，在人际交往之间是一种有效的融合剂，很容易把对方吸引住。因为人是群体动物，人与人的关系是否和睦，对事业影响很大。企业家制造出来的商品，因受人欢迎而大卖；政治家开展政治工作，因得人而昌；歌唱家演唱得到观众赞赏，因得乐队的伴奏和观众的捧场。由此可见，一切离不开人。犹太人领会这一道理，把人与人的关系处理得很好，这也成为他们成功事业和发财致富的一种技巧。

在一个人的一生中，每天都在做着推销的工作。这种推销是指推销自己的创意、计划、精力、服务、智慧和时间，如能妥善地"推销自己"，那就一定可以出人头地，获取奋斗目标的实现。相反，那些人生事业的失败者，十有八九是本人不善于"推销自己"，而不是本身能力问题。

所谓善于"推销自己"，是指与人和谐相处的能力。心理学家的研究认为，人类的内心都有被人注目、受人重视、被人容纳的愿望。犹太人根据这种共同规律，在做生意的一切过程中，注意关切其周围的各种人，让他们看得出其关心着自己，容纳自己，从这个阶梯开始，就可以通向财富和成功的目标。

人类都有其基本愿望，概括地说，即是有保持自尊、独立的愿望。如要达到自己事业的成功或发财致富，就要尊重这些基本愿望。

比如有人有一个很好的创意建议，他得意洋洋地向上司提出来，结果受到上司的冷淡反应；有人向同事直截了当地作有益的规劝，结果对方反觉不悦。为什么会好心做事却得不到好的结果呢？因为有自尊、独立的愿望在支配着上司和同事，你直截了当地对他讲，他会认为你有比别人高明的想法，他会感觉自尊受到伤害。

假若你的创意或建议能改用和顺的办法表达，使对方的自尊得到尊重，好的效果自然可以达到了。如果做生意时能本着这种和顺办法，你就一定能让自己的人生财富源源不断。在"推销自己"时，通常可采用如下三条法则。

第一条法则：把自己的建议变成对方的，这亦称为钓鱼法。即把你的建议变成钓饵，对方会自然而然地上钩。如果你想让对方接受你的意见，以"你这样想过吗？"的说法，要比"我是这样想的"更能打动对方，"试一试看看如何？"的说法比"我们非这样做不可"更能获得对方赞同。这就是让对方觉得你的意思就是他的本意，他的自尊得到接纳，那么你的建议就容易被采纳。

第二条法则：让对方说出你的意见。"面子"不单是东方人的问题，西方人也很讲究，所以提意见要注意这个问题。如果你的意见毫不讲究地给对方提出，出于"面子"问题，对方往往会本能地不予接纳。相反，你采用和顺婉转的方式提出，对方的"面子"堤围可能会自然开闸。如果你以冷静而温和的方式提出你的意思，然后说："虽然作如是想，但可能有许多不当之处，不知你对这方面考虑的意见怎样。"这么一说，对方可能会完全接纳你的意思，并可能会说："我也是这样考虑的，请你不必有多余的顾虑。"

第三条法则：以征求意见代替主张。根据心理学家的反复调查研究结果，一个人向对方表达同样的意见，如果以正面而断然的方法说出，较容易激起对方的逆反情绪，如果以询问的方式向对方提供主张的话，对方会以为是自己的意思，不自觉地欣然接受了。可见，方式、方法的不同，同样的意思会产生截然不同的效果。

和气生财是千百年来不变的商道，笑脸迎人，友善地对待他人，才能获得对方的好感，生意自然也就好做了。

## 9. 赚钱要懂得"吃亏"

> 想更长久地赚取自己的人生财富，就要有长远的眼光，要有开阔的心胸，在关键时刻懂得放弃小利，不为小恩小惠所动，这样才能达到一本万利。

想赚大钱，就不要盯着小利不放，就要有大的气度，敢于舍弃一些小恩小惠，才能成就大气候。佛教有句话很耐听："吃亏是福。"吃不了小亏，也许往后就要吃大亏。

日本人坪内寿夫曾经被称为电影皇帝和造船大王，其实他的高明之处只有一点，就是敢于舍弃小利，让别人感到他可以给别人更多的利益。

第二次世界大战之后，日本陷入了贫困的深渊，人们对天皇的御旨已经不是那样感兴趣了，他们需要的是吃饭和穿衣，也就是脱贫，解决温饱问题。

当时，坪内寿夫刚刚从苏联西伯利亚的日军战俘营里被释放出来，他很想发大财做大生意。当时的日本可不是遍地黄金，反而是遍地要饭的人，要想发大财谈何容易，他只得跟着父亲经营一家很小的电影院。在当时的日本，物质需求难以满足，如何还有心思去看电影满足精神需求，不用说，每当电影开始，电影院冷冷清清，上座率很低，他们一家人的生计也很难维持。

怎样让观众来看电影，这是坪内寿夫天天都在反复思考的问题。他绞尽脑汁总算想出了一个办法：一场电影放两部片子。

一般的情况是一场电影放一部片子，现在坪内寿夫的电影院放两部片子，观众觉得占了便宜，很多人宁愿饿着肚子也不放弃占便宜的机会，本来不想看电影，现在也鬼使神差跑到电影院来满足精神需求。不长的时间，坪内寿夫的电影院就赚了一笔很可观的收入。

随着日本经济的不断好转，文化事业也蓬勃发展。坪内寿夫对这一趋势产生了很大的兴趣，决定在此方面大干一番。他拿出了自己的全部资产修建了一座电影大厦。他的这座电影大厦有四个放射状的影厅，可以同时放不同的四部电影，影厅用红、绿、橙、蓝四种颜色来区别。四个影厅只有一个入口，只有一个放映室。这样不仅减少了雇员，还给不同兴趣的观众提供了选择不同影片的机会。

为了吸引更多的观众，他在电影院还专门开设了咖啡店、冷饮店、快餐店等，并且为电影大厦配备了美观整洁的卫生设施。在当时的日本，这样的电影院是绝无仅有的，有不少观众不是为了看电影，而是为了来参观和欣赏这座电影院的设施和服务。

只经过5年的奋斗，坪内寿夫就成为了当地赫赫有名的电影皇帝，口袋里的钱足够他进一步大展鸿图了，他的目光又开始四处扫射……

他的目光盯住了日本的四国岛。在那个年代，四国岛的渔业生产一般都是夫妻店。一条小船，一对夫妻，虽然披星戴月，但还是难免贫困度日。他们希望能够打到更多的鱼，需要更换更好的船。

发现这种情况，坪内寿夫决定开办一个造船厂。此时正好有一家名叫"来岛"的很破败的造船厂准备出卖，坪内寿夫立即买下了这家造船厂。

要使一家破败的造船厂在同其他大的造船厂的竞争中取胜，没有点新的招数是不行的。当时，日本政府对500吨级以上的船只审查很严，各种手续很多。坪内寿夫决定在这一点上做文章。他把渔船的吨位定在499吨，与500吨只有一吨之差，这样就可以为渔民减少很多繁杂的手续，又可以让渔民的船有足够的吨位。很多渔民都想买这种船。

坪内寿夫的这批渔船很快就造出来了，可是很多人都想买船却又一次拿不出这么多钱。坪内寿夫经过分析认为，这些长年在海上漂泊的渔民都是比较淳厚的，一般不会出现赖账的问题，于是他出了一个新招——分期付款。

方针一经确定，坪内寿夫立即动员全体员工趁渔民在家过年的时候深入家家户户，大力宣传这种渔船的优越性和这种分期付款方式的好处。

经过一系列的工作，很多渔民都加入了买船的行列，买到船的渔民经济效益显著增加，又吸引着更多的人加入买船的行列。

一个小小的"来岛"造船厂，随着四国岛的渔业发展，也逐步壮大起来了。8年时间，"来岛"造船厂异军突起，一下子就进入了日本五大造船厂之

第十章 和气生财，"心富"方能财富

• 291 •

列，名列世界造船业的第22位。

坪内寿夫之所以能成大事，关键就是让顾客觉得在坪内寿夫那里自己占了便宜，他舍弃了一点眼前的小利，却获得了长远的大利，实在让人佩服。

所以，想更长久地赚取自己的人生财富，就要有长远的眼光，有开阔的心胸，在关键时刻懂得放弃小利，不为小恩小惠所动，那些为小利而耿耿于怀的人永远实现不了自己的财富梦想。

## 10. "热爱"和财富成正比

> 所谓的敬业精神就是一种对工作的"热心","热"度越高，成就越大，"热心"越盛，事业越有保障。

人们常说，热爱是最好的老师。其实，热爱并不会教给你什么，但是"热爱"却表明了你的学习态度，在这种心态下，你可以学到许多东西。一个人要有所成就，除了客观的条件与资质外，更需要正确的心态，事情的结果往往跟我们热心的程度成正比。热爱和财富的关系也是如此。

我们不妨看看史玉柱的发展史：

史玉柱，1962年11月生，安徽怀远人。1980年，他以优异成绩考入浙江大学数学系。毕业后进入安徽省统计局当数据分析员，因工作优秀，被送入深圳大学软科学管理系进修研究生，曾深入研究过西方经济理论和西方经济发展史。

1989年，史玉柱辞职下海，在深圳研究M-6401桌面中文电脑软件，获得成功。于是，他借钱在《计算机世界》上刊登广告，4个月后，销售额突破100万元。1990年，他研制M-6402系统又获成功。

1991年，史玉柱与人合资成立巨人新技术公司，并开发出标志着中国桌面印刷系统最高水准的M-6403汉卡。

1992年，巨人公司迁往珠海，升格为珠海巨人高科技集团公司，注册资金1.19亿元。

1993年起，巨人集团开始涉足电脑、生物工程、金融、房地产等领域，开始多元发展。党和国家领导人多次视察和访问该集团，并给予了高度的评价和鼓励。

史玉柱一年成为百万富翁，两年成为千万富翁，三年成为亿万富翁。他领导下的巨人集团创造了经济奇迹，资产一度达10亿元。

1994年，史玉柱当选"中国十大改革风云人物"。1995年，《福布斯》杂志把史玉柱列为中国大陆前20名富翁的第8位，而且也是唯一一位靠高科技起家的企业家。

具有超常的敬业精神，是史玉柱性格上的又一大优点。

任何事业的开创和发展，都不是轻而易举的，必须付出艰苦的劳动。没有敬业精神，创业者就很难突破资本积累阶段举步维艰的状况；没有敬业精神，企业家所开创的事业就很难延续下去。这一道理已为史玉柱的经历所证明。

史玉柱创业成功，他所开发的M-6401软件为他赢得几百万的收入。但他并没有止步不前，他要向更高的目标迈进，拓展更大的事业，谋求更大的发展。

1990年，史玉柱与同事背着热水器，再次来到深圳大学。他们把自己反锁在一间房子里，没有新闻联播，没有文娱节日，更没有节假日。他们一个星期只下一次楼，下楼的目的还只是为了买一箱方便面。

五个月的日夜苦战，20箱方便面的支撑，使史玉柱最终完成了他的新产品M-6402系统。直至如今，史玉柱还保持着一种习惯，那就是生活在办公室里。

吃苦敬业的精神，对史玉柱事业的发展成功起到了不可估量的作用。他的经历告诫我们，在欲开创出一番大事业之前，必须做好敬业吃苦的准备。

态度不同会使结果不同。一个学习态度端正的学生，学习成绩往往会名列前茅；一个态度正确的推销员，可以经常打破推销记录；当然，正确的态度也可以使你的婚姻美满；还会使你在与别人的交往中发挥你更大的影响力；会使你成为领导人物，进而在各方面都发挥出很大的作用。

其实，热心不是什么高深的东西，只是所谓的"从事这项工作，是很了不起的"的那股热情和干劲而已。相对地说，"热心"在成功的所有因素中是比较容易培养的，因为它所需要的就是一个"态度"。

在经营中也是一样的，如果想让你的经营更有方，为你赚取更多的财富，做事时就要充满热忱。心中充满热忱，你便有信心解决好所发生的一切事情，你的生意就会如鱼得水，财源滚滚更不在话下。

## 11. 鱼与熊掌可以兼得

> 舍得，舍得，有舍才有得。聪明的商人会很心放弃鱼与熊掌中的一样，以保全另一样。

只有勇于舍弃的人才能在商海中走得更远，也只有勇于舍弃的人才有机会两样东西都得到。

人世复杂，有很多人为名声而活，就是那种"死要面子活受罪"的人；有很多人为利而活，就是那种"为了金钱不要命"的人。除此之外，人世间还有第三种人，就是名利双得的人，他们能在关键时刻处理好名与利的关系，达到名利皆得。不用说，第三种人是伟大的人，也是我们所说成大事的人，这种人是最高明的人，他们有开阔的心胸，有做大事的气度，也是最能名利双收的成功人。

安德鲁·卡耐基年幼时，父母从英国来到美国定居，由于家境贫寒，没有读书学习的机会，13岁就当学徒工了。

卡耐基10岁时，无意中得到一只母兔子。不久，母兔子生下一窝小兔。由于家境贫寒，卡耐基买不起饲料喂养这窝小兔子。于是，他想了一个办法：他请邻居小朋友来参观他的兔子，小朋友们一下子喜欢上了这些可爱的小东西。于是，卡耐基宣布，只要他们肯拿饲料来喂养小兔子，他将用小朋友的名字为这些小兔子命名。小朋友出于对小动物的喜爱，都愿意提供饲料，使这窝兔子成长得很好。这件事给了卡耐基一个有益的启示：人们对自己的名字非常注意和爱护。

卡耐基长大成人后，通过自身努力，由小职员干起，步步发展，成为一家钢铁公司的老板。有一次他为了竞标太平洋铁路公司的卧车合约，与竞争对手布尔门铁路公司铆上劲了。双方为了得标，不断削价火拼，已到了无利可图的地步。

有一天，卡耐基到太平洋铁路公司商谈投标的事，在纽约一家旅馆门口遇上布尔门先生，"仇人"相见，应该"分外眼红"，但卡耐基却主动上前向布尔门打招呼，并说："我们两家公司这样做，不是在互挖墙角吗？"

接着，卡耐基向布尔门说，恶性竞争对谁都没好处，并提出彼此尽释前嫌，携手合作的建议。布尔门见卡耐基一番诚意，觉得有道理，但他却不同意与卡耐基合作。

卡耐基反复询问布尔门不肯合作的原因，布尔门沉默了半天，说："如果我们合作的话，新公司的名称叫什么？"

卡耐基一下明白了布尔门的意图。他想起自己少年时养兔子的事：谦让一点可以把一窝兔子养大。于是，卡耐基果断地回答："当然用'布尔门卧车公司'啦！"卡耐基的回答使布尔门有点不敢相信，卡耐基又重复一遍，布尔门才确信无疑。这样，两人很快就达成了合作协议，取得了太平洋铁路卧车的生意合约，布尔门和卡耐基在这笔业务中，都大赚了一笔。

历史常常开这样的玩笑，淡泊名利的人出了名。现在全世界都知道"钢铁大王"卡耐基，但又有几个人知道布尔门？

另有一次，卡耐基在宾夕法尼亚州匹兹堡盖起一家钢铁厂，是专门生产铁轨的。当时，美国宾夕法尼亚铁路公司是铁轨的大买主，该公司的董事长名叫汤姆生。卡耐基为了稳住这个大买主，同样采取"成人之名法"，把这家新盖的钢铁厂取名为"汤姆生钢铁厂"。果然，这位董事长非常高兴，卡耐基也顺利地取得了他稳定、持续的大订单，他的事业从此发展起来了，并最终成为赫赫有名的"钢铁大王"。

人是一种好名的动物，因为名声是一个人的无形资产，能通过各种方式转化为有形的利益。所以，能放下身段，舍弃自己"名"的人才能真正获得别人的尊重，才能更有效地打开财富之门。"成人之名赚钱法"就是利用人的好出名心理，以寻求合作，从而带来赚钱的机会。偶尔给别人"成名"的机会，你也会受益匪浅。而小肚鸡肠，什么都舍不得的人终将得不到财富的垂青。

# 第十一章　依靠形势和贵人，赢得自己的财富

　　一个人的力量是有限的，如果一个人能在事业的发展中遇到"贵人"，那是值得庆贺的，因为"贵人"就像"万事俱备，只欠东风"里的"东风"，对个人的成功起到关键性的作用。除了借助外力之外，能把握好当下的社会形势并乘势而行，能与人共同协作，也能帮助一个人成就一番事业。所以，想赚取人生财富，除了自身努力，最好能借助外力，多与人合作，借助贵人成就财富梦想。

## 1. 经商最好不要单打独斗

> 做生意不能单打独斗，无论是赚大钱还是赚小钱，都要广交朋友，谈得来，交得上，就好像十八般兵刃，到时候说不定就用上了哪般。

俗话说："花花轿子人抬人。"赚钱更是如此。个人的智慧和能量终归是有限的，要想赚大钱，就要借助合作的力量，孤军奋战是很难有大作为的。

清朝晚期著名的"红顶商人"胡雪岩虽然不识字，但他却善于观察人的心理，把士、农、工、商等阶层的人都拢集起来，以自己的钱业优势，与这些人协同作业。

他与漕帮协作，及时完成了筹集粮食的任务；他与王有龄合作，不仅使王有龄有了钱可以在官场上飞黄腾达，也使自己的生意有了官方支持。如此种种的互惠合作，使胡雪岩这样一个小学徒工变成了一个执有江南半壁钱业的大商人。

在商言商，胡雪岩明白商而成帮、互助互惠的道理，因此他设法联络同行。湖州南浔丝业"四象"之一的庞云缯就是胡雪岩过从甚密的朋友。鸦片战争以后，列强把中国当作农副产品和工业原料的供应地，南浔辑里湖丝大量外销，胡雪岩在同治年间也开始做丝生意。胡雪岩是钱庄出身，对丝业是外行，于是他寻求与居湖丝产地、对生丝颇为内行的庞云缯合作。两人携手，资金充足，规模庞大，从而在丝业市场上迅速形成气候。胡雪岩也因此得以成为当时的丝业巨擘，专营出口，几乎垄断了整个出口市场。

合作是互惠的，胡雪岩做丝生意得到庞云缯的帮助，反过来他也向庞云缯传授了经营药业的经验，后来庞氏在南浔开了镇上最大的药店——庞滋德国

第十一章 依靠形势和贵人，赢得自己的财富

药店，与设在杭州的胡庆余堂关系密切。

胡雪岩能够挣钱很大一部分原因是得自同行同业的真心合作，他的每行生意都有极好的合作伙伴，而几乎每一个合作伙伴都对他有一个"懂门槛"、够意思的评价。在他赚了钱之后，也时刻不忘记对同行、特别是对下层商人的提携。

自己力量是有限的，这不单是胡雪岩的问题，也是每个生意人的问题，但是只要与人合作，就可以取人之长补己之短。这样一来，互惠互利，就能让合作的双方都从中受益。

华帝热水器的创业群体被人称为是"七星北斗阵"，7个从小一起长大的朋友都来自广东中山市小榄镇的农民家庭，他们在一起树起了合伙经商的大旗。

1991年底，邓新华、黄文枝、潘权枝、李家康、黄启均、杨建辉、关锡源7位老朋友偶然间聚到一起，此时每个人的事业虽然都小有成就，没有生存的压力，但都存在发展的苦恼，他们商量着日后的发展大计。开燃气用具配件加工厂的黄文枝说："我最近一年给几家燃气灶具生产厂提供配件，每个月的要货量都在大幅递增，这说明生产灶具是有利可图的。"大家一听便都来了兴趣。

1992年4月，7人一致推举邓新华为董事长，黄文枝为总经理，将企业更名为中山华帝燃具有限公司。7个人都没有读过大学，最高也就高中毕业，开始时他们遵循"各尽所能，各取所长"的基本原则，进行了合理的简单分工，每个人兼任一个部门的经理。同时，他们实行民主集中制，在重大决策问题上，7个人中有4个人赞成即算通过，彻底杜绝了个人独裁决策的失误，从制度上保证了华帝的健康发展。如今华帝气派典雅的高品位形象得到了消费者认同，在热水器市场拥有了一定的份额。

朋友、老乡、同学是商业经营最重要的外部资源，合作经商，共同发展，这样的例子有很多。何伯权、杨杰强、王广、李宝磊、彭艳芬这5个人被饮料行业界称为"四龙一凤"的"黄金组合"。1989年，在广东中山市小榄镇，这5个年轻人租用"乐百氏"商标开始了白手起家艰苦创业的历程。其间，公司曾更名为今日集团，后通过收购广州乐百氏公司而重新更名为乐百氏集团。

做生意不能单打独斗，无论是赚大钱还是赚小钱，都要广交朋友，谈得来，交得上，就好像十八般兵刃，到时候说不定就用上了哪般。朋友犹如资本金，多多益善。不同的朋友能给你带来不同的启迪，拓展你的思维，开阔你的眼界，给你带来意想不到的惊喜和回报，帮助你在不同行业里顺利地赚取财富。

# 第十一章 依靠形势和贵人，赢得自己的财富

## 2. 借助同仁之力，成就财富梦想

*一个人的力量是有限的，想尽快赚取人生财富，就要借助同仁之力，共谋大事，这是一个生意人走向成功的捷径之一。*

俗话说："三个臭皮匠，顶个诸葛亮。"一个人的智慧和能量总是有限的，如果能够集思广益，兼取各家之长，让同仁彼此成为事业的贵人，就会形成一股强大的力量，一起走向成功。

巧妙地利用同仁的力量，是经商策略中的一种。如果一个人资本不足，各方面的条件都还欠缺，那就应该寻找"同仁"，集众人的智慧与财力，使自己经营的事业变得更大，更具竞争力。

曾经名噪一时的香港房地产业新鸿基企业有限公司，就是依靠同仁的力量才取得了巨大的成功的。

新鸿基企业有限公司来源于1958年香港商界"三剑侠"组合的"永业企业公司"。所谓香港商界"三剑侠"指的是三位在经营上都取得了重大成就的企业家，即地产巨子郭德胜、证券大王冯景禧、华资探花李兆基。他们在20世纪50年代看好香港的房地产业，但又缺乏单独作战的实力，于是经过协商而"誓师结义"，提出一个同仁企业的基本纲领来，这就是他们所说的"同心协力，进军地产，你发我发，大家都发"。

当时英国殖民政府是把"官地"用"官契"形式批租给公民使用，公民只要交了租金，如何使用土地，政府基本上不问，这样任何人只要能租到土地，就可以获得转租土地使用的利润。香港地少人多，各业兴旺发达，土地转租的利润越来越高。因此，从1950年起，冯景禧开始与人合伙购买土地官契，进入房地产领域，到1958年，他已经积累了不少经验。郭德胜来找冯景禧，确实是找到了一个行家里手。

李兆基对香港的实业进行了多方面的考察，认为进入房地产领域是最佳选择。这时郭德胜与冯景禧请他加入"永业企业公司"，并担任公司的总经理。

"永业企业公司"以"三剑侠"为核心再伙同另外五位股东开业，首先以买入沙田酒店表现出不同凡响的手腕。郭德胜老谋深算，冯景禧精通财务，李兆基胆大心细，三人上阵，可以说是珠联璧合。他们三位后来都是进入香港十大富豪行列的企业家，能够在一家公司共同奋斗，算得上是香港现代经济史上的一段佳话。

由于起家时资金有限，最初的经营方式是以低价买进旧楼，拆掉重建，再伺机收购一些无人问津却又有发展潜力的土地，进行转手买卖，并且制定了"分层出售，十年分期付款"的营销政策，赢得了用户的信任。

五年下来，虽然没有大发，却为后来的辉煌奠定了基础。在已经看到了前景的情况下，"三剑侠"决定亮出自己的旗号，他们"甩掉"其他股东，重新组合了"新鸿基企业有限公司"。"新"字源于冯景禧"新禧公司"中的"新"字，"鸿"字源于郭德胜"鸿昌合记"的"鸿"字，"基"字干脆取自李兆基的名字。

对"永业"向"新鸿基"改组一事，香港舆论界后来评论说："我们可以想像，他们从'永业'开始三人联手，生意做得很顺，否则的话不会五年后继续合作。"其实，"三剑侠"得以继续合作，主要原因还不在于生意做得顺，而是三人在这五年内感受到同心协力的成果和愉快。他们可以"甩掉"其他"永业"股东，说明他们是精明的企业家，审时度势后可以迅速做出决断；而且他们一开始就立下自己成就大业的志向，找来可以共谋一件大事的同仁，如同《三国演义》中十八路诸侯联军讨董卓，是在各自力量不足的情况下，选择一个大家都能接受的定向目标作为合作的基础，当这个目标实现或者实践证明不能实现时，合作便必须中止，不应受其他因素的干扰。这也是他们仿效"桃园结义"的办法组建公司，经营产业，却也不为传统的政治体制观念所束缚的务实态度的体现。

"三剑侠"得以继续合作，是他们认为在前进的道路上还会有风浪，只有靠三人继续同心协力，才能闯过险滩。否则，他们不会等到1972年才协议分手。"新鸿基"创业的十年，是"三剑侠"以"桃园结义"精神合作奋斗的十年，据说三人都是全身心投入，每人每天都要工作15～16小时，他们说那时是相互比赛"苦干"，这或许也是"新鸿基"得以成功的原因之一。

可见，同仁之间的相互合作，在借助别人优势的同时，也弥补了自身的不足，为事业的成功奠定了坚实的基础，达到了"1+1>2"的影响和效果。借助同仁之力，共谋大事，是一个生意人走向成功的捷径之一。

## 3. 乘势而行，借势得利

> 做生意，与其待时不如乘势。许多人做生意一下子就能赚到大钱，就因为懂得借势的缘故。

现代社会处处充满竞争，想发财致富也不像以前那么容易了。但现实情况是你要能在诸多因素中，选对时机，选好项目，乘势而行，还是有钱可赚的。否则，做早了没用，做迟了徒然自误；做的场合不佳，则效果不大，甚至会带来负作用。

许多人在做生意当中运用了借势经营谋略，因而很快赚到了大钱。著名美籍华商林建中就是这样的一位高手。

林建中1950年出生于广东，1961年他还在读小学时，随父亲迁到香港谋生。由于家境较差，他只好在父亲开设的皮包厂里帮忙，那时他年仅12岁，负责厂里的接待客人和接单工作。在工作中稍有空闲，他就看书学习，以提高自己的文化水平。

1969年，林氏父子卖掉了香港的小工厂，举家移居美国纽约。初到美国时，他们寄居在亲戚家里。经过一番寻找后，林建中在纽约一家成衣厂里找到一份工作，月薪只有95美元。几个月后，林氏父子自租了一个地方居住。他们所租的地方是在布鲁克林的黑人区，是纽约市最脏最乱的地方，那里的租金是最便宜的。但是，他们在那里常常受到别人的欺侮和歧视。

从少年时期就涉足商场的林建中曾听父亲讲过一个故事，讲的是硫化橡胶发明者查理斯·魏道亚勤奋创业的过程。查理斯·魏道亚从小就有自己的抱负，要在科学发明上干出一番事业，他选择了硫化橡胶这个攻克目标，整整花了8年时间阅读各种有关书籍和进行科学试验，忍饥挨冻，受尽了亲戚朋友的冷嘲热讽。他不惜举债搞试验，结果因无力偿还债务而入狱，但他在监狱里仍在研究这项目。出狱后，他又全力投入研究试验中，后来他终于成功了。硫化橡胶的发明不仅为人类社会进步作出了贡献，查理斯·魏道亚也因此走上了发家致富之路，这显然是勤奋劳动栽出的成果。

聪明的林建中认为，仅有勤奋还不够，在充满竞争的现代社会里，必须实干加巧干才能获得迅速而显著的效果。所谓巧干，在科学发明上是靠知识和技术，在经商上则靠谋略算计。他想，自己没有发明创造的基础，但却有勤奋的思想和经商的经验，只要将这两者再提升到更高的位置，成功的机会一定会来临。

林建中本着这种打算，默默地在成衣厂工作。在做好杂工的同时，他时刻注意着工厂的经营运作和成衣市场的情况。

3年后，他不但学会了成衣的剪裁缝及设计，而且掌握了营销的规律。1972年，他用自己节省下来的钱和向姐姐筹借的一点资金，办起一间只有20多个车位的小型制衣厂。由于他精于经营，制衣厂迅速扩展。到1980年，他的制衣厂已有1000多工人，傲立于纽约的同行业之中。

林建中早就注重抓产品质量和树立名牌形象。他深知犹太人是经商高手，随着业务量的扩大，他不惜重金聘请了大批犹太人当公司成衣的推销员，还聘请了一些著名的时装设计师为其设计，结果他的产品全部打入了美国的高级商店和大型百货公司，像SilkClub等10多种名牌礼服、丝巾在美国市场广为流行。到1980年，他的年营业额已达7000万美元。

林建中的过人之处主要表现在他的乘时借势策略。他乘着中美两国关系的改善和中美经济贸易的发展，从中国大陆大量进口丝绸织物回美国加工，后来干脆在中国大陆投资设厂加工，利用中国的廉价原料、劳动力及厂房，把加工后的成衣运回美国销售，所赚的利润远比在美国高，其财富因而迅速增多。

随着资本的增多，林建中乘前苏联于1989年严重缺粮之机，组织向该国出口粮食及饼干等，帮助前苏联缓解了燃眉之急，因此获得了前苏联总统戈尔巴乔夫发给的美元自由买卖专利。林建中抓住这一时机，获得了丰硕的经营成果。

1991年，前苏联政局发生剧变，林建中认为叶利钦胜数较大，他再向独联体供应粮食及医药等，结果当地政府给予林建中不少优惠，为其在俄罗斯投资和贸易往来方面大开方便之门。如他在1993年获得俄罗斯全国飞行及降落优惠权，他乘时乘势成立了"航空发展公司"，承包当地货运及客运业务，获得了较好的利润。林氏已成为独联体内最活跃的美国商人之一。

经过20多年的借势经营，林建中的实力大大增强。目前他拥有14家制衣厂、2家成衣公司、4个时装展览厅，并拥有数幢商业大厦及大东银行的主要股权，是曼哈顿最大的制衣厂商。据《福布斯》杂志估计，林氏夫妇现有财富已超亿美元。

# 第十一章 依靠形势和贵人，赢得自己的财富

## 4. 会借更要会用，以优势互补取胜

> 借势一定要知己知彼，寻找可借对象的可用因素，采取灵活机智的策略达到为我所用的目的。会做生意的人不仅是一个善借者，更要成为一个善用者。

犀牛和犀牛鸟是自然界中的一对伙伴，它们往往生活在一起，每当犀牛进完食后，犀牛鸟便不辞劳苦地负责清除犀牛牙缝里的食物残渣，并以此为食。同时，犀牛身上的"清洁"工作也由犀牛鸟负责，许多想在犀牛身上寄居的小虫子都成了犀牛鸟的美味。犀牛和犀牛鸟各自发挥优势，彼此共存传为动物王国的佳话。

在中国的电脑圣地中关村，提起柳传志和他所创立的"联想"恐怕无人不知、无人不晓。的确，百亿元的年销售额、上亿元的身家这都不是一般人能轻易达到的财富高度。做生意取得如此成就，头上的光环自然多多，但在这光环笼罩之下的，是他不平凡的创业和发展历程，其中最为他自己庆幸的就是在联想创业之初就"借"到了一块金字招牌。

1984年11月1日，中国科学院计算技术研究所新技术发展公司——联想集团公司的前身成立。在当时还属偏僻之地的中关村又多了一家实在不起眼的新公司。柳传志和另外10个被认为不太安分的知识分子在这里开始了经商赚钱之道。

当时公司的基本状况是：中科院计算所投资20万元加上一间20平方米的小平房，以及端着计算所"铁饭碗"的11个人。创办初期，与别人相比，这家公司实在不起眼。那时候到政府部门开会，联想的总经理总是早早到场，坐到第一排。如果有机会讨论，一定会抢着发言，目的是引起领导的注意，以便得到支持。

成立初期，柳传志和创业同事们盘算，计算所只投资是不够的，更主要的是应该放权。于是他们向所里提出要三权：第一是人事权，计算机所里不能往公司塞人；第二是财务权，公司把该交国家的、科学院的、计算所的资金上缴以后，剩下的资金由自己支配；第三就是经营决策权，公司的重大经营决策由自己做主。

在柳传志的要求下计算所将"三件宝"交给公司。一是下放人事、财务和经营自主权，也就是在机制上保证后来柳传志所说的"民营"；二是保证所里上千名科技人员做公司的后盾；三是给一块"中科院计算所"的金字招牌，这是计算所新技术发展公司重要的无形资产，有了中科院计算所这块国内计算机界的顶尖招牌，对公司发展业务肯定有很强的支持作用。因此，柳传志一直到1988年还在强调"我们是官办公司"的那块"金字招牌"，并且他们很好地用了这个优势，在这上面做足了文章。

在当时的市场条件下，国有企业最大的好处是贷款容易、税收优惠、有商业信誉等。回顾联想集团的发展历程，国有优势的发挥，在联想发展的关键时刻是功不可没的。柳传志曾直言不讳地说："1988年我们能到香港发展，'金海王工程'为什么去不了？因为它是私营的，而我们有科学院出来说话。"香港联想开业三个月就收回90万港元的全部投资，第一年营业额高达1.2亿港元，"国有"的优势再一次得到体现。甚至在企业发展的后期，联想还一如既往地享受着"国有"的恩惠，与政府成功地合作、开发并实施了诸多的合作项目。

在联想公司创业初期，有一次，中国科学院进口了500台IBM计算机要配给其所属的上百家研究院。当时的信通公司等也在争这笔业务，但是联想公司给出只收价格4%的维修服务培训费，使其他公司觉得没法做。并且由于联想公司中有很多人曾经参与过我国大型机的研制，技术力量很强，再加上销售人员的努力，一趟一趟地跑，终于感动了中科院，于是科学院把这500台计算机的验机、培训、维修的业务交给了联想。

联想就这样迎来了第一桩大生意。500台计算机把两间小屋堆满了。由于场地小，排不开，只好腾出一间屋子验机。其他人便都挤在另一间小屋子办公。这笔业务做得非常不容易，做完之后，扣除3%的成本，只剩下1%的利润，但是由于联想公司的服务、培训等工作做得非常出色，得到了用户的好评，最终把他们的服务费涨到了7%。于是终于挣到了公司的第一笔巨额利润——70万元。

第十一章 依靠形势和贵人，赢得自己的财富

赚这笔钱主要靠的是技术，是以将验机、培训、维修机器等为主要服务内容的方式赚取的。第一桶金的掘得是因为发挥了联想公司的长处，利用自身的知识和技术，并且也是靠着中科院这个背景，这两点优势在其创业过程中，起着重要的作用。

在生意场的打拼中，借力是一种重要的方法，其形式各种各样，但最终目的都是为了利用别人的力量实现自己的目的。

## 5. 借大老板赚大钱

> 好风凭借力，送我上青云。做生意要懂得借他人之力，尤其是那些梦想做大事业的人，更要学会"套近乎"，这样你才能得到更多赚钱的机会。

做生意，当然是接触的大老板越多，与大老板的关系越深，他指点你提携你赚大钱的机会也越多，你赚大钱的成功几率也会越高。

事业有成的大老板普通人见一面都比较难，能够得到他们的指点和帮助是很多还在商场中摸爬滚打的年轻人梦寐以求的事情。有"股神"之誉的传奇富豪巴菲特便有这样的一个生财之道，只要你付得起42万美元，你便能和他共进一次晚餐并聊上几个小时，能够得到他的指点和答疑。花几十万美元和一个人聊会儿天，这种匪夷所思的事情竟然还真有人去尝试。

可见能够得到大老板的"言传身教"是每个生意人的梦想，当然我们一般人无法花几百万人民币去和巴菲特聊天，但是在我们的周围，也有着不少的成功人士，他们依然是我们学习和效仿的榜样。

一个生意人能否得到他人的帮助，是其生意能否做成功的条件之一。大老板由于已经取得了生意上的成功，你如能得到他们的相助，就会为你省去许多前进道路上的崎岖和曲折，更易让自己的事业腾飞。下面是几种与大老板"套近乎"的常用方法。

1.充分了解大老板的各种关系

大公司的老板或知名老板是很难与一般人会面的，但是若能与他们合作或与他们交上朋友那将是非常荣幸和珍贵的，因为从他们那里你会大开眼界，学到许多你平常学不到的东西。

要与大老板交往，最基础的工作就是要掌握他们的各种关系。他们的各种社会关系，各种各样的业务，以及各种各样的喜好、性格特征等。经常关注一些大老板的情况，从中你定会了解一二。

从业务上了解大老板也是一条好途径。他经营的范围主要是哪些，次要是哪些，他的分公司、子公司分布在什么地方，这些公司的经营者是谁，他多长时间会查看分公司、子公司等。

也可以从兴趣爱好上了解大老板。他喜好什么运动、什么物品、什么性格的人，他喜欢或经常参加什么聚会，他休闲、娱乐的方式有哪些等。

总之，要结交一个大老板又没有机会的时候，你不妨从以上几方面去了解，总会发现一些机会的。

2.制造初次见面的氛围

当你发现或者创造了与大老板见面的机会后，最重要的便是如何制造一种特殊的会面氛围。因为在众多的人物当中，说不定连话都跟大老板说不上。所以选位置时一定要选一个与大老板尽可能近的位置，以便他能发现你，并且一有机会便可搭上关系。

同时，要以穿着表现自己的个性，因为与人第一次交往，别人往往是从服饰上得来第一印象。着装要表现个性、特色，使人一目了然。

要针对大老板关注的事情予以刺激，要尽快发现对方关心注意何事，找到适当的话题，抓住对方的注意力，刺激对方对自己的兴趣，话语要力求简洁、有独创性，使对方产生震撼，留下较为深刻的第一印象。

3.赢得大老板青睐的方法

适当展示自己的能力是赢得大老板青睐的重要方法。大老板一般都喜才、爱才，如果你一贯表现出对他意见的赞同，不敢表现自己独特的见解，他不会注意你的。因此，适当表现自己的独特才干，是会受大老板喜爱的。当然，你不能表现得太过锋芒毕露，让人一见就觉得有喧宾夺主之感。

别出心裁送礼品是联系大老板情感的重要方式。这要针对他们的具体情况，不能千篇一律，不能委托他人。当然，不一定昂贵就是好礼品，要赠送，就要送他特别喜爱的礼物才是。同时在赠送方式上也要别出心裁，包装样式、赠送方式都要显得别具一格。有时，你不妨请他的太太代理，或许效果会特别地好。

好风凭借力，送我上青云，你辛苦奋斗好久才得来的一笔生意，或许那些大老板一句话便能为你实现，所以你应该抓住机会，在适当的时候，让那些大老板在你成功的路上助你一臂之力。

## 6. 合作经商，实现双赢

> *俗话说："单干干不长，独行行不远。"想做生意赚大钱就要懂得合作的重要性，在互惠互利的条件下，才能赚取更多的钱财。*

做生意要学会与人合作，在合作中共同发展，这样才能形成强强联合，才能多多发财。

李嘉诚的合作之道令人赞赏，充分体现了他的经营理念——善于合作，壮大自己的实力。李嘉诚和他人合作时，总是抱着诚信经商、诚心待人的合作态度，有钱也是大家一起赚，因此每一个和他合作过的人，对他总是赞不绝口，甚至还有很多合作伙伴，最后都成了他生意上的得力"助手"。

李业广是"胡关李罗"律师行合伙人之一。李业广持有英联邦的会计师执照，是个"两栖"专业人士，在业界声誉甚隆。人们称李业广是李嘉诚的"御用律师"。李嘉诚说："不好这么讲，李业广先生可是行内的顶尖人物，我可没这个本事独包下他。"

李嘉诚说的是实话，李业广身兼香港20多家上市公司董事，这些公司市值总和相当于全港上市公司总额的1/4；另外，李业广还是许多富豪的高参。长江实业上市时，李业广便是首届董事会董事，而长江实业扩张之后，李业广是其全系所有上市公司的董事。就此一点，足见两李的关系非同寻常。

李嘉诚是个彻底的务实派，他绝不会拉大旗做虎皮，虚张声势。在香港商界，拉名人任董事是人们常用之术，李嘉诚并非这样，他敬重的是李业广的博识韬略。长江实业不少扩张计划，正是两李"合谋"的杰作。

杜辉廉是英国人，出身伦敦证券经纪行，是一位证券专家。20世纪70年代，惟高达证券公司来港发展，杜辉廉任驻港代表，与李嘉诚结下不解之缘。

第十一章 依靠形势和贵人，赢得自己的财富

• 313 •

1984年，万国宝通银行收购惟高达，杜辉廉便参与万国宝通银行的证券业务。

杜辉廉被业界称为"李嘉诚的股票经纪人"，他是长江实业多次股市收购战的高参，并经理长江实业及李嘉诚家族的股票买卖。

1988年底，杜辉廉与他的好友梁伯韬共创百富勤融资公司。杜梁二人占35%股份，其余股份由李嘉诚邀请包括他在内的18路商界巨头参股。

有18路商界巨头为后盾，百富勤发展神速，先后收购了广生行与泰盛，百富勤也分拆出另一家公司百富勤证券。杜辉廉任两家公司主席。到1992年，该集团年盈利已达6.68亿元。

在百富勤集团成为商界小巨人后，李嘉诚等主动摊薄自己所持的股份，好让杜梁两人的持股量达到绝对"安全"线。李嘉诚对百富勤的投资，完全出于非赢利，以报杜辉廉效力之恩。不过，李嘉诚持有的5.1%百富勤股份，仍为他带来大笔红利，百富勤发展迅速，是市场备受宠爱的热门股。

20世纪90年代，李嘉诚与中资公司的多次合作（借壳上市、售股集资），多是由百富勤为财务顾问。身兼两家上市公司主席的杜辉廉，仍忠诚不渝地充当李嘉诚的智囊。

香港《文汇报》曾刊登李嘉诚专访，主持人问："俗话说，商场如战场。经历那么多艰难风雨之后，您为什么对朋友甚至商业上的伙伴抱有十分的坦诚和磊落？"

李嘉诚答道："简单地讲，人要去求生意就比较难，如果生意跑来找你，就容易做。一个人最要紧的是节省你自己，对人却要慷慨，这是我的想法。讲信义，够朋友。这么多年来，差不多到今天为止，任何一个国家的人，任何一个省份的中国人，跟我做伙伴的，合作之后都能成为好朋友，从来没有一件事闹过不开心，这一点我是引以为荣的。"

最典型的例子，莫过于老竞争对手怡和。李嘉诚鼎助包玉刚购得九龙仓，又击败置地购得中区新地王，并没为此而与置地的总裁凯瑟克结为冤家而不共戴天。每一次战役后，他们都握手言和，并联手发展地产项目。

"要照顾对方的利益，这样人家才愿与你合作，并希望下一次合作。"追随李嘉诚二十多年的洪小莲，谈到李嘉诚的合作风格时说，"凡与李先生合作过的人，哪个不是赚得盆满钵满！"

俗话说得好，"一个篱笆三个桩，一个好汉三个帮"；"在家靠父母，出门靠朋友"。商场上更是如此，做人显得尤其重要。如能真正照顾到对方利益，才能实现双赢。

## 7. 借助靠山改变命运

> 贵人之所以是贵人，是因为他们具有非同一般的能量，他们的一句话，也许顶得上你苦苦奋斗十年。

创业时期，因为自己的力量太小、太弱，一旦出现自己无法解决的问题，只有关门了之。但是如果此时有贵人相助，情况就大不一样了，贵人的能量远远大于你的能量，天大的难题对他来说可能是小菜一碟，他可以轻而易举地帮你扫清障碍，使你快速成长起来，就能够更快实现自己的财富梦想。

香港中信泰富集团的荣智健，1995年底个人所持股份市值为252亿港元，而他的私人资产，有人估计约50亿港元。荣智健是改革开放以后才在香港办企业的，他凭什么能使企业发展如此之快？有人说他是利用了政治上的优势，也有人说他靠的是自己善于经营。不管有多少原因，有一点是肯定的，他曾得到过华资巨富李嘉诚与郭鹤年等人的鼎力相助。

荣智健是红色资本家荣毅仁之子，荣毅仁解放后先后担任过上海市副市长、纺织工业部副部长等要职。1978年荣智健来香港投靠亲戚，持有一些父亲给他的纺织股。1985年荣智健卖掉自己的电子厂，身家已有4亿港元。这一年他在香港居留满7年，成为香港永久居民。

1986年，荣智健卖掉自己的公司后正式进入香港中信，任董事职务。1987年，中国国际信托投资（香港）有限公司重新注册为"中信集团（香港）有限公司"。荣智健接替米国钧任董事总经理职务。

很早以前，荣智健就想创立一家完全由自己管理的公司。1988年国务院下令对在港的中资公司进行整顿，荣智健在这期间积极寻找借壳上市的目标，后来瞄上了泰富发展。

荣智健想收购泰富发展，但凭自己一家的实力，恐怕很难啃下这块骨头。于是他找贵人相助，先后联络了香港商界巨子李嘉诚、移居香港的大马华人首富郭鹤年。这两位商界巨头，在关键时候鼎力相助，一口应承下来。

1990年1月，在李嘉诚和郭鹤年的相助下，荣智健聘请收购专家梁伯韬、杜辉廉的百富勤为财务顾问，与曹光彪私下洽商。很快，双方达成协议，中信宣布正式全面收购泰富，以每股12港元收购曹氏的50%股份，并以同样条件收购全体股东的股份。

泰富原为一家投资地产的小型公司，市值725亿港元。由于中信持股最多，泰富发展被易名为中信泰富，荣智健任董事长兼总经理。上任后，荣智健了却了自己的一桩心愿，他有了一家完全由自己管理的公司。由于他经营有方，这一年中，中信泰富盈利333亿港元，创下了不俗业绩。

中信泰富在创业过程中，得到华资的鼎力相助，此后在它的发展中，又多次得到他们的帮助。收购恒昌行是中信泰富的首役，此役就有众多贵人助阵。

恒昌行由恒生银行的元老何善衡、梁球琚、何添、林炳炎等人创立。经过数十年的发展，已成为香港一家大型贸易公司。1990年8月10日，恒生银行首任董事长林炳炎之子林秀峰、周大福企业老板郑裕彤、中华制漆主席徐展堂联合组成的备怡公司正式成立，随即对恒昌展开收购。

收购期届满，备怡收购失败。中信泰富这个时候却冒出来要收购恒昌。但荣智健的财力不足吞下这个庞然大物，于是又去找大富豪们相助。7月底，荣智健会同李嘉诚、郑裕彤、百富勤、郭鹤年等9名股东，成立了收购恒昌的旗舰GREATSTGLE公司。8月初，传出林秀峰兄弟与徐展堂另组财团竞购，但他们的实力远远不及荣氏财团。

9月5日，荣氏财团收购成功，他们出价每股330港元，比恒昌估计少出了60元一股。到1991年10月22日收购期届满，百富勤代表旗舰GREATSTGLE宣布，获得97%的恒昌股权。

中信泰富占恒昌35%股份，是首席大股东，荣智健出任恒昌主席。接着荣智健向其他股东收购恒昌股份，李嘉诚、郭鹤年再次相助，率先让出，李嘉诚还出面做其他股东的工作。到1992年1月13日，其他7名股东全部将股份售予中信泰富。至此，中信泰富实力大增。

荣智健率领中信泰富后来再上几个台阶，1995年第1期《现代画报》刊载的香港十大中资排行榜上，中信泰富以4747亿港元名列第一。又据《资本》杂志载，至1995年底，荣智健个人所持股份市值为252亿港元。

荣智健后来所拥有的这一切，都要感谢那些帮他"蛇吞象"的中资贵人。没有李嘉诚等人帮他扫清障碍，荣智健不知道要在这条路上走多久，从这个意义上来说，中资贵人缩短了他发展的时间，使他得以在短时间内脱颖而出，成为事业有成的商界巨头。

自己走百步不如贵人扶你一步，自己努力固然重要，但有贵人的扶持岂不更好？若在财富路上碰到贵人的帮助和扶持将能让你更快收获财富人生。

# 第十一章 依靠形势和贵人，赢得自己的财富

## 8. 用"慧眼"去找贵人

> 贵人并非出世就是达官显贵，许多普通人也能成为我们生命中的贵人，如果你一不小心错过了生命中的贵人，到时后悔就来不及了。

没有哪个人生下来注定就是你的贵人，这需要你用"慧眼"去寻找，用心去揣摩，一旦时机成熟便果断出手，这样贵人便"手到擒来"，不会悄悄溜走。

贵人并非出世就是达官显贵，许多普通人也能成为我们生命中的贵人，如果你一不小心错过了生命中的贵人，到时后悔就来不及了。曾经为苹果公司创始人之一的韦恩，便犯了一个这样致命的错误。

苹果电脑是国际知名品牌，它是"苹果计算机公司"的主打产品。当时，苹果公司的领导人有斯蒂夫·乔布斯与韦恩。斯蒂夫·乔布斯后来成为了大富大贵的人，而韦恩却不识贵人而没有成为富豪。

乔布斯1955年2月24日出生于美国旧金山市，他是两位大学教师婚外恋的私生子，后来被汽车商保罗·乔布斯和科安娜夫妇收养。

1972年乔布斯进入加利福尼亚州立大学学习，对电子发明尤感兴趣的他，学习非常刻苦。两年后他与好友相约奔赴硅谷闯天下，好友沃兹尼克进入惠普公司，他则进了阿塔尔公司。

在硅谷干了一年多，1975年秋，乔布斯鼓动沃兹尼克出来共同创业，开发电脑。沃兹尼克同意后，乔布斯卖掉了养父给他使用的一辆旧福特牌轿车，获1000多美元，沃兹尼克凑了250美元。他们用这些钱买了一些散件，便开始了电脑的开发与研制。

当时小型计算机的研究还比较落后，体积较大，乔布斯认定"高功能微型化"的个人电脑大有发展前途，便和沃兹尼克致力于个人电脑的开发。经过几个月的奋战，他们研制出了"计算机板"。

有位叫保罗·泰瑞尔的商人对他们的"计算机板"很感兴趣，但建议他们要装配成电脑成品，否则很难卖出去。他向乔布斯他们订购了50台这种成品电脑，每台500美元。乔布斯从中看到了希望，他们很快装配成"单极微电脑"销给了这位商人。

1976年乔布斯和沃兹尼克商议后，成立了自己的公司，他们给公司取名为苹果计算机公司，而把公司研制的微电脑叫做"苹果电脑"。

人才就是财富。乔布斯找来了他在阿塔尔公司结识的该公司现场主任工程师罗恩·韦恩，让他负责电脑研制中的性能测试、线路图绘制、广告策划、信息收集与文件管理等重要工作。

这年的4月，乔布斯与沃兹尼克、韦恩签订了一份正式合同，合同写明：乔布斯与沃兹尼克各占公司45%的股份，韦恩则占10%的股份。按理说，能在三人中占到10%的股份，对后来参加者韦恩来说，已经是不错了。但他没有意识到乔布斯是他生命中的贵人。

韦恩在苹果公司干了大概不到一年的时间，他见公司的订单不多，便担心苹果公司资金周转不灵难以生存下去，而向乔布斯提出辞职。乔布斯挽留不住，只好任他离开。结果韦恩以300美元卖掉了他那10%的股份，留下说不尽的遗憾。

韦恩离开苹果公司后，乔布斯请来了阿塔尔公司线路天才霍尔特，同时积极向外筹集资金搞开发。乔布斯费尽周折，终于找到了大股东迈克·莫库拉。莫库拉看好个人电脑，一下子投入91万美元现金，又以银行信贷担保形式支付25万美元，帮乔布斯解决了启动资金问题。莫库拉成了苹果电脑的贵人，后来的苹果公司也成就了他。

1977年苹果公司成功研制出"苹果二型"微电脑，并参加了4月16日在旧金山市举行的"美国西海岸电脑展示会"，大家对此评价很高，乔布斯于是投入批量生产。不久，他从百事可乐公司挖来了经营奇才史考利，由他担任苹果公司的总裁。

1984年苹果"麦金塔"研制成功，2495美元一台的苹果电脑在市场上大受欢迎。此后"苹果"二号C型电脑再降价，每台只需1295美元。这年苹果公

第十一章 依靠形势和贵人，赢得自己的财富

司的个人电脑市场占有率达到12.7%，销售电脑275万台，与IBM的差距越来越小。

在电脑市场不断占有客户的同时，苹果公司的股票也在不断增值。1980年乔布斯将公司正式上市，10天后股价升到30美元一股。当年韦恩以300美元卖掉的10%股份，此时已值6700万美元。韦恩对此恐怕除了后悔，就只有后悔了。

当然，这个世界是没有后悔药可吃的，本来韦恩是仅次于乔布斯和沃兹尼克的元老，结果他错失良机，也只能怪自己不识贵人而遗恨终生了。可见生意场中拥有一定的眼光是何等的重要，这种识别贵人的能力是想有大作为的人所必须具备的。

## 9. 知人善用，人才变"财"

> 中国有刘备"三顾茅庐"请诸葛亮的佳话，这说明即使十分优秀的人也需要同样出色的帮手，孤掌难鸣，光杆司令不可能打出一片天地。要想创业赚钱要有出色"贵人"的一臂之力。

一个人要通过经商赚取财富，在初入商海的时候，资金注入往往不是最重要的问题，关键在于这个时候你的身边都有什么样的人，是出色还是不出色。

普利斯通初到橡胶城亚克朗来打天下时，由于没有自己的核心技术，效益并不佳。一天，他工作太累，破例进酒吧喝酒。店堂里传来阵阵哄笑——一个脸上抹着灰，把裤子当围巾披在肩上的青年，正东倒西歪地走着，滑稽不堪。没走多远，被一把椅子腿绊倒，众人的笑声更高了。

"唉，天天如此，一个标准的酒鬼！"有人说，"搞发明真是害死人啊！"

普利斯通心中一亮，刚想离开，又停了下来："他是发明家吗？发明了什么东西？"

"不太清楚，好像是有关橡胶轮胎方面的。"

"他叫什么名字？"

"洛特纳。不过没有人叫他这个名字，大家都叫他醉罗汉。"

普利斯通匆匆走出酒吧，已不见那青年的踪影，懊丧不已。他打听到洛特纳的地址，第二天一早就找上门去。那是一家规模很大的橡胶厂，洛特纳正在搬运材料。

"你是洛特纳先生吗？我今天特地来拜访你。"普利斯通笑着说。

"我不认识你。"洛特纳冷冰冰地说，露出警觉的目光。

洛特纳的态度虽然傲慢，但却似乎有一种神奇的力量在吸引着普利斯通。普利斯通决定一定要和他谈谈，但洛特纳却掉头就走了。

普利斯通并不甘心，决定在厂门口一直等下去。从上午10点等到12点，出来吃午饭的工人又回厂了，却没有洛特纳的身影。他不敢离开，生怕错失了洛特纳。到下午5点，几乎所有的工人都下班走了，还是没有见到他。普利斯通又饿又累，躺坐在路边的水泥座上。他横下一条心，洛特纳早晚总是要下班的，不见到洛特纳，他就不走了。

直到6点多，洛特纳才从厂门口匆匆走出，望眼欲穿的普利斯通又惊又喜，一下站起来，顿感两眼发黑，几乎摔倒，洛特纳一下扶住了他。

"你不舒服吗，普利斯通先生？"洛特纳口气亲切多了。

"你让我等得好苦！"

"我知道。"洛特纳低垂下头，"我已经出来三次了，每次看见你等在外面，我又回去了——开始是不愿见你，到了下午，觉得难为情不好意思见你……"

普利斯通不需要他的解释，他的诚意终于感动了对方。两人到酒店共饮畅谈，越谈越投机。

"你发明的究竟是什么东西？"

"是能使胶胎与汽车钢圈密切接合的装置，使轮胎不易脱落。"洛特纳非常失望地说道，"我费尽心血研究出的东西，没有人要也就算了，最不能忍受的是别人拿它来取笑我，以为我是骗子，到处骗钱。"

普利斯通和洛特纳相见恨晚，互相将对方作为知己。洛特纳有感于知遇之恩，下决心帮助普利斯通打天下。普利斯通的资本和洛特纳的新技术一结合，就立即产生了巨大的效益。他们制成了一种不易脱落而且储气量大的轮胎。

普利斯通向正在制造大众汽车的福特去兜售："福特先生，听说您在制造新汽车，我给您带来了一种新轮胎。"

"你知道，我这种新车的特点是价格便宜。"福特笑着说，"可能用不起你的好轮胎。"

普利斯通展开了他的推销技巧："我敢保证，它一定适合您的新车。这种新产品，别人见都没有见过。"

喜好新奇的福特立刻动心了，试验的结果使他十分满意，只是嫌价格贵了一些。

普利斯通娓娓道来，使对方说不出不买的话来。装上新轮胎的福特车起飞之日，也正是普利斯通的橡胶公司腾飞之时。

　　到如今，普利斯通已经成为世界上最大的轮胎公司之一，这一成绩的取得，与普利斯通先放下架子礼贤下士的精神是分不开的，这也印证了千百年流传的"一个篱笆三个桩，一个好汉三个帮"的至理名言。

第十一章　依靠形势和贵人，赢得自己的财富

## 10. 用诚意赢得贵人

很多贵人，都是"站得比你高"、"看得比你远"的，这时要想让他能成为你事业的帮手，就要能感化他，让你的意见顺从他的智慧。

一个人想取得成功就一定要明白：个人的能力是有限的，无论是智力还是体力都有局限性，俗话说："就算浑身是铁，又能打几颗钉？"如果只凭自己的能力，会做的事很少；如果懂得借助贵人的力量，就可以无所不能。凭自己的能力赚钱固然是"真本事"，但是，能借他人的力量赚钱，却是一门更高超的艺术。

戴维·史华兹出身寒微，15岁就辍学自谋生路，但他有很强的进取心，小小年纪就立志要做一个大企业家，而且不露声色地执行着自己心中的计划。

18岁那年，史华兹进入斯特拉根服装公司做业务员。这是一家著名的时装公司，史华兹在这里工作，学到了很多东西，为他后来的事业打下了良好的基础。

在斯特拉根时装公司干了一年后，史华兹决定创办一家服装公司，开拓自己的事业。

史华兹和一个朋友合伙，用7500美元开办起一家小小的服装公司。公司虽小，但它是属于自己的，这对于史华兹来说，无疑是非常重要的开端。

史华兹将全部精力都投入了这家名叫约兰奴真的服装公司，在他的出色经营下，公司发展得很快，生意相当不错。

不久后，史华兹又不满足了，他认为，老是做与别人一样的衣服是没有出路的，必须有一个优秀的设计师，能设计出别人没有的新产品，才能在服装业中出人头地。

然而，这样的设计师到哪儿去找呢？

一天，他出外办事，发现一位少妇身上的蓝色时装十分新颖别致，竟不知不觉地紧跟在她后面。

少妇以为他心怀不轨，便转身大声骂他耍流氓。史华兹这才醒悟，觉得自己实在是太唐突了，连忙向少妇道歉和解释。

少妇心中疑团解开，转怒为笑，并告诉史华兹这套衣服是他丈夫杜敏夫设计的。于是，史华兹心里就有了聘请杜敏夫的念头。

经过一番调查得知，杜敏夫果然是位很有才能的人，他精于设计，曾在三家服装公司干过。他最近一次离开服装公司的原因非常简单：当他提出一个很好的设计方案时，不懂设计的店主不仅不予嘉许，反而横挑鼻子竖挑眼，蛮不讲理地训斥了他一顿。自尊心极强的杜敏夫受不了这份窝囊气，干脆一走了之。

史华兹从小就自谋生计，饱受世态炎凉，对杜敏夫的遭遇很是同情，当即决定聘用他。

然而，当史华兹登门拜访时，杜敏夫却闭门不见，令史华兹十分难堪。但史华兹知道，一般有才华的人难免会有些傲气，只有用诚心才能去感化他。所以他并不气馁，接二连三地去拜访杜敏夫。他这种求贤若渴的态度，终于使杜敏夫为之动容，接受了史华兹的聘请。

杜敏夫果然出手不凡，他建议采用当时最新的衣料——人造丝来制作服装，并且设计出了好几种颇受欢迎的款式。

史华兹是第一个采用人造丝来做衣料的人。由于造价低，而且抢先别人一步，占尽风光，约兰奴真服装公司的业务蒸蒸日上，在不到10年的时间里，就成为服装行业中的"大哥大"。

不用说，杜敏夫就是史华兹的贵人，如果没有他的帮忙，史华兹公司的发展就要大打折扣。当然，史华兹也是善于同贵人搞好关系的，他面对拒绝毫不气馁，敢于放下面子，抛掉堂堂老板的身份几次三番地请求接见。

很多贵人，都是"站得比你高"、"看得比你远"的，这时要想让他能成为你事业的帮手，就要能感化他，让你的意见顺从他的智慧。须知，贵人既为贵人，必有其高傲之处，要真正地感化贵人，必要时得放下自己的身份和面子，用诚意来感化他。

第十一章 依靠形势和贵人，赢得自己的财富

有一些贵人，尤其是地位比你低的贵人，都有着强烈的个性。你请他来帮你，他会很牛气，坐如磐石，不为你言语所动。但如果你懂得利用贵人的长处而不在乎贵人的短处，就会再而三地恳求对方出山为你创造价值。在如今的社会中经商求财，如果看到才华横溢的贵人，不能屈身恳求，那你就做不了大事。

## 11. 巧把明星当贵人

> 明星无疑是当今商界极具号召力的人，而且只要你的产品好，出价高，无论多大牌的名星都可以成为财富事业上的贵人。

在现代商品社会中，明星是极具号召力的人，巧找一个明星作为你事业上的贵人，也不失为一个不错的生财之道。

1989年夏，正当健力宝公司的事业发展如日中天时，世界体操王子李宁解甲退役，加盟健力宝公司，这一消息引起了社会的巨大震动。

健力宝公司的总经理李经纬与体操王子李宁，一个是优秀企业家，一个是世界体育明星，早就有了交往。在李宁告别体坛之前，李经纬和他曾作过一次深谈，得知了李宁退役后的最大心愿是办体操学校，培育体操人才。而办学要钱，必须要靠实业才能实现这个理想。这使李经纬想起外国一个著名足球运动员退役后开办运动鞋厂的故事，李宁不也可以这样做吗？同时他深知，如果李宁的名字与健力宝联在一起，会给健力宝公司带来不可估量的精神效应和物质效应。

李经纬由此萌发了邀请李宁加盟健力宝公司，创办李宁运动服装厂的念头。李宁也愉快地接受了健力宝的邀请，担任总经理特别助理，筹建李宁牌运动服装厂。随着亚运会的召开，李宁运动服也一炮打响。

1990年北京亚运会，健力宝公司在全国各企业中捐款名列第一。1992年，中国体育代表团出征巴塞罗那奥运会，健力宝公司是唯一的国内赞助单位。这一切都少不了李宁的作用力。

健力宝公司看准了李宁身上所蕴含的巨大的商业价值，在他实业办学的同时宣传了自己的产品和企业，借李宁的力量树立了自己的形象，为自己的产品找到了靠山。

不仅中国的商家要借贵人之力，国外的企业为了增加利润也要寻找靠山。

鞋商菲尔·耐克最成功最典型的例子，就是同NBA巨星乔丹签订了推销合约。作为NBA巨星，迈克尔·乔丹的崇拜者无论在美国还是在世界各地数以亿计，喜爱他的球迷往往以乔丹的穿戴来装扮自己。对于如此具有影响力的大明星，聪明的菲尔·耐克不会放过，他不惜重金聘请乔丹为自己的产品做广告。随着乔丹为耐克鞋做的广告频频出现在电视上，随着乔丹驰骋在万人瞩目的篮球场上，耐克公司的销售量直线上升。乔丹的一声赞赏远远超过千百句苦口婆心的推销言辞。

耐克公司很会攀附，它利用众人对"飞人"的崇拜心理，将自己的产品与乔丹的名字并列，无形中提高了产品的知名度和信任度，吸引了消费者的眼球，也赢得了巨大的经济利润。耐克公司借着乔丹这棵大树，让自己立于鞋业的不败之林，真可谓"慧眼识贵人"。

美国一家公司所生产的天然花粉食品"保灵蜜"销路不畅，经理绞尽脑汁，如何才能激起消费者对"保灵蜜"的需求热情呢？如何使消费者相信"保灵蜜"对身体大有益处呢？广告宣传，未必奏效，大家见得多了。

正当一筹莫展之时，该公司负责公共关系的一位工作人员带来喜讯：美国总统里根长期吃此食品。原来，这位公关小姐非常善于结交社会名人，常常从一些名流那里得到一些非常有价值的信息。这一次她从里根总统女儿那里听到了对本企业十分有利的谈话。

据里根的女儿说："二十多年来，我们家冰箱里的花粉从未间断过，父亲喜欢在每天下午4时吃一次天然花粉食品，长期如此。"后来该公司公关部的另一位工作人员，又从里根总统的助理那里得来信息，里根总统在健身壮体方面有自己的秘诀，那就是：吃花粉，多运动，睡眠足。

这家公司在得到上述信息并征得里根总统同意后，马上发动了一个全方位的宣传攻势，让全美国都知道，美国历史上年纪最大的总统之所以体格健壮，精力充沛，是因为常服天然花粉的结果。于是"保灵蜜"风行美国市场。

毫无疑问，体操王子李宁、篮球之神乔丹，以及美国总统里根都成了商家的"代言人",并且使这几大企业都取得了非凡的业绩。请记住:商品社会,明星是为你赚取高额利润的大贵人。

可见在现代商业社会中,巧找"明星"作为企业的贵人,是有着巨大的经济效益的,这种特殊的靠山对于有心成就一番事业的人来说,有着非凡的意义。

# 第十一章 依靠形势和贵人,赢得自己的财富

## 12. 依靠贵人要防"小人"

> 做生意赚钱依靠贵人是正理，但在寻找贵人的过程中一定要睁大眼睛看清人，别让小人钻了空子，使自己破了财又惹上麻烦。

我们都知道，凭一个人的力量是成不了大事赚不了大钱的，而一批人的力量，只要同心，便可以撑起一片阳光。一个人的事业要发展，就避免不了与他人合作，如果合作双方互补相融，那对方就是你的一位贵人，如果合作双方心怀鬼胎，那对方就是你的一位克星。

为了找准自己的合作对象，我们有必要去分析一下哪种人不适应合作，跟他们合作会带来什么麻烦。

1. 好话说尽、食言自肥型

一些人仗着自己有一点小聪明，自以为对商场的人情世故懂得比别人多，因而"走火入魔"，认为商场就是人骗人的地方，总想在与别人合作中多捞一点，多占别人一点便宜。于是，他们在与别人的合作中对合伙人没有半点诚意，把对方当成傻瓜，想自己的利益时多，想别人的时候少，斤斤计较个人得失，总想自己多占一点，少做一点。对于这类人，不能与之合伙。

这种类型的人都有一个共同的特征，那就是能屈能伸，就像蚂蟥一样，要与你合作或有求于你时，他好话说尽，一旦目的达到，过去所说的话都忘得一干二净，完全站在自己的利益上打算盘，这就是所谓食言自肥。总之，这类人把商场中的坏习气都学到了家，喜怒哀乐，学啥像啥，即使商场老手，社会经验丰富的人，也难免会上当受骗。

2. 眼高手低、耐心不足型

一些人不甘心替别人打工，再加上筹措一笔资金也不太困难，于是便有了自己当老板的念头。他们认为有钱能使鬼推磨，只要自己往靠背椅上一坐，自有手下的人替他效命卖力。听起来，他们的想法一点也没有错，只要你肯出高薪，不怕请不到人才，但是请来的人才如何用，这才是决定你有没有资格当老板的关键所在。

　　还有些人贪图享乐，不能从事艰苦复杂的创业工作，只是看到当老板很神气，于是便想自己去当老板。这样的人只看到了成功后的享受和荣耀，却看不见创业的艰辛，眼比天高，心比山大。没有合伙之前说起创业来豪言壮语，信誓旦旦，发誓要干出个名堂来，一旦进入实质性的运作，需要投入艰苦的劳动时，需要长时间的努力时，就没有往日所说的那种干劲了，或是得过且过，贪图享乐；或是工作没有主动性，平日在单位为别人干事时应付了事的那一套坏习气就出来了。

　　很多受过良好教育，家庭环境又不错的，现在个人收入勉强过得去的人，最容易成为眼高手低、耐心不足型的人。他们没有受过生活的磨难，没有经受过创业的挫折，不懂得创业的艰辛，以为当老板容易，做生意容易；一旦需要投入艰苦的工作，需要长时间的努力时，便显露出眼高手低、耐心不足的毛病。所以也尽量不要与这种人合伙。

　　3. 自以为是、刚愎自用型

　　三国时代的马谡自认为从小熟读兵书，深知用兵之道，在守街亭时不听副将王平的劝阻，执意要把营寨建在高山之上，结果被魏军团团围住，几次突围没有成功，加上水源又被拦截，军心动摇，终被魏军击败，街亭失守。连马谡这样博学多才的人都能犯下弥天大错，又何况普通人呢？

　　一些人自认为自己比别人聪明，分析力比别人强，听不进不同的意见，总以为自己的观点与看法是最好的。当别人对他的一些观点或看法提出不同的意见时，他常认为没有必要进行修改。对别人的意见或建议，轻易地给予否决，自己又提不出更好的方法来。思维方法是以偏概全，以点概面，偏激、固执，不易与人合作。这样的人当然不能与之合伙。

　　所以，我们在选择合伙人时不能求全责备，要求对方十全十美，这是办不到的，因为我们自己都不是十全十美。但对于具有上面所言的三种缺点与局限的人，我们一定不能与他们合伙做事，因为这些缺点是本质性的，是长期形成的，一时半刻也改不了。只有选对合伙人才能赢得长久的财富人生。

第十一章　依靠形势和贵人，赢得自己的财富

# 第十二章　会赚钱会理财，可保一本万利

　　做生意是赚钱还是赔钱，说到底要看一个人的理财能力。如果一个人赚钱会算计，可以财源滚滚；如果赚钱会理财，可以一本万利。反之，只有赔钱买卖等着你。成功的生意人都是精明的理财专家，他们懂得只有用好手上的每一分钱，用最少的钱去办成最大的事，才能将生意做大，才能拥有更长远的财富人生。相反，大手大脚地花钱，不懂得合理用钱，早晚要坐吃山空。

## 1. 赚钱要学会精打细算

> 任何一个生意人都要学会精打细算，降低自己的成本，以获取最大的利润。这也是很多成功商人的生意经之一。

生意人一定要学会精打细算，因为做生意就是赚钱和省钱的学问。只有精打细算，减少不必要的开支，降低成本，才能获得更高的利润。这也是很多成功商人的生意经之一。

自古有云，"大富在天，小富由俭"。挣钱之道不可一蹴而就，需在分分厘厘中守成最初的原始积累，学会精打细算，积微成著，积金至斗，在机遇一瞬即逝中，才不致功败垂成。

洛克菲勒身为美国历史上的著名大财阀，但却处处精打细算，他的巨额财富与他精打细算的作风是密不可分的。

洛克菲勒极为注重公司成本的节约，提炼每加仑原油的成本要计算到小数点后三位。这样的计算方法增加了计算的复杂程度，但会更加精确。洛克菲勒这么做的目的就是为了节约成本，增加利润。

洛克菲勒每天早上一上班，他就要求公司各部门将一份有关净值的报表送过来。经过多年的商业活动，洛克菲勒能够准确地查阅报上来的成本开支、销售以及损益等各项数据，并能从中发现问题，用这个来考核每个部门的工作。

1879年的一天，他写信给一个炼油厂的经理质问："为什么你们提炼一加仑原油要花一分八厘二毫，而东部的一个炼油厂干同样的工作只要九厘一毫？"就连价值极微的油桶塞子他也从不放过。他曾写过这样一封信："上个月你厂汇报手头有1119个塞子，本月初送去你厂1万个，本月你厂使用9527

个，而现在报告剩余912个，那么其他的680个塞子哪里去了？"

洛克菲勒洞察入微，刨根问底，不容员工有半点马虎。恰如后人对他的评价，洛克菲勒是统计分析、成本会计和单位计价的一名先驱，是今天大企业的"一块拱顶石"。

洛克菲勒曾就降低制造石油成本一事说过："石油公司必须永远认识到它是在为穷人炼油，以保证他们能买到物美价廉的商品。"为了节约费用，洛克菲勒公司在客观条件允许的范围内尽可能实现自给自足，不让任何人在公司能够自行生产的每一项目上赚到钱。

在他创业初期，这么做人们还多少能够理解，而在他成为亿万富翁后，仍然如此"吝啬"，如此麻烦，人们似乎是不能理解的。可是，洛克菲勒则不嫌麻烦，并且在他的节约成本这个方针指导之下，公司自己制造油桶，每个可以节省1美元；洛克菲勒年复一年地进行投资，并且亲自指导经营，还制造出公司自用的储油车厢，以供铁路使用，这不仅使运输效率提高，而且还可以防止石油渗漏。这种安着两个巨型木桶的原始油车有效地使用了货车载运的空间单位，而这也是洛克菲勒智慧的结晶。

精打细算贯穿洛克菲勒经营的每一个环节中，他从不容许有丝毫的铺张浪费行为。他经常"微服私访"，到下属部门视察。有时，他会突然出现在年轻的记账员面前，认真地、非常内行地翻阅他们经管的账本，提出一些合理建议。年轻的记账员们无不感到吃惊，但他们万万没有想到，眼前这位大老板正是记账出身。

洛克菲勒处处精打细算，可以说他时时处处琢磨着节俭和省钱的"道儿"。他的口袋里总是装着一个笔记本，只要想起了好的主意，他便记录下来，然后交给工人们看。假如可行，马上实施。

经过多年的实践，洛克菲勒为公司制定了"低成本，大市场"的经营原则。他既坚持薄利多销，也奉行节俭，只有这样他的经营理念才能落实。在竞争中，洛克菲勒为把对手挤出"场外"，采取最多、最有效的手段是降低成本，而降低成本最好的办法之一就是精打细算。

晚年的洛克菲勒早已是名扬四方的亿万富翁了。当有人和他谈起他的"吝啬"时，洛克菲勒得意地说："一大笔钱，全是我们这样精打细算出来的。一大笔钱啊。"正是这种"锱铢必较"的做法，使洛克菲勒创出了伟大的奇迹。

有些生意人讲究所谓"能挣能花"，在他们身上要想找到洛克菲勒这样精打细算的事例非常困难。洛克菲勒不同其他人，他精打细算的性格虽不能说与生俱来，也是多年自觉养成的，可以视为他作为商人、经营者一种特殊精明的表现。他的成功创业史，也是一部他精打细算的历史。

每一个商人都应该掌握精打细算的技巧，因为学会精打细算后才会懂得对资金的尊重，该花一千绝不乱花一万；学会精打细算你才会千方百计降低成本，让产品更具竞争力；学会精打细算你才能积淀生意场上的精髓而屡出奇招，算无遗策；学会精打细算你才能减少不必要的开支，开源节流，使自己的经营管理更加无懈可击。精打细算能帮助你成就财富梦想。

# 第十二章 会赚钱会理财，可保一本万利

## 2. 积少成多，节俭乃生财之道

> 作为生意人，当知节俭乃生财之道。只有不浪费一分钱，才能积微成著，为事业的发展提供资金保障。相反，大手大脚、不去规划资金的消耗，就只会坐吃山空。

很多生意人，或许天生就对节俭有一种抵触，他们心底有这样一种潜意识：只有不会赚钱的人才斤斤计较，那是小气的表现。但是如果不节俭，不爱护钱财，生意怎能做得持久呢？经商赚钱的宗旨就是：该花的必花，该降的必降，该紧的必紧，这样才能立于不败之地。

大岛是日本东海轴承厂的老板。拥有2万名职工、数亿元固定资产的东海轴承厂，堪称家大业大，可是大岛过起日子来，全无大手大脚的习气，而是像山里人一样省吃俭用、精打细算。铁屑是厂内上千台车床切削下的废弃物，这东西本可名正言顺地扔掉，一般工厂都如此处理，可大岛却舍不得，"铁屑也是铁，千锤百炼得来，扔了岂不可惜？"他让员工们从车床下一根一根地收到一起，专门设立一座炼钢炉，没用的废物一经回炉，摇身一变又成了制作轴承的好钢。

铁屑舍不得扔，料头更是宝贝。做轴承割剩的寸把长的料头，一一都被派上用场：粗的打成细的，做小轴承；细的打成钢棍，做滚珠球。在大号轴承套圈时，大岛可谓精细到了家。大号轴承冲下的料芯，做中号轴承；中号下来的料芯，做小号轴承；由大到小，一个用一个的余料。如此干下来，可扔的东西几乎没有。

这个家资亿万的商人，有些地方"小气"得令人惊奇。割钢料的带锯折断后竟被改为板式锯条，安到旧式锯床上"服役"。就是上玻璃时割下的边条，也都一根一根地存入仓库，留着车间打地面时做隔离条，免得需要时再去割大块玻璃。

大岛要求一滴水、一度电、一滴油能省便省。在厂区之内，各车间、楼房里的水龙头全都是脚踏式开关。负责节约工作的人解释说："就为防止不关水龙头。现在人一走，水就断，一滴也不浪费。"

同样的目的，全厂的砂轮开头也由手扳式改为脚踏式，使它再也不能空转耗电。此外，凡在油中淬火的轴承，提出来后都要悬吊在一个大油盘里，直到油滴净后才拿走。

小处着眼，大处更不放过。要求专家琢磨回收铁屑固然是一种节约，但改革工艺减少铁屑岂不更高明？全厂为此广泛开展工艺节钢活动，他们对各类轴承加工留量作精确计算分析，改变锻压尺寸，把切削量减到最低限度，工件上的凹凸部分尽量在毛坯时就锻好，不让这部分钢变成铁屑。

铁路用的大型轴承经改变锻压工艺，一只就减少几公斤的切削量。全厂通过对上千个品种轴承的工艺改革，每年节省钢材五百余吨，可制轴承八百多套。

有一年，铜料紧缺，价格猛涨。由于厂里一些大型轴承的滚珠架一直采用铜材制作，企业成本也上升，能不能改变设计，以铁代铜呢？经过一个又一个的方案，一次又一次的试验，功夫不负有心人，他们终于制出了性能相同的铸铁珠架和铆接铁珠架。

以节约为目的的工艺改革活动在这座大厂蔚然成风。以锻代车，以铁代铜，以锯割代气割，以焊接代冲压，研磨剂以水代油……技术招法层出不穷。任凭外界条件千变万化，他们却自有一定之规，因此多年来，大岛的东海轴承厂虽然增支因素不断加码，但全厂效益始终不衰。

作为生意人，当知节俭乃生财之道，只有让每一分钱都使用得有价值，才能获得经营的利润。

很多人在创业之初，省吃俭用，精打细算，可是一旦公司规模变大，资金雄厚后，对金钱的感觉就会变得麻木，对小钱通常不重视，尽管很看重金钱，却在不断地浪费商品和原材料，殊不知这是在缩短公司的寿命。所以经营者必须注意到这一点，对公司的资金一点也不能浪费，这样才能将生意做大，做得长久，才能让你的财富源远流长。

第十二章 会赚钱会理财，可保一本万利

## 3. 不要追求享受

> 凡是经商的人都想使企业长青，使财源广进，但如果不会理财，赚了点钱就追求享受，那么你的财富梦想必将"死"在安乐窝里。

经商，当然是出售商品、赚取利润的行为，但如果你以为只要生意好就能赚钱，那未免就天真了一点。凡是经商的人都想使企业长青，使自己财源广进，但如果不注意用钱的方式，或者赚了点钱就追求享受，那么经商就很难做大做强，弄不好还会"死"在安乐窝里。

的确，你的生意好当然收入也随之增长，但当你日日陶醉于"赚钱""发财"时，已经种下了日后关门倒闭的种子。相反，有些小公司看似没有什么生意，门可罗雀，但不多时竟然改装店面，扩大生意。

这是怎么一回事呢？生意好的居然倒闭，生意不好的居然赚钱！事实上，一个商家的经商成功与否，很难单纯从生意好坏一个角度去衡量。生意好，为何不赚钱？就因为支出太多，把所赚的钱都花光了，因此资金必会捉襟见肘。

大家都知道投资回收额（利润）等于销售总量减去费用，利润和费用是呈反比的，如果费用低，利润就高；如果费用高，利润则低。费用与资金控制紧密相关，而现在许多生意人脑子里不知道如何管理资金，忽视对资金的控制，造成费用节节上升，从而导致利润不断下降，直接影响了经商成功。

著名的风险资本家弗雷德·阿德勒说："我的一个'定律'是，成功的可能性与经理办公室的大小成反比。"一味地追求豪华舒适的办公室、办公桌，乘坐豪华汽车，在高级饭店里摆宴，再加上一些名誉性的花销，开支巨大，将宝贵的资金用在消费而不是用在生产上，这样对公司的经营影响无疑将是灾难性的。资金管理盲目，成本高，销路缩小，利润不可能提高。

　　一位商人在第一次创业失败时感慨万千："我如果再次选择经商，驾驶的会是一辆小型货车，而不是奔驰。"这简单的话语中却包含了一条道理——节约资金是经商成功的第一步。

　　经商中的资金浪费是人们不易觉察到的，它就像一个无形的黑洞，随时都可以把整个企业吞噬掉。作为资金十分有限的小本生意人，如果不注意这一点，不能对自己管理得狠一点，必然会造成生意上的失败。作为小本生意人，要想做大、做强，就要先养成良好的习惯和制定良好的制度来降低成本。

　　（1）作业规范化。明确规定长途电话和普通电话的通话时间；严格控制办公用品的申领；清楚规定每个物品所在的地方等，尽量做到物尽其用和节省时间。这些繁琐小事，如不加以规定，就会导致大量的资金在不知不觉中消失了。

　　（2）养成随手关灯、关水的习惯，时间久了，可节省大量的电费水费。

　　（3）在不影响质量的前提下，尽量减少加班次数，可省下许多加工费和电费。

　　（4）尽量减少操作失误，减少无效工作和废次品率。

　　（5）聘用能身兼数职的员工，以节省工资费用。

　　（6）经常评估、考核员工的工作效率。人都有惰性，时常要人提醒、催促才会进步。只有不断地评估，考核员工效率，才能激发潜能，提高工作效率。工作效率一提高，成本自然就降低。

　　（7）裁减或调换能力差的员工。

　　（8）发动员工提出改进作业、革新产品的合理化建议，并对优秀方案给予奖励。

　　（9）对于邮递的成本，要反复思考，哪些必要，哪些不必要，哪些须快件发寄，哪些平信即可。

　　所以，只注重享受的商人永远赚不了大钱，只有善于理财，注重开源节流，才能在财富路上走得更远更扎实。

## 4. 该花则花，会花钱也是赚钱

*"会花钱也是赚钱"，这句话虽然听起来有些矛盾，但我们经常看到会花钱的人更有钱。*

在日常生活中，人们可能会有这样的感觉，其实也没买什么东西，但是钱却转瞬即逝。对这一现象人们很少认真去思考和总结，却总是哀叹钱不禁用！人们常常嘲笑那些大富翁如何如何吝啬，却不知道这正是自己不能成为大富翁的一个重要原因。财富的拥有者与没有财富的人除了在追求财富方面的区别以外，还有一个非常重要的因素，那就是财富的拥有者知道财富的来之不易而懂得珍惜。

珍惜财富并不是吝啬。在经营活动中人们都知道要节省成本，减少支出。在生活中的道理也一样，节省成本，减少不必要的开支，这样才能积累更多的财富。美国亿万富翁保罗·盖蒂曾说过，如果你想变得富有，就去找一个赚很多钱的人，然后按他做事的方式去做。

在生意经营中，人们对支出与收入会很仔细。成本控制是所有的经营者都必须考虑的事情，因为他们懂得一个道理：节省成本，减少开支，就等于获得了可观的利润。精明的商人不仅在生意场上会精打细算，在生活中也会理智地消费。

李涛是一家文化公司的老总，年收入超过7位数，可他从来不乱花一分钱。"花钱也是一门艺术，会花钱也是赚钱，"他常说，"如果赚了一点小钱，就胡乱消费，那迟早会坐吃山空。"

李涛花钱有一套自己的门道，他出差用的旅行箱是花29块钱买的，戴的手表却是价值八九万元的瑞士名表"劳力士"。李涛说，旅行箱的用途注定它磕了碰了就不值钱了，而"劳力士"不会贬值，即使过些年卖出去还是这个价。

李涛的太太喜欢买些"小东西"。对她"今天买个小首饰、明天买个装饰灯"的消费习惯，李涛很有看法，他认为"买东西要物有所值"。他给妻子买了1枚1克拉的钻戒，理由是随着时间推移，"钻戒每年能增值4%~5%"，将来还可以传给儿媳妇。

李涛给自己的消费观起了个名字——"李涛消费三定律"。第一定律，购买可以增值的商品，如劳力士和钻戒；第二定律，购买必须买的东西，如水、电；第三定律，购买价格和价值成正比的商品。以轿车为例，排量从0.9到2.0，价格在5万到20万元，基本上是等比例关系。但有的车，排量2.0却卖30万元。对这类性能提高很少而价格提高很多的产品，李涛的态度很明确，"划不来，不该买"。

李涛对自己买房的经历颇为得意。前年年底，他在广州买了一套房，过了很短时间房价就翻了一倍；去年3月，在上海房市一片萧条时，他买入上海一处楼盘自住。"在此后很长一段时间内，整个上海楼市在下跌，但我买的楼盘是涨的。"李涛说。

在李涛看来，国内一些大城市的楼市已经处于繁荣后期，在这个阶段买房需要注重房屋品质。"楼市繁荣初期是价格全面上涨，到后期很可能变成越贵的楼盘涨得越快。"李涛分析说，原因在于富人购买力的增长速度，会大大快于低收入人群购买力的增长速度。

其实，"花钱"能体现一个人的价值观和财富观。"李涛消费三定律"对投资理财同样有借鉴意义。而有钱人之所以有钱，就在于他们明白金钱增长和花费的差别。简单来说，有钱人在花钱的时候也在寻找赚钱的机会。

可见，这不能不说也是一种赚钱之道。因此，从二十几岁开始进入自主消费的阶段起，就应该养成这些良好的消费习惯。

1.有目的地存钱

人总是有许多的借口让自己不存钱，20岁的时候说收入不足，30岁则说刚建立家庭，开销正大，20、30、40、50岁转眼而过，等到年纪渐长只换来"后悔"二字。为了避免这个借口一再产生，给自己一个有钱的目的吧，不论是买车、买房都行，每月收入先拿出实现梦想的储蓄部分，其余再做有效的支配，这才是有效的做法。

2.有计划地花钱

光储蓄是不够的，还要学会理性消费，有计划地花钱。购物前仔细思量、购物时详列清单都是非常重要的功课，让"想要"的成分远远低于"需要"，这样才实际。

3.有效率地赚钱

存钱、花钱只是在有限的收入里做有效的运用，如何大步迈向致富之路，最重要的是"钱滚钱"。

真正精明的商人，不仅是会赚钱的人，也是会花钱的人，他们总是当省则省，当用则用，一元钱能花出十元钱的效应，即便在花钱时也在寻找赚钱的机会。很多人嘲笑他们活得太累，却不知道这正是他们能积累财富的重要原因。

## 5. 把钱当雪球滚

> 一个雪球，放在雪地上不动，只能是越来越小；相反，如果把它滚起来，就会越来越大。钱财也是如此，只有转动起来才能赚取更多的利润，正所谓"钱财滚进门"。

钱财是这个社会的血脉，它时时刻刻都在不停地运转，使社会保持着新鲜，一旦它不流动，所有的人必将处在危机之中。

有的老板，初涉商场比较顺利地赚到一笔钱，就想打退堂鼓，或把这一收益赶紧投资到家庭建设之中；或把钱存到银行吃利息；或一味地等靠稳妥生意，避免竞争带来的风险，而不想把已赢得的利润再投资去赚钱，更不想投资到带有很大风险性的房地产、股票生意之中。从而造成把本来可以活起来的资金封死了，不能发挥更大的作用。

其实，经营者最初不管赚到多少钱，都应该明白俗话中所讲的"家有资财万贯，不如经商开店"、"死水怕用勺子舀"这个道理。生活中人们都有这样的感觉，钱再多也不够花，为什么？因为"坐吃"必然带来"山空"。一个雪球，放在雪地上不动，只能是越来越小；相反，如果把它滚起来，就会越来越大。钱财亦是如此，只有流通起来才能赚取更多的利润，正所谓"钱财滚进门"。

有这样一个故事，一个爱钱的人，他把自己所有的财产变卖以后，换成一大块金子，埋在墙根下。每天晚上，他都要把金子挖出来，爱抚一番。后来有个邻居发现了他的秘密，偷偷地把金子挖走了。当那人晚上再掘开地皮的时候，金子已经不见了，他伤心地哭了起来。有人见他如此悲伤，问清原因以后劝道："你有什么可伤心的呢？把金子埋起来，它也就成了无用的废物，你找一块石头放在那里，就把它当成金块，不也是一样吗？"

若从经济学的角度看，这人所劝说的话是颇有一番道理的。那个藏金块的人是一个爱钱的人，他把金块当做富有的标志，忘记了作为"钱"的黄金只有在进行商品交换时才产生价值，只有在周转中才产生价值。失去了周转，不仅不可能增值，而且还失去了存在的价值。那么和埋藏一块石头，确实没有什么区别。如果那个人能够把黄金作为资本，合理加以利用，一定会赚取更多的钱。即便一个公司老板手中有一定数额的资金，但他从思想上已不再愿意把钱用来再赚钱，不愿意把钱用来周转，那么对于他未来的事业来说，就像是人体有了充分的血液，但心脏已坏死，不再能够促进血液循环一样，他的事业也会静止不动而走向死亡。

资金只有在不断反复运用中才能发挥其增值的作用。经营者把钱拿到手中，或死存起来，或纳入流通领域，情况则大不相同。经营者完全可以把钱用以办工厂、开商店、买债券、买股票等，把"死钱"变成"活钱"，让它在流通中为你增利。其实，学过一点资本论的人都知道，流通增利的奥妙在于钱财能够创造剩余价值。一个简单的道理，用货币去购买商品，然后再把商品销售出去，这时所得到的货币已经含有了剩余价值，也就是说原来的货币已经增值了。假若经营者能够出色地管理着自己的工厂，办好自己的公司，看准投资的时机，让它健康地运作，时间越长久，钱财的雪球便越来越大，经营者手中的钱财也会变做一棵摇钱树。

也许有许多经营者会反对上述的阐述，也许有许多经营者还是认为储蓄能够使自己的钱财四平八稳地增值。是的，储蓄不是不好，但世上有哪个百万富翁是靠储蓄起家的？经营者在创造财富的过程中，储蓄也扮演了重要角色，并不是经营者储蓄的钱重要，而是那份决心、自制才重要。经营者千万不要指望你的储蓄会使你致富。即使地下市场的高利息也不足以使你致富。一块钱在一年内赚不到15%，便是错误的投资。也许你说储蓄很安全，赚利息也很容易。试问一下，当你知道死储蓄只会使你一天比一天穷困，你还会觉得安全吗？

安全与否，事实上与你的钱又有什么关系？是借出去安全呢？还是拥有比较安全？从现实生活中以往记录显示，将钱存入银行，最多可以获取6%的利率，甚至更低。不说别的，以6%的利率，等上多少年才能使一元钱变成两元钱？更需要使你清楚认识的是，只要10年时间，通货膨胀就可以使你的购买力降低一半。

有些经营者在投资中最容易犯的错误，是分不清稳定性与安全性。稳定性是在未来一定的年限中，投资报酬率保持一定的数字；而安全性是使你的购买力保持着相同的程度，你可以保持稳定的投资，但不见得安全。就像你每年很稳定获得6%的报酬率，在同时通货膨胀也很稳定地降低了你的购买力，稳定但不安全。

# 第十二章 会赚钱会理财，可保一本万利

# 6. 把每一分钱都花在刀刃上

经商要想赚大钱，就要懂得合理用钱，尤其是如何省钱。在相同的市场条件下，谁能降低生产成本，而且又保证质量，谁就能在竞争中获胜。成本永远是商家最关心的话题。

经商的人应该重视成本核算，如生产成本能不能降低？降低了又会如何？实际上有些生产成本在初始阶段是留有一点余地的，这就有降低的可能性。我们可以采取以下方法来降低成本。

1.发现潜在的过剩人员

许多公司都不同程度地存在潜在的过剩人员，从而造成了生产成本增加。如两个人能做的工作偏偏由三个人来承担，就会发生1／3的过剩人员的损失。同样拥有100%能力的人，仅发挥50%的能力，则该人的50%能力就浪费了，这样就发生了人事费的损失。所以，为降低生产成本，必须发现潜在的过剩人员并尽可能另行安排。

2.不要大量增加间接人员

所谓间接人员，即像事务人员、技术人员、销售人员或监督人员之类的人。在公司的效益好时，公司喜欢大幅增加间接人员，而且间接人员开支增加的比例会超过生产增长的比例，从而导致公司生产成本上升，经济效益相对下降。公司要想降低生产成本，就必须克服间接人员大量增加的趋势，尽可能控制间接人员增加的幅度和比例，使其低于生产本身的增长。

3.省略对公司无益或益处不大的工作

公司要想排除潜在的过剩人员，首先要除去那些对公司无益或益处不大的工作，只有这样，才可能真正减少过剩人员。

如办公室几个秘书，成天认真地写各种报告、材料，从工作忙碌的情形来看，再增加一二个人都轻松不起来。但是，这些秘书们所写的报告、材料等，是不是都有益处呢？不见得。很多都是在作无用功，总经理可能只看了看标题就丢在了一边。对于这类益处不大的工作，就应该省略一些，这样便可减少不少潜在的过剩人员。

4.在原材料的购买上精打细算

在公司里，经理通常对生产和经营部门十分重视，并注意到这些部门生产成本的降低。但对原材料采购部门则不那么重视，仅安排一些二三流的人员，而且对采购过程中是否存在浪费关心较少，这是经理人员所应克服的。事实上，对一个公司来说，不管生产与销售如何增加，要是在采购部门发生损失，购买一些质次价高的原材料，就有如将水拼命地汲入有漏洞的水桶一般，流失的利润无可估量。故公司要降低生产成本，对在制造成本中占极大比例的原材料费用要精打细算，严加控制。

5.贯彻少数精品政策，大刀阔斧地清除赤字产品

一个公司，通常会生产几种或数十种产品。在经济形势好时，为了扩大几种不同类型的产品，有的产品是高收益，有的产品是低收益甚至是不赚钱亏本的赤字产品。低收益的一般产品和亏本的赤字产品，会侵蚀高收益产品的利润，使整个公司的利润降低。因此，公司要降低生产成本，提高利润率，必须采用少数精品政策，重点生产少数高收益产品，清除赤字产品。因为赤字产品既耗费时间，又增加销售费用，与其维持下去，不如忍痛舍去。

6.尽量避免坏账损失

在销售方面的最大损失是坏账的损失。如一家公司向另一家公司提供原材料产品，在货款回收前，接受原材料产品的那家公司倒闭了，于是所交付的货物就变成了坏账，而要弥补此损失，则需要有相当长时间的努力。因此；公司必须尽量避免坏账损失，为此应加强对往来客户的信用管理，一旦对方的信用出现问题时，应果断中止往来。

7.加快货款回收的速度

回收的货款迟缓，厂家要背负那部分货款的成本负担。比如，100万美元的货款回收如果迟延了90天的话，100万美元的资金在90天内都是死的。该资金，如果有效利用的话，每月可获得2%的营业利润。如此一来，在90天内就会发生6万美元的损失。因此，对一个公司来说，如何加快货款的回收，是一

个不容忽视的重要问题。

### 8.在生产管理上减少不合格产品

每个公司都存在不同比例的不合格产品,要完全杜绝不合格产品当然不可能,但减少不合格率却是可以做到的。不合格产品会带来多种损失,如材料本身的损失,生产不合格产品的应付工资损失,返工维修该产品的应付工资与时间损失,等等,这些损失,会提高产品的制造成本。因此,提高产品合格率,就显得十分重要。

### 9.削减盘活库存产品

在经济不景气时,产品的库存会大幅度增加,紧紧束缚住公司的发展。产品的库存,除了使资金周转不畅外,还会带来其他一些损失。为此,必须将库存的损失减少到最小。方法是先将库存的产品按品目加以分类,花主要精力清除占最大库存比例的少数几个库存产品。

成功经商的宗旨就是要想合理省钱,必须该降就降,该紧就紧。为打开经营局面,降低生产成本,有必要实行集中经营原则,将主要财力及人力集中到几个重要项目上。

## 7. 借贷好处多，但要慎为之

*借贷的好处，除了使你的资本额大增，把充裕的资金用来投资外，还可让你同时投资多种项目，以免顾此失彼。*

中国人有一个传统观念，就是千万别跟人借钱，就算一时周转不开，向别人借款，亦应在最短时间内归还。究其原因，是他们认为负债是坏事。社会日益进步，这种传统思想有修正的必要。当然，借钱来花天酒地，是要不得的；而借钱不还，亦非君子所为。借钱来增加自己本身的资本，用钱赚钱，乃是致富的必经之路。

任何事情都有正反两面，同样，借贷有利亦有弊。

弊处是，首先所借的钱是别人的，无论你是否将借来的钱运用成功，始终也要本利归还。所以在借贷前及运用时须考虑所冒的风险，千万别存投机心理，买空卖空，拉上补下，这样很容易导致失败。所以，在借贷前要定下一个安全领域，例如，计算出借贷额占投资额的百分比，比率最多不能超过五成，另外，每月付的利息，最好能从收入中扣除，不必动用积蓄或其他资金。

考虑到以上各种因素后，就要小心处理借贷问题。于适当时借贷及运用适当的方法借贷是非常重要的，在未想到投资方法时，就不要随便变成负债者。如果觉得有些生意有投入就有大回报，那么，你准备借高利贷，这也需要小心。

提到高利贷，许多人谈虎色变。确实，在现实社会中，有很多人因借高利贷弄得家破人亡，潦倒一生。

赌徒往往是高利贷的牺牲品。当他们在赌场中掏出了最后一分钱而一去不回时，他们的心情是懊丧的，但同时也愤愤不平，心中仍在叫喊，一定要把输掉的钱赢回来。此时，两手空空，唯一能给他们带来希望的就是高利贷。这时，他们无疑是在冒险，因为他们清楚借高利贷的代价以及还不起的后果。

那么，高利贷对于做生意赚钱来说又如何呢？

有些事业的利润相当高，有些则是薄利生意。不过有一点可确信：凡是正当的生意不可能获得暴利。因为正当的事业需要成本、工资以及各种开销费用，所以有盈有亏。例如经营一家酒店，建筑物以及生活用品折旧率相当高，如果入住率不高，客人少，一定会出现赤字。生产一种产品，材料费、宣传费、工资加起来就不是一笔小的数目，如果一味抬高价格，往往销售不出去，所以薄利多销的居多。因此，利用高利贷来做生意，倒闭只是时间早晚的问题。

对于正当生意，假若你借高利贷，就要有赚到比利息还高的利润的把握；如果你现在身无分文，最好不要借。不管是多么赚钱的生意，想把成本只有1000元的商品卖10000元，并不是件容易的事。一件直接成本1000元的商品，加上宣传费、工资，其成本可能高达三四千元。假若批发价为六七千元，售价定为10000元，那么，其最高利润顶多为四成。如此厚利的生意仅能得到这种程度的利润，可见一般生意，所得到的最高利润也顶多三成或四成。

这就是做生意的实际情况，所以用高利贷借来的钱怎么划得来？

所以说，如果你的生意需借高利贷来周转，你必须考虑好做生意的方法，并要谨慎对待。理财最忌讳的就是冒风险做了失败的事，那将得不偿失。

## 8. 省下的就是赚下的

*俗话说："大富在天，小富由俭。"致富不可能一蹴而就，需要每一个商人在原始积累的基础上精打细算，积金成斗。*

"当家不理财，等于瞎胡来；理财不当家，等于撒钱花。"这句话颇有深意，如果反过来说，那就是："当家需要理财，理财需要当家！"精打细算并不是斤斤计较，抠门是无益于赚钱的，但秉着"省下的就是赚下的"这句话，男人也应该努力让自己拥有一颗善于计较"开销"的头脑。具体说来，有以下几点：

1. 财务结构分析

企业的资金来源主要有两个方面：一靠借债；二靠生意人等其他所有者的自有资金。这二者在企业的资金来源中各占多大比重就是财务结构问题。

财务结构比率大致可以分为以下两个指标：

（1）债务比率=负债总额÷资产总额

这一比率表示在企业的全部资产中，有多少是通过借债的钱购买的。比率越大，说明企业借的债越多。借债需要返还本钱和利息，因而债务越多，企业还不清债务的可能性也越大。

（2）所有者权益比率=所有者权益总额÷资产总额

这一比率正好与负债比率相反，表示企业的全部资产中有多少是通过生意人等所有者的自有资金购买的。比率越大，说明生意人的自有资金在整个资产中的比重也就越大。

企业的管理人员可以把这个比率联系本企业的实际情况来分析，看是否恰当。一般来说，如果企业具有很大的发展前途，而且现在的获利能力也不错，可以进行举债生意，也就是说负债的比率可以大一些，而不必过于稳当。另外，企业的债权人，如银行等，也可通过这些比率来衡量企业的负债是否过大，其贷出的款是否有收不回来的危险。

2."盈"与"亏"

盈亏衡量是考核企业生意过程和生意成果的主要手段。生意资金运动的基本形式之一是资金耗费和所费资金的收回，这也是衡量一个企业生意过程是否有成效的标准。若收入大于费用，就意味着企业不仅可以全部补偿（收回）垫支于生意过程的资金耗费，而且获得一定的利润，即企业在生产过程中创造的净新增价值；反之，收入小于费用，则表示企业生意过程中的资金耗费将得不到全部补偿，从而要耗蚀企业占用的资金，形成一定的亏损。

可见，盈亏要由收入和费用两个要素进行配比才能决定。虽然我们的目的是为了正确确认和计量盈亏，但不能正确衡量收入、费用，就谈不上正确确定利润或亏损。所以，在盈亏衡量过程中，应当处理好收入、费用和利润或亏损之间的关系。其中，关键在于收入和费用的确认。

盈亏是针对一定期间而言的，企业只有在各个期间都保持盈利，才能逐步走向壮大。但在实际过程中往往并不一帆风顺。由于收入和费用确定的差异，导致利润确定的差异，从而表现出虚假的盈利或亏损。对于管理者来说，要善于正确对待这些盈亏差异，从全局出发，树立战略观念，才能做出正确决策，引导自己的企业一步步走向成功。

盈亏往往会出现两种情况。

（1）明亏实盈，亏本买卖也要做

这种情况对企业大为有利，也是生意人最期望的现象，原因也无非从两个方面来分析：少计收入，多计费用。在收入的确认与计量时，把属于本期的收入转为上期收入或拖计为下期收入。正是基于此，在会计核算上要求遵循一次性原则，即采用某种处理方法时，各期间必须一致，不得中途有所变动，防止收入确定的舞弊。同时，若对已经实现的销货折扣不做处理，也可起到少计收入的目的。

作为企业应从合理、合法、真实的角度出发，正确计算本期的盈亏，排除违法行为和人为因素对盈亏的影响。对于一些潜在的因素和实际情况造成明亏实盈的现象，企业应查明原因，即便在期终会计核算为亏损，生意也应继续做下去。

(2) 当头棒喝，明盈实亏

与前者相反的情况是明盈实亏。造成企业明盈实亏往往是由于财务计算上的失误。如前所述，在会计计算时，采用现金收付制与权责发生制会带来不同的结果，而根据现金收付制计算出的利润是虚假结果，并非真实收益。为了保证收入与费用的正确配合，企业生产经营过程中所发生的收入与费用，应当根据它们的内在因果关系确认与计量。

那些有助于产生本期收入的费用，应当作为本期负担的费用，与本期收入相配合；或者说，与本期收入相对应的费用，都必须在同一期间内确认与计量，不能有所遗漏，也不能提前或推延，而那些同本期收入无关的费用项目，则不能由该期负担，而应当以等摊费用的形式，在其实际受益期间内确认与计量，以保证各个期间盈亏衡量的正确性。

可见，其实经商就是赚钱与省钱的学问。但基础是要会理财，能对你的企业做出准确的盈亏分析，根据实际情况采取相关策略加以改进，才可以让亏变盈。

# 第十二章 会赚钱会理财，可保一本万利

## 9. 把好投资关，让钱生钱

> 做生意想赚钱，就必须深谙投资之道，这样才能减少风险的系数，将自己的资金准确地投放进市场，抢占投资赚钱的先机，让财富滚滚而来。

做生意的过程其实就是一个投资的过程，你能否相中赚钱的目标，能否做好投资，就决定了你能否取得成功。所以，经商要想赚大钱，就一定要对自己的财富做出合理的投资规划，让自己每一分钱的价值得到更加充分的应用。精明的商人总是不吝啬时间和精力去研究投资的要诀，以便让自己的资金准确地投放进市场，用钱赚钱，而不至于像无头苍蝇一样在市场中乱窜，甚至落得个血本无归的下场。

如今的社会当中，有许多所谓的投资专家为人们做出投资规划，很多人喜欢把自己投资的权利交给这些人，认为他们是权威，但这些人从来不提为什么要做这样的一些投资，应该如何去做这些投资，投资比例应该如何合理地去分配，在他们眼中关注的更多的还是涨跌停板、汇率走势等。其实要想做到投资理财，要关注的不是应该拿多少钱去投资，而是该不该去做这样一些投资，或者是这些投资应该在个人的财务规划中处于一种什么样的位置，占有着多么大的分量，对于投资必须要做到服从大局。

从某种意义上来讲，投资赚钱就好比是一场大的战役。战前一定要做到先深思熟虑，制订出总的战略方针，再根据战场的实际变化，选择出合理的战术打法，只有做到了这一点才能够取得整个战役的胜利。投资理财，必须首先明确自己要达到一种什么样的目的，在此基础上才能够根据市场的实际情况合理地运用各种金融工具，从而达到投资成功的目的。

《福布斯》杂志从1982年公布"福布斯400"以来，截止到2004年，只有50位富豪依然榜上有名，主要是得益于他们的资产在不断地增值，也就是说这些人善于投资理财。

　　《福布斯》杂志认真研究了200多位失败者，发现他们之所以没能够守住财富，主要原因是投资过分集中。具有讽刺意味的是，当初这些人创造巨额财富的原因，也是过分集中的投资。这些人集中投资于石油、房地产、网络公司或是单一的股票，然而最终结局是他们走了一个循环，以失败的方式又回到起点了。

　　世界著名投资商阿尔瓦利德·本·塔拉尔曾说过，他的投资秘诀就是品牌效应。他说："我们所投资的所有公司，都有一个非常好的品牌，然而它们都面临着各种各样的困难。这自然也就意味着通过投资与某些指导，我们可以让它们起死回生。"由此可见，投资赚钱是有要诀的。

　　1. 不要把所有鸡蛋放在同一个篮子里

　　这是投资者必须遵守的第一要诀，同时也是第一稳健的投资的根本法则。投资与投机的最大不同就在于"戒贪"。它要求投资者把资金分散在多种渠道，如此就能保证不会一无所获。

　　2. 如果自己不行，就把钱交给别人

　　"把钱交给别人用"是大多数人很难破除的一种做法，更难以接受"投资失败的风险还要由自己承担"的结果，然而这正是当代投资的新潮流、新动向。现在全世界投资渠道、投资工具越来越多样化，多种信息收集做到准确、全面将更加困难，收集成本也越来越高。个人投资者在市场上也很难经常地立于不败之地。因此，把资金委托给经理人，或者个人购买一些受益于自身的凭证，也是投资成功的窍门。

　　3. 高收益必然高风险，难解难分无例外

　　这是投资学中铁的规律，风险和收益总是成正比例存在，它要求投资者要有足够的投资风险防范意识。想要赚大钱，当然是有可能，只是血本无归的可能性也同样很高。因此，对于高风险的投资，投入的资金比例一定要比较少，这才是稳健的投资行为。

　　4. 自有资金不足的要诀——"四两拨千斤"

　　所谓"四两拨千斤"就是用举债资金进行投资，即是对财务杠杆原理的运用，其最大的好处就是用少数自有资金享受大量的增值效益。自有资金不足的另一种策略是"设法集合小资本，进行联合投资"。它是采取联合方式，募集数人的资金，形成小的"共同资金"，交由其中一两个人进行操作，常会有意想不到的投资收益。

5. 投资要顺着市场趋势，不要与市场对抗

无论是何种投资渠道、投资工具，都有所谓的"风潮"，即一般人对某类投资形式形成一股热潮之后，就会有蜂拥而至的资金，这种潮流不会转瞬即逝。所以，对于每一位投资者来讲，其自身所进行的每一项投资操作一定要做到顺势而不可逆势。

6. 投资必须快人一步

如果你想大赚一笔，那么就必须要在市场还没有形成风潮之前，就先预计到以后很有可能会发生的变化，事先进行低价投资。

7. 投资要量力而行

这就要求投资者在投资之前，一定要对自己做出正确的评估，充分地了解自身潜力及承受风险能力以及投资管理能力。如果投资者只想到赚钱，而完全不顾及投资赔钱的后果的话，就势必会使投资成为沉重负担，甚至身负重债而导致终生不幸。

掌握了以上这些投资要诀，你便能有效地投放自己的资金，来抢占投资的最好先机，让钱生钱，同时还可以避免一些没必要的风险。

# 10. 树立正确的金钱观

　　　　观念决定命运。想赚钱的人，必须首先拥有正确的金钱观。树立正确的金钱观，会让人一生受益。

　　生活中，为什么有些人一辈子为金钱焦虑？为什么有的人在黄土地上耕种了一辈子，到头来还不能解决自己的温饱？为什么有的人挣到的钱总比他应该或能够挣的少？为什么有的人总是担心损失金钱而害怕投资？

　　那是因为这些人没有正确的金钱观，他们不会分析自身的情况，所以他们终其一生都忙来忙去，却碌碌无为。让我们来仔细分析一下几组关系。

　　1. 资产与负债

　　一个人赚钱前就必须对自己资产和负债状况认识清楚，这样的人才是财商高的人。我们可以把资产和负债放在一个更广阔的背景里去思考。赋予它更多的内涵和外延，如情感、健康、心态、道德、社会责任等等。把自己放在一个比较宽松的环境中去创造更多的资产。

　　2. 职业与事业

　　（1）你的职业通常是为别人打工，也就是为金钱工作。换句话说，你正在关注别人的事业。你的事业与职业是完全不同的。

　　（2）你的事业是你不需要到场也能给你带来现金流的一切，你的职业是你必须亲自去做，并因此换取报酬的工作。

　　（3）不知道事业与职业的区别是你财务知识贫乏的表现之一。

　　3. 投资与消费

　　（1）投资与消费是财富减少和增加的重要方面。穷者的消费是有多少花多少，而富者往往把消费变成一种投资。

（2）投资和消费是可以转换的，有时富人的消费反而是一种投资，而穷人的投资则变成了一种消费。

（3）穷人对微小的消费也斤斤计较，这是对金钱恐惧的一种表现。而富人敢于大胆地、合理地消费，因为他们知道转化。

4. 梦想与途径

（1）梦想是成功的第一步，但如果人有梦想而没有途径，那所有的梦想都只是幻想、空想或妄想。

（2）途径的重要性是显而易见的，但所有的途径都必须依附于正确的思想，才能结出善意的硕果。每个人都有梦想，但许多人在现实之中无法实现自己的梦想，更多的人则是缺乏实现梦想的途径。要想过河，必须具备桥、船、飞机等交通工具，否则，"过河"只能是一种空想。

5. 赚钱之道在于积累

不少人都有这样的愿望，总梦想自己有朝一日能财源滚滚而来，潇洒地做一回大老板。但大多数人终其一生，却难以梦想成真。这是什么原因呢？因为有些人赚钱心太急切了。小钱不想赚只想挣大钱，看不到小溪汇集在一起能积聚成大海。

日本明治时代有名的船舶大王河村瑞贤，年轻时好长一段日子无所事事，在家赋闲无聊。后来生活日见拮据，他想：我不能这样贫穷下去，应该干一番事业。于是他拿出少许钱给乞丐，叫他们到处去拾人家丢掉的生菜，然后卖给贫穷的劳工们。当他开始做这项生意时，不少人讥笑他，讽刺他，甚至有的朋友拒绝与他来往。而河村根本不在乎这些，他拼命地干起来。他认定这些"小钱"是他事业的全部基础。"等着瞧吧"！不出几年，河村又投资船舶业，成了著名的船舶大王。

有一个补鞋匠，从几毛钱缝缝补补做起，年纯收入竟达数万元。这不起眼的生意，虽然挣的都是小钱，却可积少成多。

正是由于他们有一种细致、认真，不耻于赚"小钱"的做法，使他们日后财源滚滚，这对我们来说确实很有借鉴作用。如果我们抓住身边的小钱，不让赚钱的机会从身边溜走，莫以利小而不为，终有一天你也会拥有大钱的。

只有树立正确的金钱观，才能让自己顺利走上财富大道，才能合理地管理自己的财富，这样就一定能实现你的财富梦想。

## 11. 理财要紧跟时代步伐

> 一个人要实现财富自由，必须借助现代化的科学理财手段与条件，这样才能跟上时代的步伐，才能让财富源远流长。

科学理财的重要性是不言而喻的，会计不仅仅是企业的语言，对于个人来说，同样起着促进资金良性循环的作用。当理财范围扩大到一个家庭的时候，使用科学的方法梳理账目就显得尤为重要了。

打理财富从来都不应是一件潦草的事。每天的进项出项，每一笔投资、回报，有时候并不像你想象的那样眉清目楚。因此如果你手中手有一本随时刷新的个人账单、一组不同角度的分析图表，你就不会对你经济生活的杂乱无章大吃一惊。

借助电脑，理财软件会把你和金钱的关系表达得淋漓尽致。

理财软件诞生于20世纪80年代的美国。20年前，一位名叫斯科特的美国人从妻子整理账目中发现了创业机会，决定开发家用理财软件，为此他动用了所有的储蓄和父母的养老金。这就是目前在世界软件业中仅次于微软的intuit（灵感）公司。产品一经问世，即风靡全美。该公司成立20年以来，收入已超过16亿美元。

在美国，家庭理财软件在一定程度上可以起到家庭理财事务所的作用，即可以为单个家庭提供理财指导、咨询及代办服务，使有限的家庭收入保值升值。事实上，在投资建议功能的设置上，灵感公司确有出众之处，因而占据了绝大部分的市场份额。

当灵感公司开发的理财软件"QUICKEN"被数以千万计的家庭采纳时，微软开始意识到这一市场需求是多么的可观。于是着手开发了名为

"MONEY"的理财软件。但在数年的竞争之后，微软并未影响到灵感的市场地位，于是微软打算卖掉自己的软件，将灵感公司买下来。这一念头立即被认为是垄断意图，迅速被反垄断法打了回去，理财软件的魅力由此可见一斑。

目前看来，理财软件业在中国露出的尖尖小角尚显幼稚，但创业者们却雄心勃勃。他们密切跟踪着普通家庭财产结构和消费结构的变化，以提供相应的服务。价格在一百多元的国内第一张家庭理财软件面世不久，销量即以万计。

然而目前国内只有"管钱婆"、"财富大家"、"居家理财小财神"、"财智"等屈指可数的软件面世。由于市场能力较小，有些软件还采用了与炒股软件搭售的形式，旨在培养股民的理财习惯。"将予取之，必先予之"的销售法则在这一市场也被认为是必须的。

随着网上银行的兴起，网上购物、拍卖、炒股等局面的打开，现实消费被虚拟空间替代，理财软件有了越来越多的舞台。它可以直接对家庭的电子商务活动进行记录、管理。北京财富软件的总裁张立波曾称，不到5年内，所有的个人电脑上都会预装一套家庭理财软件，这是多么大的一个市场，想想都让人兴奋。事实上，北京财富软件公司就是借助这一构想赢得了太平洋风险投资基金的赞赏，轻松得到了150万美元风险投资。

有什么样的工具，就有什么样的生活。这毫不夸张。理财软件导入的是一种时代感很强的生活方式，提倡精打细算过日子。它不仅影响当代人的生活方式、生活理念，更重要的是影响下一代人的生活观念和行为方式，影响到如何建造合理理财、有效投资的生活氛围。

李嘉诚曾说，理财必须花费长久的时间，短时间是看不出效果的，理财者必须了解理财活动是"马拉松竞赛"，而非"百米冲刺"，比的是耐力而不是暴发力。要想理财致富，你必须经过一段非常漫长时期的等待，才可以看出结果。

科技的发展带来了更先进的理财技术，相信这些技术会让你在商场得心应手，相信只要紧跟时代步伐管理好自己的财富，小财便可以成为大财，大财便可以细水长流。